2018 Annual Report of
Renminbi Internationalization

人民幣國際化報告2018
結構變遷中的宏觀政策國際協調

中國人民大學國際貨幣研究所◎著

〈下冊〉

目　錄

第七章

致力於無危機可持續發展的
國際協調

　　理論研究與歷史實踐均表明，穩定的金融環境與堅實的經濟基礎是一國貨幣國際化的必要條件。一國只有長期保持穩定的經濟增長與良好的金融發展環境，真正實現「無危機增長」[1]，才能為本國貨幣在全球範圍內更廣泛地承擔國際貨幣職能提供堅實的保障。

　　改革開放近40年來，中國經濟在保持高速增長的同時並未遭受到重大金融危機的侵蝕，是歷史上能夠在較長時期實現「無危機增長」的一個典範。當然，「無危機」並不意味著經濟增長一帆風順、沒有遇到波折與問題，而是在經濟遭受一定程度的內外部衝擊和調整之後依然能夠保持長期增長的勢頭。「無危機增長」為中國經濟發展和社會進步奠定了堅實的物質基礎，同時也在一定程度上解釋了為什麼近年來人民幣國際化能夠持續穩步推進。

　　當前和今後一個時期，中國將持續推進改革開放，以更開放的姿態融入世界經濟當中，全球經濟金融市場將比以往任何一個時期都更為開放和包容。

1　由中國人民大學中國財政金融政策研究中心課題組編寫的《無危機增長：「中國模式」
　　中的財政金融因素》（北京，中國人民大學出版社，2009），明確提出了中國30年經濟的
　　「無危機增長」基調，進而探討了出現這種增長奇跡的財政金融原因。

中國經濟在經歷長期的高速增長之後，也將進入經濟高速增長向高品質發展的新階段。未來中國經濟增長與金融發展的環境將面臨更大程度的變革。在此過程當中，特別是在更為開放的經濟發展條件下，中國作為全球重要經濟體和重要的國際貨幣發行國，要繼續保持金融和經濟發展雙穩定的環境，夯實人民幣國際化的基礎。一方面，要始終堅持金融服務實體經濟的宗旨，切實加強金融風險的防控，防範區域性金融風險向系統性金融風險，乃至向全球金融危機的演變；加快構建符合中國實際的宏觀審慎政策框架，做好與現行宏觀經濟政策的協調以及雙邊和多邊的國際協調，在全球範圍內承擔維護金融穩定的大國責任，守住不發生系統性金融風險的底線。另一方面，要在穩定總需求的基礎上更多關注供給側的結構問題，持續推進去產能、去庫存、去槓桿、降成本、補「短板」的供給側結構性改革，加強宏觀經濟政策的國內外協調配合，確保市場在資源配置當中更好地發揮決定性作用，繼續使中國經濟實現「無危機增長」。

7.1 宏觀審慎政策的國際協調

本次國際金融危機以來，宏觀審慎政策之所以引起理論與實踐領域普遍關注，主要是因為涵蓋貨幣政策、財政政策與微觀審慎政策等在內的宏觀經濟政策框架無法保障金融穩定，迫切需要進一步得以豐富與發展（Akerlof et al.，2014）。一方面，價格穩定無法保障金融穩定。傳統理論所認為的金融穩定是價格穩定的「副產品」（Borio and Crockett，2000），對於20世紀70年代末期以來普遍出現的「金融不穩定悖論」缺乏足夠的解釋力，2008年的危機將此集中引爆。另一方面，個體穩健無法保障系統穩健。危機前偏重個體而忽略系統整體的微觀審慎監管與維護金融穩定的需求並不匹配，現實當中無論是發達國家還是發展中國家均在過去的半個多世紀難逃危機的侵蝕。因此，以抑制系統性風險、保障金融穩定為目標的宏觀審慎政策在危機後不僅得到理論界的普遍

認可，成為危機以來英、美等主要發達國家金融監管體制改革的重要內容。

作為與貨幣政策等宏觀經濟政策並行的政策框架，宏觀審慎政策框架由系統性風險分析與監測、宏觀審慎政策工具實施以及政策協調與治理機制等三個方面構建。其中，政策協調與治理機制主要涉及宏觀審慎政策與貨幣政策等現行宏觀經濟政策的協調搭配，以及宏觀審慎政策的國際協調等問題。隨著經濟全球化和金融一體化的深入推進，系統性風險在全球範圍內的傳導與蔓延成為導致金融不穩定的重要隱患。因此，納入宏觀審慎維度的金融穩定新框架也必然要求進一步釐清國與國之間的風險傳導機制，並據此加強宏觀審慎政策的國際協調以保障全球金融穩定。

7.1.1 宏觀審慎政策國際協調的邏輯動因

1.防止「搭便車」行為

金融穩定的產生和維護由私人部門的集體行動所決定，具有公共產品的屬性。奧爾森（1995）認為，提供和維護金融系統穩定的成本和收益存在明顯的不對稱，對於單個主體來說，最優的選擇就是「搭便車」。以宏觀審慎政策為例，在全球化背景下，一國穩定的金融系統能夠通過全球金融市場和跨境金融機構對其他國家或地區產生正的外部性，而該國穩定的金融環境又需要付出相應的宏觀審慎政策成本，具體包括調整成本、效率成本和產出成本等（IMF、FSB、BIS，2016）[1]。在這種情況下，單個國家更傾向於採取「搭便車」策略，也就是在享受他國促進金融系統穩定帶來正外部性的同時，又可以避免承擔成本，由此導致監管不足、監管真空等問題，不利於全球金融系統穩定。因此，宏觀審慎政策國際協調不可或缺。

1　金融機構為滿足資本和流動性監管指標將進行業務結構上的調整，從而產生調整成本；信貸規模、首付比等限制性工具的使用會扭曲市場的供求關係，降低市場的資源配置效率;宏觀審慎監管工具往往是緊縮型工具，對經濟增長產生一定的抑制作用。詳細內容參見IMF-BIS-FSB.Elements of Effective Macroprudential Policies：Lessons from International Experience,https：//www.bis.org/publ/othp26.pdf /[2018-03-11]。

2.降低滲出效應影響

滲出效應是影響一國宏觀審慎政策有效性的重要因素，主要分為兩類：一是發生在國內的滲出效應，即業務活動由受監管領域向國內其他不受監管領域轉移；二是發生在國際的滲出效應，即業務活動由受監管國向管轄區外部（政策適用和執行範圍以外）轉移。在金融機構國際化程度不斷加深的情況下，東道國監管當局會針對本國金融機構提出嚴格的資本要求，而對境內的國外金融機構實行寬鬆的監管要求或不實行資本監管，由此形成的非對稱的監管結構會顯著提升未被監管機構的競爭優勢。

3.緩解政策外溢效應

目前，有關貨幣政策、財政政策等宏觀經濟政策的溢出效應和回溢效應的研究已較為成熟，而對宏觀審慎監管政策溢出效應的研究尚處於起步階段。在經濟全球化和金融自由化席捲全球的大背景下，與其他政策相同，宏觀審慎政策的外溢效應同樣不可避免。具體來看，貿易和資本流動是其政策外溢的兩條主管道。前者的傳導機制在於，外匯貸款比例、外匯風險敞口等審慎工具通過限制外匯信貸規模而影響本國居民進出口需求，最終對他國匯率水準和貿易收支等產生影響。後者主要通過一國審慎監管政策工具對跨境資產價格以及跨境資本流動的影響而實現。

4.規避金融監管套利

國際監管套利是全球監管格局不平衡和金融不穩定的重要推手。當一國經濟處於上行期時，本國監管當局採取較為嚴格的緊縮型逆週期政策以防止經濟過熱，該國金融機構隨之通過將機構與業務轉移到處於寬鬆監管週期的國家予以規避，從而形成監管套利。在此過程中，風險並未隨大量機構和業務向監管窪地轉移而消失，相反，由於當地監管政策的不足而造成風險過度積累，引發全球金融危機。可見，不同國家所處的經濟週期不同，以及採取截然相反的逆週期監管政策為國際監管套利提供了必要的條件。因此，國與國之間能否有效協調溝通方向不同的逆週期政策，將決定是否可以有效規避監管套利、維護金融穩定。

5.保障公平競爭環境

從特許權價值、盈利能力以及資訊成本等角度來看，根據「競爭—脆弱」原理，銀行等金融機構在競爭過程中傾向於過度承擔風險（Petersen and Rajan，1995）。也就是說市場競爭程度的提高，會倒逼金融機構為爭取客戶而不斷提高風險容忍度，開展高風險業務，最終有可能引發系統性風險。而政策制定者則要面臨提高金融機構競爭力和維護金融系統穩定的兩難抉擇。如果一國監管當局主動實施嚴格的宏觀審慎政策，例如對大型金融機構分拆重組，對高風險業務進行剝離，對系統重要性金融機構採取更為嚴格的監管標準等，將在一定程度上降低本國金融機構的國際競爭力，反之亦反。因此，各國需要在提升本國金融機構競爭力和維護全球金融穩定之間進行國際協調與權衡，只有這樣才能共同創造更為公平的國際競爭環境。

6.適應貨幣國際化要求

貨幣國際化是一國貨幣走出國門，逐步在區域乃至全球範圍內承擔起計價結算、金融交易以及外匯儲備等貨幣職能的動態過程。理論與實踐均表明，在信用貨幣時代，隨著貨幣國際化進程的推進，本國貨幣在全新的經濟金融市場交易與結算網路當中逐步占據舉足輕重的地位，對於其他非國際貨幣國家的外溢效應也將隨之擴大，這客觀上需要更為有效的國際政策協調機制予以保障。一方面，有效的協調機制將在一定程度上緩解週期波動，抑制系統性風險的產生與蔓延，為一國貨幣崛起創造穩定的宏觀經濟金融環境，這是貨幣國際化的重要制度前提；另一方面，由於中心貨幣國家與周邊貨幣國家之間存在政策調整和外溢效應的非對稱性，中心貨幣國家或者即將成為中心貨幣國家的國家更應主動承擔起國際政策協調的職責。只有這樣，才能使該國貨幣在不危害全球金融穩定的情況下，真正實現國際化並長期承擔國際貨幣的職能。

7.1.2 宏觀審慎政策國際協調的內容

1.宏觀審慎政策協調機制的主體

國際貨幣基金組織（2011）根據各國實踐，將宏觀審慎政策主體分為三

種模式：一是現有某一監管機構被賦予宏觀審慎監管的職責；二是由某個特定機構負責執行和評估宏觀審慎政策，但通常由下設的政策委員會負責制定相關政策；三是成立單獨的理事會作為宏觀審慎政策主體，政策制定往往由多個監管機構共同協商確定。2013年，國際貨幣基金組織進一步對130個成員展開調查，結果表明，90%以上的國家在實踐過程中都認為中央銀行具有降低金融系統性風險的專業能力和動機，應該承擔起維護金融穩定的職責，並與其他政策實施主體相協調。約51個成員將中央銀行作為制定並實施宏觀審慎監管政策的唯一主體。約40個成員已經成立或正在構建金融穩定理事會，承擔部分宏觀審慎政策職能。

不難看出，儘管危機以來各國確立的宏觀審慎政策主體各異，但是加強中央銀行在保障金融穩定方面的職責卻是大勢所趨。從具體職責來看，宏觀審慎監管主體至少應該承擔宏觀審慎資料的收集與分析、宏觀審慎監管政策的執行以及與其他機構的協調三方面職責。其中，協調機制主要包括國家內部不同政策主體的內部協調機制（以避免國內政策目標衝突），以及不同國家之間的國際協調機制（以最小化一國政策外部性）。

在內部協調方面，宏觀審慎監管主體需要組織並協調各部門監管機構（如微觀審慎監管當局、貨幣政策當局、財政政策當局、產業政策當局等）進行政策協調，在制定審慎政策時充分考慮其他宏觀經濟政策的相互影響，在不同的監管部門之間進行權利和職責分配，以維持總體政策目標的一致性（Gabriele Galati and Richhild Moessner，2011）。

在國際協調方面，監管政策是一國監管當局綜合國內經濟水準、政治立場以及國際市場形勢等多種因素的最終決策結果，本身很難兼顧其他國家利益，做到監管政策統一。特別是對於目標和機制均具有跨部門、跨市場和跨國別特點的宏觀審慎政策而言，更需要各國政策主體加強跨境的政策協調與合作。Acharya Viral（2011）建議分步驟建立宏觀審慎監管框架，主要經濟體的監管當局需進行多邊協商合作，針對重要問題和監管原則達成共識；而後主要經濟體所在區域組織向各國監管當局傳達具體的政策建議，進一步推動監管政策的

具體實施。在此過程中，以國際貨幣基金組織、國際清算銀行、金融穩定理事會為代表的國際組織成為宏觀審慎政策國際協調的主體，協調不同國家間政策主體的行為。一方面，國際組織通過制定統一的最低政策標準，指導並監督各國的政策實施，降低跨國滲出效應，防止監管套利，從而保證宏觀審慎政策在國家層面的有效實施（IMF，2011）。各國在遵守國際統一的最低政策標準時，需結合各國的基本國情進行調整，有利於各國在保證集體政策目標一致性的同時，在國家內部制訂更加合理的實施方案。另一方面，國際組織通過建立資訊共享和交流機制，為構建宏觀審慎政策國際協調機制提供了良好的溝通和對話平臺。

2.宏觀審慎政策國際協調的規則

2008年全球金融危機爆發以來，宏觀審慎政策實施面臨著與貨幣政策相同的規則與相機抉擇的兩難選擇。從國際協調的層面來看，監管當局同樣需要實現確定規則與相機抉擇之間的平衡。審慎政策的協調往往發生在跨部門、跨國家的機構和業務中，各方監管當局應在統一的、具有國際共識的基本規則和指導方針的基礎上，根據不同的情況相機抉擇，以增加政策協調的靈活性（馬新斌，2017）。國際標準雖然具有自願的性質，但是全球一體化金融體系的關鍵支柱。各國政策當局只有自覺維持國際最低政策標準的一致性，才會創造一個更加靈活的、開放的全球金融體系（FSB，2017）。國際貨幣基金組織、金融穩定理事會、國際清算銀行等國際組織發佈的審慎監管框架實施準則可以作為各國進行審慎監管的確定性規則，有利於各國在宏觀審慎政策的實踐中遵循統一的國際標準，在國際範圍內保證政策的一致性。例如，巴塞爾銀行監管委員會、國際支付結算體系委員會、國際保險監督官協會（IAIS）以及國際證監會組織等。這些國際機構在行業內部發佈國際性的監管準則與要求，作為各國在國家層面制定和實施監管政策過程中共同遵守的規則。此外，國際貨幣基金組織、金融穩定理事會以及國際清算銀行等國際組織對於政策國際協調的對話平臺、談判流程以及協調原則等方面均有所規定，為各國進行宏觀審慎政策的國際協調提供了準則和依據。在此基礎上，各國監管當局根據本國經濟金融發展

情況，相機抉擇，制定符合本國利益的協調政策，及時、靈活地進行國際政策協調，以避免政策衝突。

3.宏觀審慎政策國際協調的形式

第一，雙邊協調。現行宏觀審慎政策雙邊協調實踐，主要集中在由於跨境金融機構面臨母國與東道國的監管政策差異而進行的雙邊政策協調。根據國際經濟法，跨境業務的監管協調原則主要有保護主義原則、對等互惠原則、最惠國待遇原則以及國民待遇原則等。在國際貿易和國際金融業務的具體實踐中常常採用更加靈活的互惠原則，即兩個國家之間互相給對手國優惠待遇或權利，而具體互惠內容由雙方協商決定。巴塞爾委員會提出的並表監管也是跨境銀行監管協調的重要原則。並表監管的總體原則是所有跨境銀行接受母國監管當局的並表監管，而東道國監管當局對境內外國銀行子行或分行進行次級並表監管；跨境銀行分支機構的設立需由母國和東道國雙方批准；母國監管當局有權收集境外分支機構的相關資訊；而東道國監管當局有權限制或禁止在境內設立分支機構。

在宏觀審慎監管政策框架內，《巴塞爾協議III》針對國際化銀行體系提出了管轄權互惠的政策協調機制。巴塞爾委員會要求銀行按照風險加權資產（既包括國內資產，也包括國際資產）的一定比例提取逆週期緩衝資本。這一政策在具體實施過程中，要求母國與分支機構所在國或業務發生國監管當局充分進行監管政策的協調與合作，就互惠條款達成一致。國際銀行的信貸業務敞口受到多個國家監管當局的監管，每個東道國針對該銀行在其管轄範圍內的信貸業務敞口制定緩衝資本比例要求。因此，國際銀行的緩衝資本要求由所有信貸業務所在國緩衝資本監管要求加權平均得到。東道國在政策制定後需告知跨境金融機構的母國並希望母國監管當局對東道國的政策予以尊重與支持。而跨境金融機構的母國針對同一跨境金融機構信貸業務敞口要求的逆週期資本緩衝比例只能高於或者等於東道國所要求的水準，從而避免金融機構在兩個國家之間尋求監管套利。母國與東道國依據互惠原則進行政策協商，以保證國內金融機構與境內外國機構在相同的監管政策環境下進行公平競爭。

針對跨境金融集團監管的協調與合作，巴塞爾銀行監管委員會、金融穩定理事會等國際組織宣導設立監管聯席會議機制，就跨境金融機構的監管政策進行國際協調。監管聯席會議（Supervisory College）[1]由母國監管當局主導，相關東道國共同參與，是專門針對跨境金融集團的合作監管而建立的一種機制。通過定期舉行面對面會議，一方面，母國與東道國監管當局就跨國金融集團的經營業務、風險水準等問題進行資訊的交流與互換，以實現母國和東道國之間的溝通與互信；另一方面，母國與東道國監管當局就跨境監管問題進行平等協商與對話，避免監管重疊和監管真空，得以實現對跨境金融集團的持續有效監管。

　　母國與東道國之間的雙邊協調機制也是金融機構，尤其是全球系統重要性金融機構跨境危機處置國際協調合作的重要內容。《跨境銀行處置小組的報告與建議》[2]《金融機構有效處置機制核心要素》[3]等報告中均強調了母國與東道國的協調與合作對於建立金融機構跨境處置機制的重要意義。雙邊處置合作備忘錄、金融機構跨境處置合作協議等一系列協調協議的簽訂，將進一步推動母國與東道國監管當局開展處置政策的協調與合作，有效防範風險和危機的跨境傳染。

　　此外，隨著金融自由化程度的提高，資本在國際的流動性不斷加強，促進資本流動的監管合作對於維護金融穩定具有十分重要的意義。雙邊貨幣互換協

1　巴塞爾銀行監管委員會將監管聯席會議定義為由相關監管者組成，通過各方的協調與合作，加強國際銀行集團有效並表監管的多邊工作組;國際保險監督官協會將監管聯席會議定義為完善國際集團監管框架的重要手段，在日常和危機狀況下，在集團層面促進相關監管者之間的合作、資訊交流與監管活動協調。2009年匹茲堡峰會上，金融穩定理事會將「設立監管聯席會議」作為基本職能之一。參見李仁真，周憶。論跨境金融集團監管聯席會議機制。金融監管研究，2012(2)：103-114。

2　BCBS.Report and Recommendations of the Cross-border Bank Resolution Group,https：//www.bis.org/publ/bcbs169.pdf /［2018-03-12］.

3　FSB.Key Attributes of Effective Resolution Regimes for Financial Institutions,http：//www.fsb.org/wp-content/uploads/r_141015.pdf /［2018-03-12］.

議是兩國進行流動性合作管理的重要工具，在促進雙邊貿易和投資的同時，還將通過流動性救助提升一國應對金融衝擊的能力，緩解危機的傳染與蔓延，維護區域的金融穩定。資本的跨境流動與各國的宏觀經濟立場緊密相關，各國應加強資本流動的監管合作，以降低政策外溢效應，維護全球流動性穩定。

第二，多邊協調。宏觀審慎政策的協調與合作需要一個健全的機制來促進各國就維護全球金融穩定達成基本共識，也需要採取措施確保各國實施宏觀審慎政策的同時保持集體目標的一致性。目前，國際貨幣基金組織、國際清算銀行、金融穩定理事會和二十國集團等國際組織已經成為促進宏觀審慎監管政策多邊以及區域性協調的重要平臺，它們相互之間密切合作、功能各有側重。在它們的宣導下，多個國家已經就宏觀審慎監管政策進行平等參與、對話與磋商，在構建宏觀審慎政策的監管目標、監管工具、制度安排和國際協調與合作等方面已達成國際共識。與雙邊政策協調相比，多邊或區域性協調的範圍更加廣泛和有效，能夠顯著增強政策工具的執行力和有效性，為構建全球宏觀審慎監管框架提供了有利條件。

國際貨幣基金組織以多邊監督為主，主要致力於監測和評估系統性風險、設計並制定宏觀審慎監管政策的制度框架和實施標準、健全全球經濟金融資訊與資料庫、指導並監督各國宏觀審慎監管政策的具體實踐以及構建審慎政策的國際協調機制等，為各個國家和地區的合作與交流創設平臺，積極推動宏觀審慎監管政策在全球範圍內的實施。 國際清算銀行目前主要側重各國銀行監管政策的國際協調與合作，監測各國央行的宏觀審慎政策實踐情況。巴塞爾銀行監管委員會和全球金融系統委員會（CGFS）是其相關政策實施的主要管道。二十國集團主要致力於構建宏觀審慎政策框架來維護全球金融體系穩定，建立一個更加開放、團結、普惠性的全球金融系統。金融穩定理事會則主要負責國際標準的制定以及各國監管當局的政策協調，促進各國金融監管體系的改革，維護全球金融穩定。與國際貨幣基金組織、國際清算銀行等國際組織不同，金融穩定理事會制定的政策並不具有法律約束力，只是作為政策協調主體，推動金融監管政策在國際範圍內的協調實施。國際貨幣基金組織、金融穩定理事

會、二十國集團、國際清算銀行的協調目標、主要職責、主要機制介紹見表7—1。

表7—1　主要國際組織多邊政策協調分工

	協調目標	促進各國金融監管體系改革。
金融穩定理事會	主要職責	作為協調主體，推動金融監管政策在國際範圍內的實施。
	主要機制	a.資訊交流與國際合作機制。金融穩定理事會脆弱性評估常設委員會（SCAV）對成員定期進行資料調查，密切監測各成員金融系統的脆弱性；金融穩定理事會在銀行、保險和證券監管等方面制定了完善的合作標準和資訊交流標準*，要求成員簽訂資訊交流合作協定並嚴格執行相關標準、按時進行資訊披露並接受國際組織審核**；金融穩定理事會實施「資料缺口與系統連接」專案，加強全球系統重要性金融機構的資料收集與共用；理事會致力於建立法人機構識別編碼（LEI），以加強全球所有參與金融交易的機構的資訊收集與管理。 b.監督成員監管政策的實施。成員需向金融穩定理事會提交本國或地區金融監管改革進展情況報告（Peer Review Reports），並接受國際貨幣基金組織、世界銀行等國際組織和其他成員對其政策實施情況的監督與評估，建立「以身作則」和「同儕壓力」機制強化成員的政策實施；金融穩定理事會通過構建實施監控協調框架（Coordination Framework for Implementation Monitoring，CFIM）確保成員金融改革的一致性。 c.金融穩定理事會針對不合作的國家或地區（Non－Cooperative Jurisdiction，NCJ）採取反制措施。鼓勵非成員國以及非合作國家和地區參與金融監管政策改革，從而促進更大範圍內各國或地區對國際標準的遵守。 d.重點加強對全球系統重要性金融機構（G-SIFI）的監管，推動各國或地區簽訂特定機構跨境合作協定（CoAgs）。金融穩定理事會制定G-SIFI的評估方法並定期公佈名單，要求成員針對G－SIFI進行特殊監管；發佈《金融機構有效處置的核心要素》，為母國（地區）和東道國（地區）就G-SIFI的有效處置問題提供政策依據；發佈《關於中央對手方處置和處置計畫的指導》，以保證中央對手方處置行動的國際一致性。

續前表

國際貨幣基金組織	協調目標	促進國際貨幣合作，保證全球貨幣體系的有效運行。
	主要職責	a.制定宏觀審慎監管政策的制度框架和實施標準。 b.健全全球經濟金融資訊與資料庫。 c.指導並監督各國宏觀審慎監管政策的具體實踐。 d.推動審慎政策的國際協調。
	主要機制	a.出臺政策性檔[1]為各國實施宏觀審慎政策提供統一的制度基礎。 b.根據《消除資料差異倡議》（Data Gaps Initiative，DGI），國際貨幣基金組織和金融穩定理事會主導構建全球資料庫；繼續完善全球金融穩健性指標資料庫。 c.與世界銀行聯合推出金融部門評估規劃（FSAP），監測各國金融系統的穩健性；國際貨幣基金組織成員需定期發佈《金融部門評估規劃——關於宏觀審慎政策框架的技術說明》系列報告，披露審慎政策的實施情況，由國際貨幣基金組織進行監督指導。 d.國際貨幣基金組織建立磋商機制（Article IV Consultation）為成員之間的政策協商提供制度依據；通過定期組織多邊或區域性的高層領導人會議，促進各國進行政策協商對話。
二十國集團	協調目標	推動國際經濟合作以維護國際金融穩定、促進經濟增長。
	主要職責	為國際組織和主要經濟體的交流與合作提供平臺，以協商解決有關全球治理、經濟金融發展的國際重大問題。
	主要機制	a.制定和實施穩健的國際監管標準，以提高金融系統的抗風險能力，維護金融機構和市場的穩定運行。 b.加強監管合作和資訊共用機制。二十國集團每年舉行兩次二十國集團會議，由主要發達國家和發展中國家的中央銀行、財政部部長等高級領導人參加，國際貨幣基金組織和國際清算銀行等國際組織均列席峰會，共同討論國際議題，制定並監督實施國際政策綱領，推動國際金融經濟合作。 c.採取有力措施監測和報告各國實施金融體制改革的進展情況，及時識別和解決監管改革帶來的挑戰和重大意外後果。

1　詳細內容請參考Macroprudential Policy Tools and Frameworks(Feb, 2011);Macroprudential Policy——An Organizing Framework(Mar, 2011)；Staff Guidance Note on Macroprudential Policy-Detailed Guidance on Instruments (Jun, 2013)；Staff Guidance Note on Macroprudential Policy-Detailed Guidance on Instruments (Nov, 2014)；等等。

國際清算銀行	協調目標	推動各國中央銀行開展國際銀行監管政策協調，以維護全球貨幣和金融穩定。
	主要職責	a.與國際貨幣基金組織、金融穩定理事會等國際組織合作，討論並制定審慎政策的國際標準。 b.重點針對銀行業監管政策制定國際準則，促進各國中央銀行就銀行監管問題進行交流協商。 c.監測並維護金融體系穩定運行。
	主要機制	a.國際清算銀行與國際組織、各國領導人定期進行政策對話，針對構建國際宏觀審慎政策展開討論。 b.巴塞爾銀行監管委員會是推動銀行業監管國際協調與合作的最重要平臺。（1）巴塞爾銀行監管委員會通過出臺巴塞爾協議為各國銀行監管提供統一的國際標準，2012年，巴塞爾銀行監管委員會啟動了《巴塞爾協議Ⅲ》監管一致性評估專案，以促進成員落實監管要求。（2）巴塞爾銀行監管委員會成立了宏觀審慎監管工作組（MPG），重點構建全球系統重要性金融機構的監管框架，防範系統性風險。（3）通過巴塞爾諮詢小組、銀行監管國際會議、金融穩定研究所等機制，委員會與成員及非成員保持政策對話，促進並監督國際銀行監管政策有效實施。（4）通過出臺《新協議跨境執行高級準則》，明確跨境銀行監管職責分配標準，為跨境銀行監管政策雙邊協調提供制度支持。（5）通過構建資訊共用機制，為跨境銀行監管、全球系統重要性銀行監管等政策的協商與合作提供資料基礎。 c.全球金融系統委員會（CGFS）由國際清算銀行成員的中央銀行行長構成，定期舉行央行行長會議討論金融系統穩定的相關議題，協調各方利益，制定相關政策措施和標準，達成國際共識，並監督各成員中央銀行執行相關政策。

說明：* 資訊交流標準由金融穩定理事會、巴塞爾委員會、國際保險監督官協會和國際證監會組織共同協商確定。

　　** 金融穩定理事會主要依據國際貨幣基金組織和世界銀行聯合公佈的《標準與準則實施報告》（Report on the Observance of Standards and Codes，ROSC）以及國際證監會組織發佈的《關於協商、合作和多邊資訊交流的諒解備忘錄》（Multilateral Memorandum of Understanding Concerning Consultation and Cooperation and the Exchange of Information，MMoU）對成員的遵守情況進行評估。

　　資料來源：作者從相關機構官方網站資料整理而得。

7.1.3 中國在宏觀審慎政策國際協調方面的作用

近年來我國積極推動構建符合中國實際的宏觀審慎政策框架，不僅在防範國內系統性金融風險方面成效卓著，而且為全球金融穩定貢獻了中國力量。「十二五」和「十三五」規劃都對構建逆週期的宏觀審慎政策框架提出了明確要求。宏觀審慎政策框架被寫進了黨的十八大、十八屆三中全會的檔，並連續幾年出現在政府工作報告當中。黨的十九大報告更是明確提出了要「健全貨幣政策和宏觀審慎政策雙支柱調控框架」，明確將宏觀審慎政策提升到了同貨幣政策並列的地位。

從具體措施來看，2011年中國人民銀行引入差別準備金動態調整機制並於2016年升級為宏觀審慎評估，從七大方面對金融機構的行為進行多維度引導，實施逆週期調控。2015年正式實施《存款保險條例》，建立存款保險制度。2015年以來逐步建立跨境資本流動宏觀審慎政策框架。近年來在住房金融政策、資產管理業務、金融基礎設施建設等方面加強了宏觀審慎政策管理。此外，針對宏觀審慎政策的國際協調，特別是在確立宏觀審慎政策主體以及建立協調機制、雙邊和多邊協調等方面進行了積極探索。

1.不斷完善政策協調機制

明確宏觀審慎政策主體並建立有效政策協調機制是保證我國各項監管政策有效實施、加強國際政策協調，共同維護金融穩定的重要保障。早在2003年，修訂後的《中國人民銀行法》就明確賦予了中國人民銀行維護金融穩定的職責。金融穩定局也於當年成立，主要承擔金融穩定相關職能。同年《中國人民銀行法》還提出了「國務院建立金融監督管理協調機制」。2004年，中國銀監會、證監會和保監會協商通過《在金融監管方面的分工合作的備忘錄》，建立三方聯席會議制度，形成了國務院領導下的「三會」協同監管，但忽略了中國人民銀行在金融監管中的重要作用。2008年，國務院發佈《中國人民銀行主要職責內設機構和人員編制規定》，明確了國家發展和改革委員會、財政部、中國人民銀行等部門建立協調機制，調控宏觀經濟發展；同時在國務院領導下，

中國人民銀行與銀監會、證監會、保監會建立金融監管政策協調機制，通過部級聯席會議加強各金融監管政策的協調使用，維護金融穩定。2013年，國務院同意建立由中國人民銀行牽頭的金融監管協調部際聯席會議制度，強調了中國人民銀行在協調金融監管政策方面的主導作用，加強了「一行三會」對交叉性金融機構和金融業務的監管合作，共同維護金融體系的穩健運行。2017年，為進一步提高監管協調的效率和權威性，增強統籌防範系統性金融風險的能力，在原有的監管協調機制上成立國務院金融穩定發展委員會，作為國務院統籌協調金融穩定和改革發展重大問題的議事機構。近期，中國取消銀監會和保監會，成立中國銀行保險監督管理委員會，統一監管銀行業和保險業，維護金融穩定，這是中國改革金融監管體制的又一重大舉措。

2.積極推動雙邊政策協調

近年來，我國金融開放水準不斷提高，跨境銀行機構和業務在金融體系中所占比例不斷增大，建立母國—東道國監管政策協調機制是中國強化跨境金融機構監管的主要手段。我國主要實行母國監管為主、東道國監管為輔的原則，積極構建雙邊協調機制。截至2017年8月，我國已經與68個國家和地區簽訂雙邊監管合作諒解備忘錄和監管合作協定。在巴塞爾銀行監管委員會確定的跨境銀行監管原則的指導下，雙方就資訊交換、市場准入和現場檢查等方面達成一致，建立並加強了雙邊監管政策的合作機制。此外，中國銀監會多次召開監管磋商會議，分別與新加坡、美國、日本以及韓國等多個國家和地區的監管政策制定者就銀行監管問題進行了積極的探討與合作。為回應金融穩定理事會對全球系統重要性金融機構的監管要求，中國銀監會多次就中國工商銀行、中國銀行、中國建設銀行的監管召開國際聯席會議，與銀行分支機構所在國的監管當局就銀行的跨境監管問題開展交流與合作。

金融危機後，中國人民銀行加強了區域貨幣互換機制的建設，截至2017年年末，中國已與36個國家和地區簽訂人民幣互換協定。雙邊貨幣互換協議的簽署加強了中國與多個國家進行跨境資本監管政策的交流與合作，有利於中國有效應對流動性風險和外匯風險，提升在面臨區域金融危機時的救助能力。

3.全面落實多邊政策協調

作為國際貨幣基金組織、二十國集團、金融穩定理事會、巴塞爾銀行監管委員會等國際組織的重要成員，中國積極參與國際性和區域性的政策協調活動，回應國際組織對構建審慎監管政策協調機制的宣導並完成國際組織在政策協調方面提出的各項要求。《巴塞爾協議Ⅲ》通過後，中國在立足基本國情的基礎上積極實踐委員會提出的監管要求，並將其融入本國金融監管體制的改革之中，順利通過了巴塞爾委員會對中國銀行監管政策的一致性評估。截至2017年，已基本完成了《巴塞爾協議Ⅲ》在逆週期資本緩衝、全球系統重要性銀行資本要求、國內系統重要性銀行資本要求以及槓桿率等方面的監管制度框架的構建。積極接受國際貨幣基金組織和世界銀行的「金融部門評估規劃」（FSAP）測評，金融體制改革成果受到了國際組織的肯定與讚賞。

此外，中國大力宣導並開展區域性合作機制，「一帶一路」合作組織、亞洲基礎設施投資銀行建設等戰略的實施，為全球合作和治理提供了新思路。發展區域性合作戰略有利於在區域範圍內進行雙邊及多邊的政策協調與合作，對於建立宏觀審慎監管政策國際協調機制具有十分重要的意義。時任中國人民銀行副行長易綱在第五屆中國—東盟金融合作與發展領袖論壇上倡議在東亞及太平洋地區中央銀行行長會議組織（EMEAP）框架下成立貨幣與金融穩定理事會，以促進亞洲地區金融穩定領域合作以及區域內跨境監管溝通與協調。2016年二十國集團杭州峰會上，中國將「防範金融機構活動的內生系統性風險，強化宏觀審慎政策框架」作為重要議題提出，為構建全球宏觀審慎政策框架積極貢獻著中國智慧。

7.2 結構改革及其對貨幣國際化的影響

7.2.1 典型國家的結構性改革經驗

1.20世紀80年代主要發達國家

20世紀70年代以前，得益於美國經濟的高速發展和海外擴張的快速發展，美國多使用需求管理政策，但是20世紀70年代以後，數次中東戰爭引發的石油危機觸發了美國自1933年大蕭條以來最嚴重的經濟危機，經濟發展停滯，通貨膨脹高企，失業率居高不下，需求管理政策逐漸失去效用，80年代中期開始，英美開始逐漸放棄凱恩斯的國家干預經濟理論，並將宏觀經濟管理重心轉向了供給側結構性改革。20世紀80年代雷根政府主要採取了以下供給側管理措施：削減非國防性財政開支、大規模減稅、減少國家對企業的干預、實施貨幣政策以及增加國防開支（見表7—2）。此外，二戰後的英國，「英國病」日益嚴重並引發諸多問題。1979年，柴契爾夫人上臺執政，她大刀闊斧地推進改革，為英國帶來了一場「柴契爾革命」，這場革命同樣是以供給側改革為重點進行的（見表7—3）。

表7—2　20世紀80年代美國雷根政府的供給側管理

管理方向	具體措施
削減非國防性財政開支	削減對撫養未成年兒童家庭的補助專案； 減少在醫療補助方面的補貼； 取消在食品方面與通貨膨脹相對應的補貼調整； 在住房方面逐漸增加租賃者交付的部分房租份額，取消大部分聯邦建房補貼， 由州和地方政府更多地負擔社會福利保障責任。

續前表

管理方向	具體措施
大規模減稅	從1981年10月起的三年內，分三次降低個人所得稅，共減少個人所得稅23%，邊際稅率從14%～70%降為11%～50%； 1985年開始，個稅繳納的基礎變為，扣除消費物價上漲因素後的實際收入； 1986年10月23日，簽署了獲得美國眾議院、參議員兩院批准的稅制改革法案（下稱「新稅法」），改革後稅率由此前11%～50%的十五檔，簡化為15%和28%兩檔，另對高收入者徵收5%的附加稅，全國人均免稅額減少了6.4%； 新稅法將個人實際免稅額從1 949美元提升到2 480美元； 新稅法在資本、利息和遺產等方面的稅率也有不同程度的降低； 新稅法在企業稅方面採取了加速折舊的辦法，縮短了大部分固定資產的折舊年限，同時縮減了公司所得稅的稅率區間，從15%～46%變為20%～34%，對於不同的企業投資還會有不同的納稅優惠。
減少國家對企業的干預	制定一個規章時，不僅考慮它對社會的好處，而且計算為它付出的代價；不僅考慮局部的利益，而且考慮對整體社會的影響； 對於重大項目，必須經過證實的「管理影響分析」程序才能做出決定。在制定保護健康、安全和環境的規章時，必須以正式的「風險分析程序」的科學鑒定為依據； 規章管制的物件應當是實際效果，而不是生產效果的中間過程； 一般情況下，政府不應該對企業的開始和經營方式、產量和物價等經濟現象施加管制。
實施貨幣政策	1981—1982年中期實行嚴格的緊縮性貨幣政策；這期間聯邦儲備銀行貼現率極高，1980年年底商業銀行的利率甚至高達21.5%； 1982—1985年，開始多次緩慢地下調貼現率，逐漸放鬆對貨幣供給量的控制。
增加國防開支	將擴軍放在國內政策的優先地位； 國防開支從1980年的占財政開支的23.6%增長到1985年的占財政支出的26.8%，實際數額增加了將近一倍。

表7—3　20世紀80年代英國柴契爾夫人的供給側管理

管理方向	具體措施
減少干預、推行民營化	大規模推行國企私有化改革，並先後將汽車、鋼鐵、電力、電信、航太航空、造船、供氣供水等國有公司的股票賣給民眾，實現國有資產從公共部門向私人部門的轉移； 通過私有化獲得的高額收入又為緊縮性財政政策的實施提供了支持；放鬆政策管制，打破產業壟斷格局，取消新企業進入產業的行政法規壁壘；英國政府還通過招標的方式，將市場競爭機制引入公共服務領域，不僅將垃圾收集、公路養護、路面清潔等服務承包給私人，而且出臺措施鼓勵私人經營醫院、養老院以及學校，並將公屋大量出售給私人。
放鬆管制、增強市場活力	放鬆管制、推行自由主義政策，讓市場發揮主要作用； 打破政府對石油、鐵路及郵電通信等領域的壟斷地位，取消物價管制委員會，大幅削弱政府管制權力，相繼廢除了180多項針對民間經濟活動的規定； 取消實施了40年之久的外匯管制條例，實行英鎊匯率的自由浮動政策。
減稅政策	把個人所得稅的基本稅率從33%降到30%，進而又降到25%，最高稅率也從83%降到60%，進而又降到40%； 把個稅起征點由8 000英鎊提高到1萬英鎊； 將公司所得稅稅率由52%逐年降低到35%； 把小企業的公司稅率由40%降低到1990年的29%； 多次推進各種稅率下調，並對稅收徵收程序進行最大程度的簡化。
貨幣政策	放棄了以充分就業為主要目標的凱恩斯主義政策，轉而採取貨幣主義的貨幣供應控制政策，將通貨膨脹的治理作為更重要的目標； 通過嚴格控制貨幣供應量、提高銀行利率來減少市場貨幣流通量。
削減福利、擴大公共產品市場化	推行住房私有化改革； 支持私立學校發展； 改革公共醫療制度、鼓勵私人診所發展； 實行養老金的調整只與通貨膨脹掛鉤，不再與工資增長率掛鉤，降低養老金的發放標準； 實行嚴格的失業登記。

從政策效果來看，雷根政府的一系列改革措施有效推動了美國20世紀80年代經濟的復甦與發展，美國從1983年開始了快速的經濟復甦，1983年8月，美

國工業生產指數連續上升了9個月，已十分接近危機前的高點，1983年全年經濟整體增長了6.5%，其中個別季度經濟增長率高達8%。聯邦政府獲得的稅收從1980年年初的每年5 170億美元大幅提升至超過1萬億美元，1983年全年共增加350萬個就業崗位。美國經濟的強勢復甦是在實施緊縮性貨幣政策以及嚴格控制通貨膨脹的情況下實現的，因而美國這輪經濟復甦保持了足夠持久的勢頭。至1983年年底，美國生產總投資上升了1.1%，1984年第一季度的國民生產總值增長率達到了10.1%，工業開工率突破了80%，勞動生產率大幅度上升，產品的勞動力成本普遍下降。與此同時，由於對流通中的貨幣總量實行嚴格控制，通貨膨脹率明顯降低，從1980年的12.4%下降到1982年的5.1%。1982年，美國將高達18%的利率調整到10.6%。1983年，美國民眾消費總量增長了8.4%，扣除通貨膨脹因素，居民純收入增加了3.2%。此外，由於緊縮財政支出，聯邦預算赤字從1983年的1 950億美元下降到1984年的1 750億美元，下降了10.26%。

與雷根政府側重減稅不同，柴契爾政府更加注重自由化改革，即放鬆市場管制和國企私有化。通過一系列改革，英國經濟也得到了一定的提振和復甦。至1988年，英國國企資產只有1979年國企資產總值的43%，占英國GDP的總量僅為5%，國企私有化改革使得英國直接財政收入達到200億英鎊。一系列金融自由化政策的實施，為倫敦國際金融中心注入了活力，使其頹廢的態勢得到改善，鞏固了倫敦國際金融中心的地位。嚴格的緊縮性貨幣政策平抑了英國的通貨膨脹，使其物價增速從1980年的18%降低到1983年的4.6%，並進一步降低至1986年的3.4%。

政府制定產業政策的主要目標是發展提高生產力的人力資源和資本。生產力是國家經濟不斷發展的源頭，所以現有產業結構必須進行永續的調整、改善和創新。美國對教育體系和人才培養方面的投資在20世紀60年代達到頂峰，美國政府持續不斷地對教育和研發進行投資，這使得更多的人有機會接受更高程度的教育，這種良性循環使得美國工人、工程師和管理者成為全世界技術能力最強的人力資源。雷根政府針對美國競爭力的提升提出了一整套綜合的國家科技政策，1980年頒佈了《技術創新法》和《大學和小企業專利程序法》，1982

年頒佈了《中小企業技術創新促進法》，1984年頒佈了《國家合作研究法》，1986年頒佈了《聯邦技術轉移法》，這些政策都在很大程度上強調了研究成果商業化過程中研究、生產、政府各部門之間的合作，強調民用技術的開發和商業應用，使產業界的研發投入也迅速增大，並最終促使美國經濟在20世紀80年代迅速復甦，企業競爭力再度回到鼎盛時期。表7—4列出了世界主要國家（地區）研發總支出占該國（地區）生產總值的比重。

表7—4　世界主要國家（地區）研發總支出占該國（地區）生產總值的比例（％）

年份	1975	1977	1979	1981	1983	1985	1987
瑞典	1.7	1.8	1.9	2.2	2.5	2.8	3.0
日本	2.0	2.0	2.3	2.6	2.8	2.9	—
德國	2.2	2.1	2.4	2.4	2.5	2.7	2.8
美國	2.3	2.3	2.3	2.4	2.7	2.8	2.6
英國	2.2	—	—	2.4	2.3	2.2	2.4
法國	1.8	1.8	1.8	2.0	2.3	2.3	2.3
瑞士	2.4	2.3	2.4	2.3	2.3	—	—
荷蘭	2.0	1.9	1.9	2.0	2.0	2.1	—
挪威	1.3	1.4	1.4	1.3	1.4	1.5	1.9
芬蘭	0.9	1.0	1.0	1.2	1.3	1.5	1.7
比利時	1.3	1.3	1.4	—	1.5	—	—
義大利	0.9	0.9	0.8	1.0	1.1	1.4	1.5
加拿大	1.1	1.1	1.1	1.2	1.3	1.4	1.4
奧地利	0.9	—	—	1.2	1.2	1.3	1.3
丹麥	1.3	1.0	1.0	1.1	1.2	1.3	—
澳洲	—	—	—	1.0	1.0	1.1	
愛爾蘭	0.8	0.8	0.7	0.7	0.7	0.8	—
西班牙	0.4	—	0.4	0.4	0.5	0.5	
韓國	—	—	—	—	1.1	—	—
新加坡	—	—	—	—	—	0.5	
臺灣						1.1	

資料來源：Porter（1998）.

2.2008年金融危機後典型國家的結構性改革

2008年全球金融危機發生後，全球主要經濟體在經濟週期中的矛盾凸顯，由此引發了各經濟體在宏觀政策制定與實施上的衝突。開放經濟條件下，如要實現全球經濟的再平衡，各國就必須進行宏觀政策的國際協調。有效的國際協調可通過尋找利益共同點—達成均衡—維持均衡的路徑來實現。現階段各國應慎用過度的貨幣政策，避免貨幣大幅波動，繼續在二十國集團的框架下推動各國之間的協調與合作，重視國際貨幣基金組織的他律功能，發揮相互評估機制的互律作用，同時各國共同提高自律能力，以實現有效的宏觀政策國際協調。二十國集團將結構性改革作為增長框架下的重要內容，其重要舉措在於實現各國在結構性改革政策領域的協調，這樣，財政政策、貨幣政策與結構性改革政策「三駕馬車」一道，成為共同促進全球經濟增長的動力。政策協調的手段之一，是根據各國的現實和國際經驗，為各國的結構性改革提供政策指引，主要是結構性改革的優先領域和指導原則，使各國在充分考慮自身經濟與政治狀況的情形下，更好地開展結構性改革。

（1）歐元區。後危機時代歐元區的結構性改革主要以勞動力市場改革為重中之重，歐元區主要國家相繼出臺了多項刺激經濟增長的政策以解決其嚴重的失業問題（見圖7—1），並促使財政狀況恢復穩定。歐元區各個國家情況都有所不同，如果要對歐元區整體實行漸進性改革，則必須對不同國家的勞動力及服務市場採用有針對性的綜合性改革方案。歐元區南部國家和德、法等核心國家對結構性改革的需求是不一樣的，南部國家更需要的是恢復產業競爭力，而德、法這些核心國家需要的是最大程度提升勞動力的參與度，改革勞動力市場的准入制度。從圖7—1可以看出，危機發生時，歐元區的失業情況相比美國和日本都更為嚴重，尤其表現在婦女、青少年和老年人的勞動力參與度較低，歐元區危機後整體的經濟恢復也都顯得比較緩慢，2008年至2010年期間，歐元區經濟復甦的強度和力度也都明顯滯後於美國，其中很重要的一個原因就是歐元區沒有解決好勞動力市場的准入問題，此次危機對歐元區的衝擊顯得尤為劇烈，歐元區的制度性改革也更為艱難。

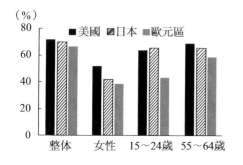

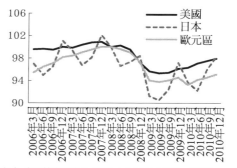

（a）主要經濟體2008年就業率　　　　（b）主要經濟體人均GDP（2008年第一季度=100）

圖7—1　金融危機期間主要經濟體就業和人均GDP資料

資料來源：Allard, C., Everaert, L. et al. Lifting Euro Area Growth : Priorities for Structural Reforms and Governance. IMF Working Paper No. SPN/10/19, November 2010 : WIND資料庫。

　　危機過後，為了刺激歐元區整體的經濟增長，緩解失業壓力，歐元區的各個國家都在不違反區域整體利益的前提下，採取了不同層次的結構性改革策略。危機過後歐元區主要國家主要從勞動力市場和服務部分兩個方面進行了結構性改革，並取得了顯著的成績，很大程度上刺激了歐元區區域內投資，助推了歐元區危機後的經濟復甦，其中勞動力市場的改善最為亮眼。2016年全年歐元區經濟增速達到1.7%，自2008年國際金融危機爆發以來首次超過美國。2016年第四季度，歐元區19國國內生產總值同比增長1.8%，環比增長0.5%。德國2016年第四季度經濟環比增長0.5%，法國經濟環比也增長了0.4%。歐元區的就業形勢也在持續好轉，失業率降至歐洲債務危機前的水準。歐元區2016年12月失業率為9.6%，同比下降了0.9個百分點。這也是2009年5月以來歐元區的最低水準。在通脹率方面，困擾歐元區多年的超低通脹率也在逐步好轉，歐元區2017年1月通脹率初值為1.8%，環比增長了0.7個百分點，達到近4年來最高水準。2017年，歐元區延續了經濟復甦的勢頭，歐盟統計局2018年1月30日公佈的資料顯示，歐元區2017年四季度GDP初值同比增長2.7%，歐盟28個成員國第四季度GDP初值同比增長2.6%。此外，2017年全年，歐元區以及歐盟28個成員

國的GDP則實現了2.5%的增長水準。美國2017年全年實際GDP增速僅為2.3%，雖然大幅高於2016年1.5%的增速，但相比歐元區的表現，還是有些相形見絀。此外，就業情況持續改善，2017年12月，歐元區19國失業率為8.7%，為2009年1月以來最低值。歐盟28國失業率為7.3%，為2008年10月以來最低值。

（2）日本。日本自《廣場協定》之後，經濟增長始終乏力，日本政府的一系列經濟刺激政策都收效甚微，2012年安倍晉三再度出任日本首相，並推出了著名的「安倍經濟學」，即集貨幣政策、財政政策、結構性改革產業政策、社會政策等為一體的綜合經濟發展戰略，其中結構性改革被稱為「第三支箭」，主要涉及促進投資、促進人才競爭、培育新市場及提高經濟開放度四大領域，在日本政府的財政政策和貨幣政策效果都不明顯的情形下，其結構性改革政策的重要性就顯得格外突出。日本結構性改革措施中，勞動力市場改革最為重要，眾所周知，日本老齡化現象非常嚴重，勞動力總量持續下降，日本政府出臺的勞動力市場改革措施可以在很大程度上緩解其日益下降的勞動力數量。首先，日本政府鼓勵女性參與經濟活動，並且將女性退休的年齡延長至65歲，為了使更多的年輕媽媽能從照顧孩子的日常瑣事中脫離出來投入到工作中去，日本政府加大力度不斷完善對幼小孩子的託管工作，此外，日本政府還採取激勵措施鼓勵企業為女性提供上班時間比較靈活的工作崗位，安倍晉三的勞動力市場改革方案實施不到兩年的時間，日本的女性就業人口就已經增加了80萬，在很大程度上緩解了日本勞動力不足的難題。其次，日本政府擴大了對海外人才的吸引力度，為更多的外國來日勞動者提供了工作簽證以彌補本國勞動力的不足。刺激投資也是日本政府主要結構性改革的方向，稅收刺激政策主要是用來鼓勵科研創新，而加大金融部門的改革以使有創新能力的新企業能比較容易地獲得風險資本則是日本政府扶持新企業健康發展的重要舉措之一。

7.2.2 經濟發展階段對貨幣國際化的影響

Porter（1998）提出，國家經濟發展由低到高會經歷四個階段：生產要素

導向階段、投資導向階段、創新導向階段和富裕導向階段。[1] 在生產要素導向階段，企業對全球經濟景氣循環與匯率變動非常敏感，因為所生產的產品需求價格彈性很高。目前幾乎所有的發展中國家都處於這個階段。在投資導向階段，企業具有吸收並改良外國技術的能力，政府更加強調效率和長期規劃，重視改善生產要素品質和提升產業國際競爭力。在創新導向階段，企業會大規模轉戰國際市場，更加強調高新技術對產業的影響，競爭方向也將從生產成本轉向生產率。由於產業結構的不斷完善和升級，很多產業能夠擺脫生產成本和匯率波動威脅，國家發生危機的可能性大大降低，而且人們非常強調高品質的服務和財富，高端服務業擁有更廣闊的國際市場。在富裕導向階段，企業開始逐漸喪失在國際上的競爭優勢，國內的競爭活動衰退，經營戰略由積極轉向保守，大企業將左右政府實施保護政策使自己與競爭者隔離，經濟開始停滯不前，相應地，貨幣的國際化程度也逐漸下降。每一個經濟發展階段的轉換，都需要一次重大的結構性改革。

回顧歷史，英國最早進入創新導向階段。19世紀前半葉，英國已經完成了投資導向階段向創新導向階段的轉換，美國和德國分別在20世紀前期和中期進入創新導向階段，日本則是在20世紀70年代進入這一階段。日本是戰後經濟最成功的案例，它從最基本的生產要素導向階段開始，利用戰後低廉的勞動力從紡織等簡單的製造業入手展開競爭，大力提高本國的技術發展水準，很快就推進到了投資導向階段。進入投資導向階段後，日本利用其低廉的勞動力和現代化的高新設備，很快就在國際市場中占據了競爭優勢，日本企業的海外滲透能力迅速增強。日本在20世紀70年代進入了創新導向階段，伴隨而來的是日圓國際化程度的快速提升，在這個階段，日本對科學技術的投入和創新達到了峰值，國內保持激烈的競爭，創新的步伐加快，並將一些資源密集、簡單加工的產業逐漸轉移到了中國等海外市場。

從國際外匯儲備貨幣結構演變看，英鎊、美元、德國馬克、日圓的國際化

1　Porter, Michael.E. The Competitive Advantage of Nations.The Free Press, 1998.

進程無一例外發生在創新導向階段（見表7—5）。換言之，貨幣國際化進程是經濟發展到一定階段的產物，離不開產業結構的升級。只要夯實了產業基礎，完成了產業結構全球範圍內的佈局調整，貨幣國際化就是一個自然而然的過程。

表7—5　國際外匯儲備結構演變歷史（％）

貨幣	1920	1922	1927	1931	1973	1987	1995	2002	2010	2017
美元	27	50	61.4	37.1	84.5	66	56.4	64.8	61.8	63.5
歐元	—	—	—	—	—	—	—	14.6	26	20
英鎊	67.6	45.5	38.6	48.6	5.9	2.2	3.4	4.4	3.9	4.5
德國馬克	—	—	—	—	6.7	13.4	13.7	—	—	—
法國法郎	5.4	2.2	—	14.3	1.2	0.8	1.8	—	—	—
瑞士法郎	—	2.3	—	—	1.4	1.5	0.1	0.7	0.1	0.2
日圓	—	—	—	—	—	7.0	7.1	4.5	3.7	4.5
歐洲貨幣單位（ECU）	—	—	—	—	—	5.7	6.5	—	—	—
其他	—	—	—	—	3.4	—	9.7	20.6	4.4	6.2

資料來源：Eichengreen, B.Sterling's Past, Dollar's Future：Historical Perspectives on Reserve Currency Competition. NBER Working Paper. No.11336. May, 2005.

對於發達國家而言，進入富裕導向階段後，大多會面臨結構性調整的巨大壓力。英國是最早進入富裕導向階段的國家，英國進入這個階段後，經濟呈現出螺旋狀下滑，失業率持續提高，政府收入大幅減少，從而財政對教育、研發、基礎設施的投入都不斷縮減，正是由於這些原因，柴契爾夫人實施了一系列的經濟刺激政策。目前，美國和德國處在由創新導向階段向富裕導向階段過渡的過程中，產業競爭受到了很多制約，保護主義重現，經濟嚴重失衡，帶動經濟發展的力量正在逐漸消逝，伴隨而來的就是美元、歐元國際金融市場占有率和美元國際化程度的下降。要實現經濟的可持續發展，需要進行結構改革和調整。

在創新導向階段，最重要的特徵是現代科技推動各產業創新發展，而且優

勢產業朝全球市場邁進。由於技術、客戶需求、政府政策、國家基礎建設等方面的差異，各國企業的全球競爭日趨激烈。政府往往會出臺一系列促進研發、鼓勵創新的政策，在全球產業競爭中扮演越來越重要的角色。此時一國的成功並非來自某一個產業的成功，而是來自縱橫交織、具有協同效應的產業集群。形成富有國際競爭力的產業集群，不僅有利於提高整體經濟的生產效率和生產能力，而且能夠在越來越專業化的國際分工中占據有利的地位，通過利用全球資源，獲得更高品質的經濟發展。以美國的建築業為例，二戰以後直至20世紀70年代以前，美國在核心科技，如電子、太空、合成材料、醫療保健用品和核能等方面都投入了巨額資金，加大研發力度，使得美國的科技產業發展迅猛，在許多基礎科學和科技產業方面居於全球領先地位。不僅如此，美國還將鼓勵科技創新與基礎設施建設相結合，打造出戰後世界上最強的工程和建築業。戰後初期歐洲和亞洲許多國家百廢待興，為美國工程和建築企業進入國際市場進行海外拓展提供了機遇。美國的建築企業以其具備的先進生產流程與成熟的建築管理技巧，很快就完成了國際擴展戰略。1987年，美國企業在前250家國際承包商的工程業務當中占24.5%，遙遙領先於其他國家。科技進步在美國經濟發展中的貢獻超過80%，創新成果被廣泛運用於農業、製造業、服務業，使得美國許多行業的勞動生產率高居世界榜首，在國際分工中長期占據高端。

7.3　人民幣國際化需要的結構性改革政策協調

從國際經驗得知，經濟進入創新導向階段是人民幣國際化的必要條件。為此，中國必須加大研發投入，深化結構性改革，形成經濟效率更高、更加靈活的市場主導機制，與不同類型的國家實現多梯次的結構性改革政策協調。

7.3.1　加大研發投入，提升自主創新能力

目前，我國經濟正在邁向創新導向階段，成功轉型的關鍵在於人力資源

積累和科技創新。人力資源是經濟發展的原動力，也是掌握創新國家核心競爭力的根本。十年樹木百年樹人，我國需要更加重視教育和培訓，全方位培養、多管道吸引專業技術人才。加大科研創新投入，獲得更多專利，也是確立經濟比較優勢、推進人民幣國際化必不可少的。美國、德國、日本在創新導向階段研發經費支出占國內生產總值的比重基本都維持在2%～3%，例如，日本在進入創新導向階段的1985年，研發總支出占GDP的比重達到2.9%。強有力的創新驅動使日本產業的國際競爭力明顯提升，日圓的國際化程度也達到頂峰，1987年日圓在國際外匯儲備中的占比達到了7%。我國的研發經費支出占GDP的比重從2014年開始突破2%，2017年的研發經費支出達到1.75萬億元人民幣，占GDP的比重為2.12%，全球排名僅次於美國（見圖7—2）。人才品質提升和研發增加，為我國經濟從數量型發展轉向高品質型發展注入了新動力。研發投入集中度高、規模大的資訊產業、新能源產業、生物產業和納米產業等戰略性新興產業，逐漸成為中國經濟的新引擎。

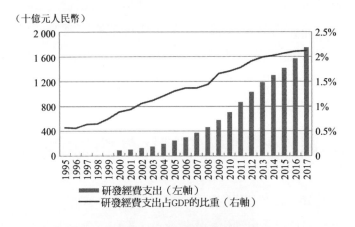

圖7—2　中國研發經費支出

進入創新導向階段，需要迸發強大的創新活力，許多產業在技術進步中協同發展，獲得整體的國際競爭優勢。目前，我國研發支出規模絕對值不低，但是結構失衡，最大的問題是基礎研究經費投入不足，明顯落後於主要發達國

家，嚴重制約了我國的自主創新能力。因此，我國必須進行科技制度創新和運行機制改造，第一，加大對基礎研究的投入，設立國家融資擔保基金，支援優質創新型企業上市融資，對創業投資、天使投資實行稅收優惠政策，為自主創新夯實基礎。第二，完善以企業為主體、市場為導向、產學研結合的技術創新體系。鼓勵大企業、高校和科研院所開放創新資源，發展平臺經濟、共享經濟，形成線上線下結合、產學研用協同、大中小企業融合的創新創業格局。第三，加強創新型人才隊伍建設，重視培養引進高科技領軍人才，賦予創新團隊和領軍人才更大的人、財、物支配權和技術路線決策權，給予科研人員一定的科技成果所有權和長期使用權，調動他們參與和推動自主創新的積極性。圖7—3對部分OECD國家與中國的研發經費支出進行了比較。

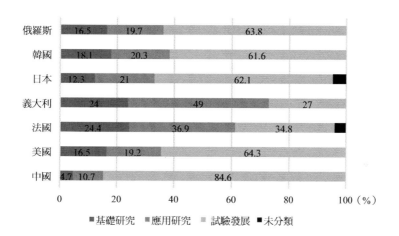

圖7—3　部分OECD國家研發經費支出（按活動類型劃分）與中國的比較

資料來源：中華人民共和國科學技術部.中國科技統計資料2014；OECD.Research and Development Statistics 2013.

7.3.2　以供給側改革推動高品質發展

我國已經確立了「創新、協調、綠色、開放、共享」的新發展理念，推動高品質發展是當前和今後一個時期確定發展思路、制定經濟政策、實施宏觀調

控的根本要求。推進供給側結構性改革是實現高品質發展的必由之路。短期需要通過「三去一降一補」，解決導致經濟效率低下的資源錯配問題，長期則要處理好政府與市場之間的關係，構建確保資源優化配置的市場機制。

隨著我國經濟在去產能、去庫存方面取得階段性成果，供給側改革的重點開始轉向補「短板」，更加注重品質的提升，加速我國從製造大國向製造強國轉變。一方面，需要加大傳統產業的技術改造投資，運用新技術、新業態、新模式，大力推動鋼鐵、煤炭等傳統產業升級，更好地滿足人民生活對商品和服務的需求，確保就業的穩定；另一方面，強化金融服務實體經濟的能力，充分發揮我國巨大的市場空間以及集中力量辦大事的體制優勢，推動「互聯網＋」、「大資料＋」、「人工智慧＋」以及5G、生物製藥、機器人、新能源等戰略性新興產業成長。通過創新引領，打造精品工程，實施「中國工業2025」戰略，培育擁有高端製造國際競爭力的產業集群，推動中國實現工業現代化，在國際分工中從低端走向高端。

降低企業尤其是國有企業槓桿率，是當前供給側改革的另一個重點。國有企業是我國經濟高速發展的重要支撐，但是國有企業占用過多金融資源以及形成一定的行業壟斷，不僅限制了企業家精神的發揮和市場競爭機制的形成，導致民營經濟活力不足和整體經濟效率下降，還推高了國有企業的負債率，使其在結構性調整過程中難以承受市場波動，增加了銀行的不良貸款風險。目前國有企業獲得了45%的信貸資源，對我國經濟增長的貢獻卻不足30%，改革國有企業，是增強經濟活力、促進我國經濟轉型升級的重中之重。一是要實行與民營企業的混合制改造，開放社會資本與政府資本的合作空間。完善法律體系並改善投資環境，通過競爭和合作，提高教育、醫療、金融、能源、交通等諸多資源性壟斷行業的資源配置效率，有效彌補經濟中的「短板」。二是要簡政放權，減少政府對國有企業經營的干預，真正發揮市場在資源配置中的主導作用，這是降低國有企業槓桿率的關鍵。一方面，政府要尊重市場規律，不要採取產業保護、設置進入門檻、出口補貼等行為來干預市場競爭，讓國有企業與民營企業公平競爭；另一方面，應該將市場競爭機制引入公共服務領域，可借

鑒20世紀80年代英國柴契爾政府的做法，將垃圾收集、公路養護、路面清潔等服務承包給私人，鼓勵私人經營醫院、養老院以及學校。

優化結構成為未來供給側改革的重點

在去產能、去庫存取得階段性成果後，優化供給結構成為新的重點。這既需要發展壯大新動能，也需要加快製造強國建設、繼續破除無效供給、深化「放管服」改革、進一步減輕企業稅負、大幅降低企業非稅負擔，具體內容如下：

（1）發展壯大新動能。未來幾年的重心在於做大做強新興產業集群，實施大資料發展行動，加強新一代人工智慧研發應用，在醫療、養老、教育、文化、體育等多領域推進「互聯網＋」；發展智慧產業，拓展智慧生活；加大網路提速降費力度，取消流量「漫遊費」，移動網路流量資費年內至少降低30%。

（2）加快製造強國建設。主要包括大力發展工業互聯網，推動積體電路、5G、飛機發動機、新能源汽車、新材料等產業發展，實施重大短板裝備專項工程，發展工業互聯網平臺，創建「中國製造2025」示範區。強化產品品質監管，全面開展品質提升行動，推進與國際先進水準對標達標，弘揚工匠精神，來一場中國製造的品質革命。從大運營商和相關電信設備廠商處獲悉，2018年我國將進一步擴大5G試點城市範圍，同時適時啟動5G網路的部署工作，並力爭在2020年正式商用5G網路。據悉，首個國際統一的5G全球標準將在年內公佈，我國在標準制定上具有很大的話語權，一旦標準公佈，我國的5G部署工作也將適時

展開，有望成為全球最早實現5G網路商用的國家之一。

（3）繼續破除無效供給。2018年再壓減鋼鐵產能3 000萬噸左右，退出煤炭產能1.5億噸左右，淘汰關停不達標的30萬千瓦以下煤電機組。

（4）深化「放管服」改革。全面實施市場准入負面清單制度；大幅縮短商標註冊週期；工程建設專案審批時間再壓減一半；全面優化營商環境；加快政府資訊系統互聯互通，打通資訊孤島。

（5）進一步減輕企業稅負。改革完善增值稅，按照三檔並兩檔方向調整稅率水準，重點降低製造業、交通運輸等行業稅率，提高小規模納稅人年銷售額標準。2018年全年再為企業和個人減稅8 000多億元。

（6）大幅降低企業非稅負擔。進一步清理規範行政事業性收費，調低部分政府性基金徵收標準；繼續階段性降低企業「五險一金」繳費比例；降低電網環節收費和輸配電價格；深化收費公路制度改革，降低過路過橋費用；加大仲介服務收費清理整頓力度。

7.3.3 推動全球技術創新政策協調的重點

以20世紀80年代互聯網技術革命為基礎的全球經濟發展週期已近尾聲，全球新技術革命正處於黎明前的黑暗，亟須各國積極開展創新，推動技術進步，解決人類生存和發展面臨的新的挑戰。作為一個具有後發優勢的大國，中國理應推動全球科技創新協調，與發達國家一起加大科研投入，制定創新技術的國際標準，推動技術進步造福全人類。與發展中國家一起，推動經濟開放，吸引外資，儘量縮小與發達國家的技術差距，採取措施儘量克服技術溢出的負面作用。促進全球技術進步與經濟發展，在解決影響人類發展的重大問題進程中做出巨大貢獻。應從以下方面進行重點協調，穩步提升中國的創新能力，在第四次技術革命浪潮中跨入領跑者行列，為人民幣國際化提供根本性的硬支撐。

第一，減少針對高新技術的投資限制與貿易壁壘。高新技術行業直接投資和技術貿易是國際技術擴散的主要途徑，也是保護主義集中的焦點。一些目前

技術占優的發達國家，限制高科技產品出口，阻止外資進入高科技產業，或者對高科技產品徵收高額關稅，遏制其他國家技術進步。在中國經濟崛起的過程中，發達國家對中國技術創新方面的遏制尤為突出。因此，加強創新政策的國際協調，不僅要注重創新政策本身，而且要推動發達國家消除針對創新技術的投資限制和各種貿易、非貿易壁壘。2016年二十國集團杭州峰會制定了《二十國集團全球投資指導原則》，這是全球首個多邊投資規則框架，填補了國際投資領域空白，為加強全球投資政策協調做出了歷史性貢獻。應該推動這個投資指導原則的落實，為全球科技創新合作疏通管道。

第二，將電子商務、數位貨幣及互聯網技術作為政策合作的抓手。電子商務正在成為國際貿易的重要管道，電子化和數位化徹底改變了全球經濟運行的環境，逐漸形成了以電子方式進行交易、提供服務的新型商業模式。加強創新政策的國際合作，理所當然應該選擇電子商務、數位貨幣和互聯網技術作為重點和抓手。進入21世紀以來，中國大力推動電子商務和互聯網新技術，全國上下都實施「互聯網＋」戰略，顯著提高了經濟效率。2017年科技進步對經濟增長的貢獻已經超過57%，遠大於資金、人力投入的貢獻。目前中國在數位貨幣、電子商務、移動支付等領域處於世界領先水準。中國應該與「一帶一路」參與國一道，以世界貿易組織的《關於全球電子商務的宣言》及《電子商務與世界貿易組織的作用》等規範性檔為基礎，推動電子商務全球合作平臺建設，推進電子商務領域的科技創新，參與並主導電子商務中數位貨幣、移動支付、5G技術運用的全球標準制定，維護全球範圍的電子商務、貨幣支付安全，在技術創新推動國際金融、國際貨幣體系改革的進程中，確保國際金融安全有序運行，更好地促進全球經濟增長。

第三，促成有利於金融科技創新的環境和規則。金融科技是大資料、區塊鏈、人工智慧等科學技術在金融領域的應用。隨著金融科技的推廣和運用，金融創新波瀾壯闊地展開，金融主體、金融產品、金融管道、金融模式、金融監管、金融生態都發生了根本性的變革。然而，金融科技創新正處於新興階段，大多位於傳統金融監管的空檔，能夠輕易地跨越國界，成功躲避單個國家的

監管，致使一些金融科技創新成為洗錢、恐怖活動的方便之門。加強金融科技跨境經營的國際監管合作，是維護國際金融安全的一個迫切任務。中國不僅金融科技創新活力較強，而且通過人民幣國際化向國際社會提供流動性，更需要推進金融科技創新的國際治理和多邊合作，制定促進金融科技發展和全球推廣應用的規則，針對金融科技創新產生的金融風險，完善現有的國際金融監管框架，構建良好的金融科技生態體系。

第四，推動發達國家向發展中國家轉移環保技術。鑒於創新和科技進步在各國積極發展和贏得國際競爭方面具有決定性作用，而且科技創新門檻高，需要長時間研發，人力物力投資巨大，從國家利益角度出發，現實中關係到市場競爭力的核心技術是很難從國外買到的。因此，各國政府都在制定鼓勵政策，充分調動本國的人才和資源優勢，你追我趕，收穫科技帶來的巨大紅利。競爭固然可以加快技術突破，但必要的技術合作有利於各國科研人員拓展思路，相互促進，達到事半功倍的成效。我們只有一個地球，氣候變暖、環境污染具有很強的外部性，危害到人類的共同利益，需要各國共同努力。在應對氣候變暖和環境污染方面，發達國家一直走在技術創新前列，不少降低碳排放、清潔能源、汙水處理的先進技術掌握在發達國家手中。從完善全球治理角度出發，應對氣候變暖和環境污染的技術應該是一種准公共物品，中國應該利用自己的國際影響力，在這些領域推動建立全球技術合作與對話平臺，推進相關技術交流，推動發達國家向全球特別是發展中國家開放該領域的技術成果，為保護全人類賴以生存的共同環境做出貢獻。

總之，中國正經歷著從「中國製造」到「中國創造」的艱苦轉變。這一轉變意味著中國經濟從投資導向階段跨越到創新導向階段，與之相伴而行的必然是人民幣國際化的水到渠成。作為新興的大國，中國有義務將創新政策協調與構建人類命運共同體緊密結合，在推動全球科技創新政策協調方面發出自己的聲音。尤其是為金融科技創新、數位貨幣等新興技術的健康發展制定規範，既能解決電子錢全球範圍內流動的機制與安全問題，也能為人民幣國際化彎道超車提供制度保障。

中國的新四大發明及其影響

在一項由「一帶一路」沿線20國青年參與的評選中，高鐵、支付寶、共享單車和網購被稱為中國「新四大發明」。

高鐵憑藉其舒適便捷的特點獲得了世界的認可，榮登新四大發明榜首，並成為中國走向全球的新名片。中國從人口多、地域廣的國情出發，始終堅持擴大鐵路設施建設，以交通大動脈的建設支撐經濟社會升級發展。目前，我國高速鐵路與其他鐵路共同構成的快速客運網已超過4萬公里，基本覆蓋中國省會及人口達50萬以上的城市，占全世界高鐵運營總里程的60%。2016年7月，政府出臺《中長期鐵路網規劃》，明確提出在「四縱四橫」高鐵網的基礎上規劃建設以「八縱八橫」通道為主幹、城際鐵路為補充的高鐵網，實現相鄰大中城市間1～4小時、城市群內0.5～2小時交通圈。「八縱八橫」高鐵網建成以後，全國高鐵總里程將會達到4.5萬公里，將連接總里程超過20萬公里的全國鐵路網，基本覆蓋人口達20萬以上的城市。

從銀聯到支付寶、微信支付，中國支付業飛速發展。移動支付交易規模從2011年的0.1萬億元飛速發展到2017年的98.7萬億元，移動支付在協力廠商支付中比重不斷提升，從2011年的占比僅為3.5%巨幅上升至2016年的占比達74.6%，預計3年後比重將繼續上升至85.2%。隨著網聯的成立，移動支付的規範性、安全性大大改善。安全便捷的支付寶、微信支付已跨越國界，成為受到廣泛歡迎的新的支付手段。

網購從場景維度主要分為三大類：個人類交易、消費類交易和金融類交易。我國興起了一批互聯網電商巨頭，其中百度、騰訊、阿里巴巴、京東是典型代表。消費金融市場交易規模在2017年接近1萬億元，到2019年有望達到3.4萬億元，3年複合增速接近100%。打破地域限制、

個性化、快捷的網購已成為「80後」「90後」群體的主要消費模式。

以網約車、摩拜單車、小黃車為代表的共用經濟也在中國各個城市遍地開花，並且與移動支付緊密結合，改變著人們的生活方式和理念，催生新的效率更高、綠色環保的經濟模式。

目前，高鐵、移動支付、網路購物、共享經濟等新技術支撐的新業態、新模式在中國經濟各個領域蓬勃興起，前景可期。數位經濟的內涵包含數位產業化和產業數位化兩部分。2016年中國數字經濟總量達到226萬億元，同比名義增長超過18.9%，顯著高於當年GDP增速，占GDP的比重高達30.3%，同比提升2.8個百分點。數字經濟已成為近年來帶動經濟增長的核心動力，2016年中國數字經濟對GDP的貢獻已達到69.9%。中國數字經濟對GDP增長的貢獻不斷增加，接近甚至超越了某些發達國家的水準，數字經濟在國民經濟中的地位不斷提升。

根據產業發展理論，支柱產業的發展是引領一國產業結構轉型的重要力量。自2008年金融危機以來，我國從戰略性新興產業到「中國製造2025」、「四新」經濟、「新四大發明」等，開始探索自己的新興產業發展之路，在市場熱點與產業政策之間形成一個互動機制：政策扶持市場中出現的新興產業，市場因循政策尋找未來產業發展高地。毫無疑問，創新驅動，新技術、新經濟模式成為我國保持中高速增長的法寶。

7.3.4　促進多梯次國際產能合作政策協調

在現代化競爭中，不可能完全依賴本國市場來維持產業發展和競爭優勢，在經濟全球化背景下，要維持可持續、有競爭力的產業結構，就必須進行產業的海外佈局。在國際產能合作方面，日本的檢驗值得我們借鑒。日本在20世紀60—80年代構築了以其為首的「雁陣經濟增長模式」。在本國勞動力成本逐漸抬升、國際市場亟待擴展的背景下，日本將勞動密集型產業按照不同梯度轉移到亞洲國家，日本作為「雁首」提供技術、管理經驗和資金；亞洲「四小龍」

和亞洲「四小虎」提供勞動力與石油、橡膠等資源，形成「雁身」；中國和東盟國家在當時主要提供廉價勞動力、礦石和木材等原材料。

根據中國社會科學院工業經濟研究所工業化藍皮書課題組的研究，在「一帶一路」沿線國家中，處於前工業化時期的國家有1個，處於工業化初期階段的國家有14個，處於工業化中期階段的國家有16個，處於工業化後期階段的國家有32個，而處於後工業化時期的國家有2個。這說明「一帶一路」沿線國家總體上仍處於工業化進程中，且大多數國家處於工業化中後期階段，大體呈現「倒梯形」的結構特徵。產業結構也形成了技術密集與高附加值產業、資本密集型產業和勞動密集型產業三個梯度。隨著中國廉價勞動力時代的終結，一些勞動密集型的產業可以向以東南亞部分國家為代表的工業化初期國家轉移，一些資源密集型產業可以向中亞和部分中東歐國家轉移；而一些技術密集型產業可以向歐洲國家進行轉移，或者與它們進行技術合作。隨著這些不同梯度的產業轉移，在「一帶一路」沿線國家就會形成產業鏈層次清晰、分工明確的「新雁陣模式」。「新雁陣模式」不僅有助於解決我國目前勞動力和土地資源成本抬升、產能過剩和環境污染的問題，同時也有助於培育創新型的、具有戰略意義和經濟長久競爭力的新興產業。

展望未來，中國應該科學制定產業國際合作策略，詳細分析「一帶一路」參與國的具體需求，與不同類型、梯次的國家進行差異化產業合作，共同推動中國和其他國家的產業結構改革，努力實現雙贏和帕累托最優。建議從以下四個方面加強國際產能合作。

第一，發揮中國產業門類齊全的優勢，幫助一些能源依賴型國家實現產業結構多元化。在清潔能源技術不斷進步的背景下，沙烏地阿拉伯、伊朗、委內瑞拉等OPEC石油生產國面臨極大的經濟可持續風險，它們迫切需要進行結構性改革，實現產業多元化，降低經濟對單一資源的嚴重依賴。不少專家預計，新能源很可能在20年內實現技術方面的根本性突破，原油面臨很快被取代的風險，屆時上述國家的經濟、財政支柱就會隨之倒塌，陷入生存危機。中國應當抓住這個機遇窗口，發揮中國產業門類齊全的優勢，根據這些國家的發展需

要，加大國際產能合作，説明它們儘快實現產業結構調整和轉型。

　　第二，發揮中國高儲蓄率、資金相對富餘的優勢，增加對亞洲、非洲非原油生產國的直接投資。中國的文化傳統重視量入為出，留有餘地，居民儲蓄率較高，客觀上擁有較強的對外投資能力，能夠為「一帶一路」參與國中資本缺口較大的國家提供經濟發展所需資金。此外，中國也是一個發展中國家，與美國、歐盟、日本等發達國家（地區）相比，中國的產業和技術更符合它們現階段的生產和消費需要，而且中國對亞洲、非洲的投資沒有附加什麼政治條件，具有專案投資規模大、見效快，產能合作政策實踐性強、更容易落地等特點，在亞洲和非洲，我國的對外投資、國際產能合作政策的可理解性、可接受度越來越高。我國應該選擇那些政治風險較小、與中國經貿往來規模較大、對中國政策認同度較高的亞洲、非洲國家，本著互利共贏的商業原則，從製造業到服務業，全方位開展產能合作。

　　第三，精準定位，幫助拉丁美洲國家完善工業體系。一些拉丁美洲國家由於存在依附性經濟結構，以農產品出口為主，主要商品嚴重依賴於進口，至今未能完成工業化轉型，政府債務負擔很重，加上存在高福利、貧富差距大等社會問題，長期無法擺脱中等收入陷阱。中國是全球最大的工業國，改革開放40年取得的工業化成果舉世矚目，這些拉丁美洲國家一方面需要中國的經驗，説明建立自己所需的工業體系，完成結構性改革升級和轉型，另一方面也需要中國的直接投資，尤其是股權投資，以減輕其政府債務。根據拉丁美洲國家的具體需要進行產能合作，可進一步擴大我國產業結構優化的空間。

　　第四，破除投資障礙，擴大與發達國家的雙邊投資合作。發達國家的製造業先進，服務業也非常發達，和中國相比它們具有明顯的產業優勢。目前中國製造業和它們的差距在逐步縮小，產業錯位發展、互補發展的空間變得更大。與此同時，由於貿易保護主義抬頭，中國面臨的競爭壓力和人為遏制也在日益增加。中國需要與發達國家加強溝通，爭取更多的理解，減輕貿易摩擦和技術壁壘對產業合作的不利影響，為中國對發達國家高技術領域投資創造良好的外部環境；加大對外開放的力度，創造更好的營商環境；全面實行外商投資負面

清單制度和准入前國民待遇制度，政府採購內外商一視同仁，提高對發達國家來華投資的吸引力；通過加大市場競爭力度，與高手過招，提升我國生產服務的水準，推動經濟高品質發展。

第八章

推進人民幣國際化的政策協調重點

8.1 「一帶一路」是宏觀政策協調的重要機制和平臺

　　人民幣國際化推進過程需要多領域、強有力、高效率的國際政策協調，「一帶一路」建設為宏觀政策協調提供了很好的機制和平臺，有望成為人民幣國際化政策協調的突破口。「一帶一路」建設需要全方位的政策協調，作為區域合作機制的創新將為國際經濟政策協調理論和實踐提供新樣本。「一帶一路」不是援助計畫，也不是對外投資計畫，而是世界經濟失衡背景下中國提出的再平衡方案。這一方案具有系統性，要充分發揮「一帶一路」平臺在國際合作規則制定中的作用，除了傳統貿易、投資等領域的政策協調外，還應該建立更加廣泛的協調議題和框架，切實提供國際公共品。推動人民幣的國際化是世界失衡調整的重要舉措，也是「一帶一路」新合作機制的題中應有之意。本節針對人民幣國際化面臨的現實困境，研究提出「一帶一路」框架下人民幣國際化的路線圖。

8.1.1 「一帶一路」建設中政策協調的重要性

「一帶一路」沿線各國政治特點、發展水準、發展方式、文化傳統、制度體制、政策法規等方面存在巨大差異，政策溝通成為「一帶一路」建設的基礎和重要保障，也因此成為「五通」之首。

「一帶一路」建設4年多以來，在政策溝通方面開展了大量工作：我國先後與70多個國家及國際組織簽署了合作協定，同30多個國家開展了機制化產能合作，在沿線20多個國家建立了56個經貿合作區；同有關國家提出的發展戰略和規劃進行對接，包括俄羅斯提出的歐亞經濟聯盟、東盟提出的互聯互通總體規劃、哈薩克提出的「光明之路」等，與老撾、柬埔寨等國進行了規劃對接；與有關國家探索建立多層次、多主體的合作平臺，建立了廣泛的交流、溝通、磋商管道和機制；針對基礎設施互聯互通、能源資源開發利用、經貿產業合作區建設等重點領域和重點專案強化政府引導和政策溝通，提供專案層面上的政策保障。

一般意義的國際經濟政策協調是針對一國財政、貨幣、稅收、貿易、產業政策等宏觀經濟政策可能對其他國家產生溢出效應而進行的協調，其目的是通過對各自政策制定及其效果的協調而實現互利共贏。然而在現實中，無論是在雙邊、多邊機制還是在國際組織層面，國際經濟政策協調的成功案例都很鮮見。全球經濟嚴重失衡、頻繁發生的金融危機以及歐洲經濟一體化受阻一方面說明瞭國際經濟政策協調的難度之大，另一方面也反映出以往國際協調的廣度、深度和力度均遠遠不夠，需要進一步拓展和深化，以實現互利共贏。如果說過去幾十年，歐洲經濟一體化不斷演進給國際經濟政策協調理論的不斷豐富創造了現實基礎，那麼「一帶一路」作為區域合作機制的創新將為國際經濟政策協調理論和實踐提供新樣本，其國際經濟政策協調的內容將更加豐富，本著「共商、共建、共享」的原則，通過加強參與國的政策溝通和經驗互鑒，逐步形成有利於發揮協同效應、促進共同發展的政策環境，為全球失衡的調整做出貢獻。

8.1.2 「一帶一路」倡議是世界經濟失衡背景下中國提出的再平衡方案

當前世界經濟正在經歷著一次曠日持久的失衡，此次失衡始於20世紀90年代，全球失衡是2008年全球金融危機的重要根源。與以往的失衡一樣，美國是失衡的重要一極，而此次失衡中國成為另一極。從中國的情況看，1981—2014年中國GDP增長了128.94倍，年均增長15.89%，然而同期固定資產投資則增長了532.57%，年均增速為20.96%，高於經濟增速 5個百分點以上。長期高速增長的固定資產投資，除了大幅度提高基礎設施的建設水準之外，也造成投資的「潮湧現象」，形成了大量過剩產能，過度投資行為導致增量資本收益率下降和投資效率整體低下，這給經濟可持續增長帶來了阻礙。長期累積的儲蓄剩餘和外匯儲備，使我們有條件向其他國家進行資本輸出。2014年，我國資本和金融帳戶開始呈現逆差，2015年逆差大幅擴大，也是在這一年我國對外直接投資首次超過吸引的外資，這一年成為我國宏觀經濟內外失衡調整的重要時間節點（見圖8—1）。中國經濟內外失衡，表現非常複雜：內部表現為投資潮湧，消費不足；對外表現為國際收支失衡，外匯儲備持續累積。我國長期的高投資率和大量的儲蓄剩餘，為資本輸出創造了條件。

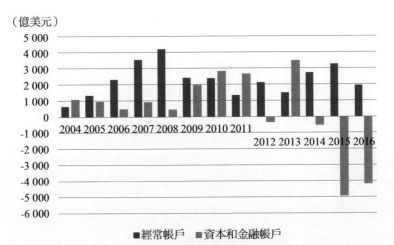

圖8—1　近年來中國國際收支基本情況

對比美國的馬歇爾計畫和日本的「黑字還流」，「一帶一路」不是援助計畫，也不是對外投資計畫（見表8—1中對三者的比較）。美國的馬歇爾計畫是針對二戰後出現嚴重失衡，美國實施的經濟援助和協助重建計畫。該計畫從1948年開始4個財政年度，合計援助131.5億美元。日本的「黑字還流」發生在20世紀80年代，在國際收支嚴重失衡的情況下，日本提出對外投資計畫，在1987—1991年這5個年度對外投資650億美元。 「一帶一路」旨在促進經濟要素有序自由流動、資源高效配置和市場深度融合，推動沿線各國實現經濟政策協調，開展更大範圍、更高水準、更深層次的區域合作，共同打造開放、包容、均衡、普惠的區域經濟合作架構。「一帶一路」建設以政策溝通、設施聯通、貿易暢通、資金融通、民心相通為主要內容，是一項系統工程，是世界經濟失衡背景下中國提出的再平衡方案。

表8—1　「一帶一路」與美國馬歇爾計畫、日本「黑字還流」

	美國馬歇爾計畫	日本「黑字還流」	中國「一帶一路」
年代	20世紀40年代	20世紀80年代	2013年提出
主要失衡方	美國、歐洲	美國、日本	美國、中國、石油輸出國
性質	美國的經濟援助、協助重建計畫	對外投資計畫	國際合作平臺、區域合作機制創新
主要措施	從1948年開始的4個財政年度，援助合計131.5億美元	1987—1991財年，5個年度，650億美元	涉及「五通」等內容的系統工程，沒有時限，沒有資金規模限制
效果	配合馬歇爾計畫，美國推動設立歐洲經濟合作組織[後更名為經濟合作與發展組織（OECD）]；促進歐洲一體化、經濟管理上借鑒美國；使美國成為西方領導者；構建全球經濟秩序；美元成為戰後世界的霸權貨幣；歐洲經濟保持獨立，並通過一體化成為多極中的一極	擴大日本的影響力，提升日本經濟的競爭力，但未根本改變日本的國際收支狀況，美國仍對日本貿易、匯率等施壓，對日圓國際化影響甚微	進行中，待評估

8.1.3 「一帶一路」自由貿易政策協調

金融危機以來，雖然以世界貿易組織杜哈回合為代表的全球範圍內的貿易投資自由化進程一度陷入停滯，但亞太地區的經濟一體化進程仍然繼續深入發展。中國、韓國、澳洲等亞太地區大型經濟體之間的雙邊自由貿易協定迅速簽署，區域全面經濟夥伴關係和中國—東盟自由貿易協定升級版等多邊自貿協定穩步推進，亞太自貿區建設開始啟動，這些均有力地促進了亞太經濟一體化的進程。從目前看，自由貿易區政策涉及領域正在由傳統的關稅、原產地規則、檢驗檢疫標準等「邊境上壁壘」領域日益向智慧財產權、環境、競爭中性政策等「邊境後壁壘」領域拓展（見表8—2）。最新談判結束的中韓自貿區涉及了競爭政策、跨境電子商務、智慧財產權等多項「邊境後壁壘」條款；美國一度主導的《跨太平洋夥伴關係協定》更是具有「高標準、廣覆蓋、寬領域」的特點。若「一帶一路」沿線國家能夠達成涵蓋「邊境上壁壘」和「邊境後壁壘」領域的高水準統一經貿規則，那麼這將對「一帶一路」經濟體之間的經貿合作發揮重要的推進作用。

表8—2　代表性自由貿易協定所涉及「邊境後壁壘」領域一覽

	東盟—印度自由貿易協定	韓澳自由貿易協定	中國—韓國自由貿易協定	《跨太平洋夥伴關係協定》（中止）
智慧財產權保護	×	√	√	√
環境	×	√	√	√
勞工	×	√	×	√
競爭政策	×	√	√	√
能力建設	×	√	×	√
自然人流動	×	√	√	√
政府採購	×	√	×	√
透明度	×	√	√	√
跨境電子商務	×	√	√	√

說明：×表示不涉及，√表示涉及。

然而，「一帶一路」各國處於不同的經濟發展階段，不同國家政治格局、文化傳統、法律體系等方面也存在較大差異，在短期內達成相對高水準的統一經貿規則的難度較大。過去幾年美國主導的《跨太平洋夥伴關係協定》也由於美國過分強調推廣美式自由貿易理念，過於追求智慧財產權保護、環境保護和勞工保護等領域的高標準，很難被印尼、泰國、中國等亞太地區發展中國家全面接受；相當一部分發展中國家由於經濟發展水準較低和存在諸多文化社會特殊性，進一步開放市場的意願相對較弱。因此，「一帶一路」推進需要建立符合大多數沿線國家國情，在諸多「邊境上」和「邊境後」領域形成一套兼顧發達國家和發展中國家國情，能夠為大多數國家所接受的經貿規則體系。這就需要統籌推進「一帶一路」與自由貿易區網路建設，通過完善自由貿易區網路逐步深化經貿規則，打破各種形式的貿易保護壁壘，推動全球自由貿易進程。

　　一方面，積極探索建立「一帶一路」合作組織和多邊優惠貿易安排。在多邊體制面臨挑戰的情況下，探索建立跨區域的優惠貿易安排或自由貿易區是驅動經濟全球化的重要選項。以區域全面經濟夥伴關係為基礎，以亞太自貿區為重點，逐步擴大到更廣泛的「一帶一路」沿線國家，探索建立「一帶一路」合作組織和多邊優惠貿易安排，支持開放、包容、共享的多邊貿易體制和區域經濟合作，在「一帶一路」區域合作框架下把促進貿易和投資自由化、便利化放在更加突出的位置，推動形成更加開放的世界經濟格局。

　　另一方面，採取靈活多樣的區域貿易安排形式，完善自由貿易區網路。根據「一帶一路」沿線國家和地區的發展水準、發展優勢、發展需求，打造多層次、多類型的區域貿易安排，在推進貿易投資自由化、便利化、法治化的進程中，爭取讓更多國家參與到「一帶一路」建設中來。根據不同國家的發展水準和開放意願，探索建立不同形式的區域貿易安排，積極同「一帶一路」沿線國家和地區商建自由貿易區。本著先易後難、循序漸進的原則，採用包括「早期收穫計畫」、框架協議、雙邊投資協定等在內的多種合作形式，與「一帶一路」沿線支點國家共建靈活多樣的雙邊、多邊自貿區。對於條件成熟的國家，採取雙邊自由貿易區的形式，在貿易便利化水準、服務業市場開放、產能合

作、雙向投資實現自由化和便利化、規制合作、削減關稅和非關稅壁壘、保護智慧財產權、環境保護、電子商務、自然人移動便利化等方面升級已有自由貿易區；對於多邊合作機制，儘快發展多邊自由貿易區，建立上合組織自由貿易區、中國—海合會自貿區以及中國—中東歐自由貿易區，為更高層次的區域經濟一體化奠定基礎；對於走廊及特定區域，探索建立次區域合作機制和經濟合作圈；對於條件尚不成熟的國家，實行特定產業或特定產品下的自由貿易政策安排，實現雙邊自由貿易的突破。表8—3列出了多層次自由貿易區網路的部分情況。

表8—3　多層次自由貿易區網路

合作對象	採取形式	舉例
條件成熟的國家	雙邊自由貿易區	啟動與南非、巴西、墨西哥、以色列、尼泊爾、孟加拉、蒙古國等的自由貿易區談判；加快與斯里蘭卡等建立自由貿易區；升級中國—東盟自由貿易區、中國—紐西蘭自由貿易區、中國—韓國自由貿易區、中國—澳洲自由貿易區、中國—智利自由貿易區、中國—祕魯自由貿易區等自由貿易區
多邊合作機制	多邊自由貿易區	建立上合組織自由貿易區、中國—海合會自貿區、中國—中東歐自由貿易區
走廊及特定區域	「一帶一路」經濟走廊和經濟合作圈	發展六大走廊區域合作、泛南海旅遊經濟圈等

8.1.4　發揮「一帶一路」平臺在國際合作規則制定中的作用

當前全球治理主要有三個層次：一是多邊規則體系。各國際組織在全球範圍內推動貿易投資自由化、金融一體化和全球經濟技術合作，來構建全球化的多邊制度安排。二是區域一體化組織和制度安排。如歐盟東擴後的歐洲一體化組織、以北美為中心的美洲一體化組織以及「以10＋3」為中心的東亞一體化組織等，影響全球化的未來走勢和制度安排。三是微觀層面上的影響力，如通

過跨國公司、非政府組織、網路社會等，影響各國政府和正式組織的全球戰略視野及決策行為；促進社會交流和溝通，增強對不同意識形態的包容性。

「一帶一路」作為全球區域合作機制創新和國際合作的重要平臺，要在全球化和區域化規則方面發揮引領作用。除了在傳統的貿易、投資及貿易投資便利化等方面尋求突破外，還要研究制定智慧財產權、勞工、環保、技術標準、非政府組織、企業社會責任等合作規則，建立高標準的區域合作和自由貿易新框架。

8.1.5 「一帶一路」建設中的戰略對接與規劃協調

「一帶一路」是個系統工程，其具有合作內容廣泛、合作方式靈活、合作主體多元的特點。鑒於「一帶一路」建設的基本原則是堅持「共商、共建、共享」，且秉承區域開放主義，加強與有關國家和組織的戰略對接與規劃協調就尤為重要。要在尊重各合作國的利益訴求與合作意願的基礎上，與所涉及的國家或者組織進行發展戰略對接和規劃協調。首先，加強與合作國發展戰略和規劃對接。深入研究合作國經濟發展的現狀及特點、發展戰略、與我國經濟合作的互補性以及合作訴求，對接合作國自身發展戰略，制定「一帶一路」國別合作規劃。其次，與沿線國家主導或參與的區域經濟合作計畫進行對接。包括歐盟的「容克計畫」、俄羅斯的「歐亞聯盟」、英國的「北方動力」、印度的「季風計畫」、巴基斯坦的「願景2025」、蒙古國的「草原之路」、哈薩克的「光明大道」、土耳其的「中間走廊」、波蘭的「琥珀之路」、印尼的「全球海洋支點」、沙烏地阿拉伯的「2030願景」、越南的「兩廊一圈」、澳洲的「北部大開發」等。最後，做好「一帶一路」次區域合作規劃對接。加強與走廊沿線國家的溝通協調和規劃對接，共同編制和完善中蒙俄、新亞歐大陸橋、中國—中亞—西亞、中國—中南半島、中巴、孟中印緬六大經濟走廊規劃。通過簽訂諒解備忘錄、簽署聯合聲明、簽訂部委級相關協定等措施，達成合作共識，並合力推動有關合作的深入開展。

8.1.6 「一帶一路」框架下人民幣國際化路線圖

中國穩步推進人民幣國際化的戰略符合長遠戰略利益，中國希望通過推行人民幣國際化來擺脫美元主導的國際貨幣體系給我們帶來的國民福利損失。但到目前為止，尤其是2008年金融危機以來，改革國際貨幣體系的種種努力和實踐已經表明，美元的地位並沒有削弱，在中心—周邊國際貨幣體系架構下，中國需維持經常帳戶順差積累美元儲備，併購買美國國債等資產。美國則通過輸出美元和聯邦債券等獲得實際資源。

美元主導的國際貨幣體系給美國經濟帶來了巨大收益，不僅獲得了鑄幣稅收益，而且更主要的是把國際交易中所有的匯率風險都轉嫁給了對手方，從而使自身具備強大的危機轉嫁能力。

美國長期雙赤字，作為最大的債務國卻能獲得巨額淨投資收益就是因為在中心—周邊的貨幣體系架構中，美元處於中心。美國的對外債權是以外幣計價，對外債務是以美元計價。美國的對外債權以高收益的證券投資和FDI為主，對外債務以低成本的國債為主。美元匯率可以在投資收益和債務成本之間平衡以獲得最大好處。美國完全可以通過印鈔的辦法稀釋債務，周邊國家卻不能採取同樣做法以牙還牙，一是因為美國對外資產以股權為主，二是因為周邊國家往往不能承受因此帶來的貨幣對美元貶值的風險。

在中心—周邊國際貨幣體系基本結構下，人民幣國際化的邏輯與美元國際化的邏輯完全不同。周邊貨幣要想成為國際貨幣，不可能靠長期國際收支赤字為國際市場提供流動性，因此人民幣充當國際貨幣面臨更大的「特里芬難題」。一方面，作為國際貨幣必須通過國際收支赤字向國際市場提供人民幣流動性；另一方面，為了保持對人民幣幣值的信心又要求中國保持順差和適當規模的外匯儲備。

在這種情況下，「一帶一路」給我們提供了一個構建經濟次循環體系的機會。在包括美國、歐盟在內的世界經濟大循環體系中，發達國家跨國公司主導國際分工體系，美元也居於主導地位。但在中國主導建立的「一帶一路」合作

框架下，可以探索建立中國主導的國際產業分工格局和次循環體系。中國可以通過與「一帶一路」國家保持經常項目逆差，並用人民幣支付逆差，享受人民幣鑄幣稅收益；同時與美國保持順差，並向美國繳納鑄幣稅收益。通過在「一帶一路」沿線大量投資（包括股權和債權），形成龐大的人民幣海外資產池，並奠定人民幣在次循環體系中的中心地位。

「一帶一路」框架下人民幣從區域化到國際化的思路如下：依託中國主導並推動的「一帶一路」區域合作進程，擴大區域內相互貿易和投資；以「中國需求」和「中國對外投資」為雙引擎，逐步構建新區域產業分工格局，培育人民幣在區域內廣泛使用的內生力量；通過深化經濟聯繫提高人民幣對「一帶一路」沿線各國貨幣的參照度，並在區域內國際支付中逐步實現對美元的替代，最終確立人民幣區域中心貨幣的地位。構建「一帶一路」次循環體系和打造人民幣區域中心地位需要做以下工作：

第一，逐步構建與「一帶一路」國家經常項目和資本金融項目雙逆差的國際收支結構。儘管整體來看，由於人民幣不是國際貨幣，不具備實現國際收支雙逆差的條件，但與「一帶一路」國家實現經常項目和資本金融項目雙逆差是可行的，成為區域核心貨幣也就意味著具備了為逆差融資的能力。目前，「一帶一路」沿線國家貿易對我國的依賴度高，研究表明多數國家匯率對人民幣的參照程度高於對美元和歐元的參照程度，但跨境貿易人民幣實際收付僅占貿易額的13.9%，人民幣在「一帶一路」國家的居民接受度和官方認可度都不高。為了擴大人民幣的區域使用並為「一帶一路」國家提供區域貨幣，一個重要的前提是為區域提供較為充足的人民幣流動性。為此，一方面，可通過提供人民幣借款和對外直接投資大幅擴大人民幣海外資產規模，充分利用中國在「一帶一路」專案建設中既是投資方又是建設者的優勢，設計人民幣融資方案，助推人民幣在對外投資中的使用；另一方面，可通過投資提高這些國家的工業化水準，培育其出口能力，大幅提高從這些國家的進口，將與「一帶一路」國家的貿易狀況由「出超」調整為「入超」。目前我國對「一帶一路」沿線國家貿易整體呈現順差。2016年進出口總額為62 517億元，其中，出口為38

319億元，進口為24 198億元，需要做出較大的調整。

　　第二，中資銀行、金融科技公司以及互聯網金融企業等加快對「一帶一路」國家的進入和佈局，提高金融服務的可及性。在「一帶一路」沿線國家廣泛開展人民幣業務需要中資銀行加快佈局和業務創新，通過人民幣金融產品的創新和行銷推動「一帶一路」沿線國家對中國出口使用人民幣結算，並用人民幣支付中方施工建設費用或進行投資。同時，人民幣成為區域貨幣也為銀行業提高競爭力提供了保障。「一帶一路」順差國的企業一般會選擇人民幣短期資產（存款或債券），而我國企業則可借用這些資金到「一帶一路」國家進行收益率較高的長期股權投資。此外，要加快金融科技企業和互聯網金融企業到「一帶一路」沿線進行佈局，充分利用我國先進的金融科技和互聯網金融業務水準推動沿線國家使用人民幣計價和支付結算。

　　第三，發展 「一帶一路」區域債券市場，擴大人民幣計價債權發行規模，豐富債券品種。完善「一帶一路」區域債券市場，就是促進「一帶一路」國家資金相互融通，作為高儲蓄的國家，中國可以把更多地儲蓄剩餘通過區域債券市場用在「一帶一路」沿線國家，促進區域內儲蓄向投資的轉化。支援「一帶一路」沿線國家發行人民幣計價的債券，率先為基礎設施發展籌集資金。著力完善債券市場交易環境，建立區域內的擔保和評級機制，促進區域內國家結算體系的協調配合。

　　第四，深化「一帶一路」區域金融和貨幣合作機制。擴大與「一帶一路」國家簽署本幣互換協議，通過互換機制為「一帶一路」國家提供人民幣的流動性；與更多「一帶一路」國家實現貨幣直接兌換和交易；與更多「一帶一路」國家建立人民幣清算安排；與「一帶一路」國家簽署邊貿和一般貿易（與投資）本幣結算協議。一旦人民幣成為「一帶一路」國家廣為使用的貨幣，人民幣的發行和貨幣政策就將對使用人民幣的國家和地區產生影響，區域宏觀經濟政策和貨幣協調的必要性也將進一步增強。可以考慮在東盟與中日韓（10＋3）宏觀經濟研究辦公室（AMRO）的基礎上擴大區域金融和貨幣合作協調範圍至「一帶一路」沿線國家。

第五，發揮亞洲基礎設施投資銀行（簡稱亞投行）對人民幣國際化的推動作用。亞洲基礎設施投資銀行是由中國政府首發倡議並積極推動成立的，目的是為亞洲國家基礎設施建設提供融資支援。中國作為亞洲基礎設施投資銀行最大的出資國，可以將人民幣作為亞洲基礎設施投資銀行資本構成中的重要組成部分，也可以吸引其他商業銀行和民間投資，使用人民幣對亞洲基礎設施建設部分專案進行貸款和投資。亞洲基礎設施投資銀行還可以在國際金融市場發行以人民幣計價的基礎設施建設債券，增加人民幣作為資產計價貨幣的比重。亞洲基礎設施投資銀行將對推動中國企業走出去發揮重要的支撐和保障作用，間接促進人民幣的國際使用。

第六，大力發展 QFII、滬港通、深港通、債券通等，擴大金融市場開放。其中，債券市場擴大開放意義尤為重要。當境外居民用出口賺取的人民幣現金和活期存款購買中國政府發售的債券時，我國的人民幣負債由人民幣現金或存款轉換為人民幣債券，不僅創造了人民幣的「回流」管道，而且完善了人民幣作為有關國家儲備資產的投資管道。當然，如果其他國家願意長期持有人民幣現金或銀行存款，也可能獲得鑄幣稅的好處。由於我國國債收益率較高，開放債券市場會大大提高了人民幣對境外居民的吸引力，從長遠看更有利於提高外國居民對人民幣資產的持有意願，促進外國中央銀行和貨幣當局將人民幣資產納入外匯儲備。

第七，加快人民幣離岸市場的建設。從歐洲美元市場產生的歷史看，離岸金融市場的功能主要有三個：一是滿足非居民持有貨幣的投資和投機需求；二是在貨幣發行存在資本管制的情況下，構建境外資本融通通道；三是通過市場交易行為實現價格發現，為信用貨幣找到基準價格。人民幣離岸市場發展會導致套利和套匯，尤其在資本管制和匯率的市場化機制不健全的情況下，人民幣離岸和在岸市場套利不可避免。在人民幣單邊升值的情況下，海外投資者借助人民幣貿易結算政策放開和香港人民幣離岸市場進行套利，貨幣當局可能在買入外匯、投放人民幣的過程中承受財務損失。但從人民幣區域化和國際化角度看，發展人民幣離岸市場是一條必不可少的，可以發揮離岸市場的體制優勢

為海外投資者提供合法、便利持有人民幣計價資產的管道，有利於提高人民幣資產的吸引力。尤其在國內金融市場發展不足和市場開放度不高的情況下，人民幣離岸金融業務的發展可以大大促進人民幣國際信貸和國際投融資規模的擴張。通過人民幣離岸市場發行人民幣債券，把所籌集的資金用於「一帶一路」項目建設，形成體外循環，讓大部分境外對人民幣的供應和需求在離岸市場上對接，使人民幣發揮國際貨幣的作用。

目前，我國經常項目和資本金融項目下外匯兌換強調實需原則，但作為國際貨幣的美元其外匯市場的經驗表明，與貿易和直接投資相關的外匯交易只占全部美元外匯交易的5%。人民幣成為區域貨幣和國際貨幣，大部分交易也應該是協力廠商交易，不一定與我國經常專案和資本金融專案有關，離岸市場可為協力廠商交易提供交易場所。

第八，進一步完善人民幣跨境支付系統（CIPS）。人民幣跨境支付系統已經落戶上海，2016年年末人民幣跨境支付系統的直接參與者已從上線初期的19家增加到28家，間接參與者也從176家拓展到目前的480家，覆蓋6大洲78個國家和地區。人民幣跨境支付系統是支撐人民幣國際化的重要的金融基礎設施。目前「一帶一路」沿線已經有35個國家和地區的200多家金融機構加入人民幣跨境支付系統，「一帶一路」沿線國家和地區的跨境人民幣業務量以每月28%的速度增長。為了支持人民幣在「一帶一路」沿線國家貿易和投資計價中的結算和使用，要進一步增加「一帶一路」沿線國家和地區金融機構對人民幣跨境支付系統的參與，爭取實現全覆蓋。

第九，保持人民幣兌美元名義匯率基本穩定，穩中有升。在中心—周邊國際貨幣體系架構下，國際金融市場對人民幣幣值的信心極其脆弱，在美元升值或對美元存在升值預期的情況下，會增持人民幣資產，當預期發生逆轉時會迅速減持。人民幣在區域化和國際化的過程中，實際上是通過提高人民幣資產的收益和作為國際貨幣使用的便利性，逐步實現人民幣資產對美元資產的替代的，保持人民幣兌美元匯率的基本穩定或者穩中有升對於維持信心和擴大國際使用至關重要。

8.2　將管控中美政策摩擦與分歧作為政策協調的重點

8.2.1　中美兩國進行宏觀政策協調的經濟效應分析

　　在全球經濟一體化與金融自由化的背景下，國家之間的經濟依存度日益提高，一國宏觀政策不僅可以調節本國經濟的運行，而且會產生溢出效應。同時，政策溢出國也會受到其他國家宏觀經濟政策的回溢效應的影響。因此，關於宏觀經濟政策國際協調問題以及國際協調對各國福利的影響的研究，一直受到學術界和政策界的重視。鑒於2008年國際金融危機、2012年歐洲債務危機以及隨後的美聯儲縮表和加息等事件帶來的全球影響，尤其是中美兩國的經貿聯繫越來越緊密，是否需要國際巨集觀政策協調？是否需要中美兩國進行宏觀政策協調？宏觀政策協調的影響是什麼，理論上會帶來多大的福利？如何進行中美兩國宏觀政策協調？這些都是非常重要和值得研究的問題。

　　目前美元作為主導性國際貨幣擁有在位者優勢，美國經濟政策的外溢效應很大，與美國貨幣政策進行協調的必要性很強。國際金融危機不僅沒有動搖美元的國際貨幣地位，反而使其進一步強化。這主要表現為全球貿易的計價和結算貨幣中美元仍然占絕對主導，根據國際清算銀行的資料，國際銀行的融資貨幣中的62%是美元，全球儲備貨幣中的64%是美元。由於美元具有廣泛的國際影響，美國貨幣政策的溢出效應非常明顯。近年來，隨著中國經濟實力的不斷提升，人民幣成為一種不斷崛起的新興市場貨幣，國際影響力逐步提高。因此在這個過程中，與美國貨幣政策進行協調尤為必要，協調成功的回報也會很大。吳軍、張弼（2010）[1]採用博弈論的方法，從社會福利角度對非合作博弈和合作博弈的兩種結果進行了比較分析，發現合作的收益要大於非合作的收益，但是由於危機衝擊和貨幣政策傳導效應的非對稱性，經濟實力較弱的新興市場國

1　吳軍，張弼。金融危機中國際貨幣政策協調的有效性分析。金融發展研究，2010(05)：3-8。

家可能陷入由美國主導的斯塔克爾伯格博弈的協調模式。王瀟瀟（2014）[1]引入金融危機這一極端的負面外部衝擊，構建了中美兩國貨幣政策協調模型，通過不合作、領導—跟隨以及合作三種模式進行貨幣政策博弈，分析發現，無論是貨幣政策不合作模式還是美國領導—中國跟隨的貨幣政策協作模式都無法使兩國貨幣政策效果達到帕累托最優，只有兩國實施具有合作性質的貨幣政策才能夠達到貨幣政策效應最大化。孫國峰（2016）[2]基於斯塔克爾伯格博弈的兩國模型，分析了國際貨幣體系中具有不同影響力的大型開放經濟體之間合作的福利，發現一國貨幣當局進行貨幣政策國際協調可使本國的通脹達到最優的水準，獲得的福利收益優於斯塔克爾伯格博弈的結果，因此貨幣政策國際協調具有必要性。

基於中國出口部門的重要性以及加工貿易的特點，中美之間宏觀政策合作的「雙贏」效果會更強，有助於兩國經濟福利的提高。目前，關於全球經濟一體化如何影響貨幣合作福利收益以及中美宏觀政策協調的理論研究並沒有區分最終產品和中間產品。大量的經驗證據研究表明，中間產品在貿易總額中占有相當大的份額，而跨境中間品投入是外部衝擊傳到一國的重要管道。在分析中美之間的巨集觀經濟和巨集觀政策合作時，中間品貿易和加工貿易的存在顯得尤其重要。此外，與貨幣政策分析相關的一些特點，如替代彈性和價格黏性，在中間產品和最終產品之間是有區別的，這個差別對於分析中美貨幣政策合作的福利影響也非常重要。因為我們認為，基於中間產品在理論研究和實證研究中的重要性，有必要在研究中美宏觀政策合作的理論研究中加入中間產品貿易，從而分析中間產品貿易對開放經濟下最優貨幣政策配合的影響，量化中美貨幣合作的福利收益。基於這些判斷，我們按照Xia（2017）[3]的基礎模型，

1　王瀟瀟。中美貨幣政策協調問題研究。亞太經濟，2014(03)：38-42。

2　孫國峰。全域最優視角下的貨幣政策國際協調。中國人民銀行工作論文，No.2016/10，2016。

3　Tian Xia. University of California at Davis. Department of Economics. Job Market Paper, 2017.

根據投入產出結構，在具有壟斷競爭和價格黏性的標準兩國動態隨機一般均衡模型（DSGE）下引入中間產品。該模型更符合中美經濟的現狀和特點，尤其是中間產品貿易和加工貿易占中美貿易的很大比例。我們發現當考慮到中間產品貿易之後，中美宏觀政策合作與非合作相比，對兩國福利的提升達到了0.95%，是之前的40多倍。這個結果對中美宏觀政策合作提供了理論支援：在考慮了中間產品貿易的情況下，中美宏觀政策合作的潛在收益顯著大於已有的傳統理論的分析。

8.2.2　中美宏觀政策協調對人民幣國際化的意義

中國和美國宏觀政策的協調不僅會對中美經濟產生重要影響，促進兩國經濟福利的共同提升，而且會對人民幣國際化進程起到重要的作用。針對國際貨幣使用的三個主要方面：國際貿易結算貨幣、國際金融交易中的使用和作為國際儲備貨幣的使用，我們分別論述中美宏觀政策協調對人民幣國際化這三個方面的影響。

中美宏觀政策有效協調將有利於人民幣貿易結算職能的發揮，提高人民幣在國際貿易支付和結算中的使用。人民幣發揮國際貿易計價結算功能的一個重要前提是我國貿易規模的增長和貿易結構的改善。然而，當下美國總統川普奉行美國至上的戰略，實施貿易保護主義，用雙邊貿易協定取代多邊貿易協定，並重新談判現有的貿易協定，給我國對外貿易帶來了一大挑戰。2017年8月，美國川普總統更是以保護智慧財產權為由，授權貿易代表啟動針對中國的「特別301調查」，加大了中美貿易不確定性。一旦爆發中美貿易戰，一些貿易企業就可能出現庫存積壓、經營困難，甚至出現資金鏈斷裂和局部金融風險，中國來自美國的貿易順差也將大幅減少，導致國內流動性總量和結構發生巨大變化。事實上，美國在推行貿易保護主義的同時，也一直在密切關注人民幣匯率政策對中美貿易順差的影響。中國不斷完善人民幣匯率形成機制和提高匯率政策透明度的做法，有效避免了人民幣匯率無序調整的負面溢出效應和主要貨幣的競爭性貶值，使得中美雙方有進一步協調的基礎。若中美能夠通過對話與溝

通妥善管控分歧面，達成促進雙邊經貿合作和反對以鄰為壑的匯率政策的共識，避免貿易保護主義下的貿易戰和競爭性貶值下的匯率戰，則可以有效促進我國貿易規模的增長和貿易結構的改善，緩解人民幣所面臨的嚴峻挑戰，進一步夯實人民幣國際貿易計價結算功能。

中美宏觀政策有效協調將有利於推進人民幣在金融領域的使用，有助於提升人民幣在國際金融市場上的地位。近年來，中國不斷放寬美國金融機構的市場准入和資本准入門檻，以中國銀行間債券市場和外匯市場為例，美國金融機構的數量不斷增多。中國的商業銀行也開始在美國的主要城市如紐約、芝加哥設立分支機構。隨著中國的商業銀行不斷在北美設立分支機構，中美可以協調推進位於北美的人民幣離岸交易中心的建設。2008年金融危機以來，美國的短期利率接近於零，並通過量化寬鬆政策來壓低長期利率，這使得中國（及其他新興市場）幾乎不可能有效地開放其金融體系。由於美國的超低利率，中國面臨巨大的「熱錢」流入壓力，因此需要進行外匯管制以限制金融資本流入。這在很大程度上影響了中國的金融市場開放程度。中美宏觀政策的配合，比如美國將利率政策正常化，跨境資本的流動也正常化，會更有益於中國開放金融市場和資本項目，促進人民幣在金融交易中的使用。麥金農認為，倘若中美能合作，在國際資本流動中阻礙人民幣國際化的一大障礙也將會隨之消除。

中美宏觀政策有效協調將有利於人民幣外匯儲備職能的強化，提高人民幣在國際外匯儲備中的份額。近年來，中國推動並參與了一系列雙邊或區域的貨幣穩定和互助機制。截至2016年年末，中國人民銀行已與33個國家和地區的貨幣當局簽署了貨幣互換協議，貨幣互換餘額達到5 000萬億元。與此同時，2007年次貸危機爆發以後，美國也加大了與其他國家簽署貨幣互換協議的力度。這些雙邊和區域性機制提供了不同層面的貨幣穩定與流動性支持手段，不僅有利於雙邊貿易和投資，而且有利於維護區域金融穩定。但是由於種種原因，中美之間目前並沒有達成雙邊貨幣互換協定。事實上，隨著經濟和金融的深度全球化，沒有大國可以在另一個大國的經濟動盪中獲益，尤其對於中美這兩個世界上最大的經濟體來說，更是如此，而簽署雙邊貨幣互換協定，將有效

規避匯率風險，減小中美貿易中的不確定性。基於這一共識，通過中美宏觀政策的協調，未來很有可能推動雙方達成雙邊貨幣互換協定。除了雙邊貨幣合作機制，中美宏觀政策協調還有望推動全球貨幣體系的改革與完善。全球金融危機的爆發暴露了現有國際貨幣體系的內在缺陷，也引發了國際社會對於增強SDR作用的積極討論。以SDR為主的多元國際儲備貨幣體系能夠客觀反映國際經濟格局，具有較大的公信力和較強的穩定性。同時，多元儲備體系應能有效滿足全球流動性需求，緩解對美元的過度依賴給美國自身及世界帶來的「特里芬難題」。因此，如果通過中美宏觀政策協調，能夠使雙方就擴大SDR的使用形成共識，那麼不僅可以緩解依賴單一主權貨幣的內在風險，進一步完善現行的國際貨幣體系，而且可以強化人民幣外匯儲備職能的發揮，為人民幣的國際化打開重要通道

8.2.3　貨幣、匯率和貿易政策是協調重點

目前，美國經濟約占全球國民生產總值的22%，60%～80%的國際支付使用美元，而且全球近70個國家的貨幣與美元直接或間接掛鉤。採用單一關鍵貨幣具有規模經濟效益，因此美元成為全球使用最廣的國際貨幣。作為全球最大經濟體及儲備貨幣的主要發行國，美國的貨幣政策溢出效應會對新興市場國家和全球市場產生較大的衝擊。與此同時，隨著中國經濟日益強大和人民幣國際化進程的加快，中國不再只是美國貨幣政策外溢效應的被動接受者。在某些層面上，中國貨幣政策的實施對美國和其他國家的貨幣政策溢出效應也在不斷加強。此外，中美的貿易摩擦一直存在，兩國在貿易領域的協調也非常重要。麥金農（2014）指出，人民幣國際化和國際貨幣體系改革需要以美國改善其貨幣和匯率政策為方向，同時使中國逐漸成為更平等的夥伴，並需要國際貨幣基金組織繼續提供重要的法律支援。綜上，中美政策協調的重點在於貨幣政策、匯率政策和貿易政策的協調。

中美兩個大國的經濟密切相連，貨幣政策的外溢效應明顯，中美貨幣政策協調正日益凸顯其重要性。2008年金融危機後，為穩定金融形勢，美聯儲實行

了量化寬鬆（QE）這樣一種非常規的貨幣政策，向市場注入大量流動性，10年間美聯儲資產負債表擴張了約4倍。然而量化寬鬆在帶來經濟復甦的同時，也造成了諸多的扭曲，包括推動股市泡沫形成、推高固定收益資產的價格、刺激負債的增加等。因此，順應經濟形勢發展的變化，美聯儲會逐步退出危機階段實施的量化寬鬆政策，讓貨幣政策回歸常態，即走出零利率，進行「縮表」，逐步加息。2014年10月美聯儲宣佈退出量化寬鬆政策，2015年12月宣佈加息25個基點，此後，美聯儲分別在2016年12月、2017年3月、2017年6月、2017年12月四次加息，開啟漸進式加息進程。與此同時，美聯儲宣佈2017年10月起開始縮減資產負債表規模，並稱此次縮表將採取漸進、被動、可預期的縮表方式，即逐步減少到期證券的本金再投資規模。

目前，美聯儲貨幣政策與我國穩健中性的貨幣政策的變化方向是一致的。中國經濟已經由高速增長階段轉向高品質發展階段，應當更注重經濟的發展品質，而非一味地追求增長速度，已不再適宜粗放式的增長模式，不能依靠貨幣信貸的「大水漫灌」來拉動經濟增長，貨幣政策要保持穩健中性，為轉變發展方式、優化經濟結構、轉換增長動力創造條件。央行發佈的《2017年第四季度貨幣政策執行報告》中也明確指出，下一階段將延續2017年中央經濟工作會議的精神，實施穩健中性的貨幣政策，保持流動性合理穩定，管住貨幣供給總閘門，為供給側結構性改革和高品質發展營造中性適度的貨幣金融環境。從這個角度來看，中美貨幣政策不存在根本上的對立和衝突，美聯儲貨幣政策的變化減小了協調難度。

與此同時，美聯儲貨幣政策溢出的負面效應明顯。首先，美聯儲非常規貨幣政策的退出最直接的影響是全球流動性規模的總體收縮和資金成本的上升，而且在非常規貨幣政策退出過程中，退出節奏可能會產生反復，加劇全球資本流動的無序性，對於新興市場國家的經濟和金融體系穩定性產生衝擊。其次，美聯儲退出量化寬鬆政策會導致跨境融資規模的下降，同時資金成本的上升可能導致前期已有跨境融資的違約率上升。最後，加息和縮表會對包括美國國債在內的多種資產價格產生影響，由於我國外匯儲備中美國國債占比很大，這些

資產價格的趨勢性下降，會導致我國外匯儲備的被動縮水，進而增加貨幣政策調控的難度。

　　基於上述分析，中美的貨幣政策協調至關重要，需要加強中美貨幣政策協調，減少兩國貨幣政策的負面溢出效應。中美是大型經濟體，且互為重要的經濟夥伴，對中美兩國政府而言，在實現各自的貨幣政策目標的同時，都需要與對方進行必要的協調，以期實現互利共贏。對於中國而言，要加強與美國貨幣政策協調，減小負面溢出效應：一是加快推進經濟轉型和結構改革，實現穩增長（乃應對風險之根本），從內部應對美聯儲加息的衝擊；二是在控制好貨幣數量的前提下，加大對利率的微調和前瞻性調節管理，避免中美短期利差過度波動引發異常資本流動，以維護金融市場穩定；三是繼續堅持穩健的貨幣政策，在保證流動性合理充裕的同時，注重抑制資產泡沫和防範金融風險；四是進一步完善人民幣匯率形成機制，增強匯率的靈活性，讓匯率吸收一部分來自美國貨幣政策的外溢衝擊，從而有效增強中國貨幣政策的獨立性。

　　中美貨幣匯率是一個重要指標，匯率通過價格機制和資產流動機制影響兩國的進出口貿易和資本流動，因此匯率政策的協調是中美宏觀政策協調的核心。美國在2008年金融危機之後推行量化寬鬆政策，每輪量化寬鬆政策的推出都伴隨著美元指數的大幅下跌（見圖8—2）。同時，由於美國處於零利率區間，大量熱錢流入中國等發展中國家，加劇了人民幣單邊升值的預期和壓力。2014年10月，美聯儲宣佈退出量化寬鬆政策，一年後的2015年12月宣佈加息25個基點，引發了新興市場國家匯率的大幅波動。儘管加息後美元指數短暫上升，但是近期重新進入貶值通道。總體上看，實行弱美元政策是符合美國政府需要的。之前歐巴馬總統提出「振興製造業」，推出一系列貿易保護政策，保護國內製造業。川普上臺後，提出「讓美國再次強大」的口號，一方面繼續推行貿易保護主義，另一方面實施減稅政策，提升美國企業競爭力，推動製造業回流。美元貶值，短期內有利於貨物出口，從而減小美國貿易赤字，改變美國貿易逆差國的地位，而且有利於美國降低債務融資成本，緩解減稅、加大基建力度帶來的財政壓力。因此，美國可能會在未來一段時間內實行弱美元政策。

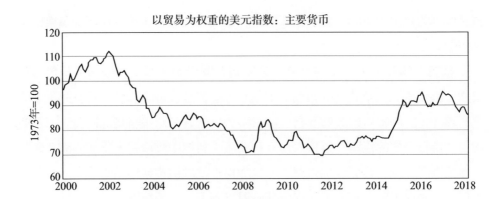

以貿易为权重的美元指数：主要货币

圖8—2　2000年之後美元指數的變化

　　弱美元政策給我國匯率改革與匯率穩定帶來了機遇和挑戰。從機遇來看，弱美元政策意味著人民幣匯率升值，而人民幣匯率保持相對強勢有利於繼續推進人民幣匯率形成機制改革，從而進一步促進人民幣國際化。從挑戰來看，弱美元政策可能成為中美匯率戰的開端，不利於人民幣保持均衡條件下的匯率穩定。實際上，2017年上半年的統計資料表明，我國的國際收支失衡已得到有效糾正，貿易順差占GDP的比例處於國際公認的合理區間，此時的人民幣匯率是經濟學意義上的均衡匯率，匯率水準是合理的。然而近期美元的意外走弱導致人民幣被動升值，若這一趨勢維持下去，可能會導致人民幣偏離均衡匯率。此外，一旦人民幣貶值預期逆轉為單邊升值預期，就會帶來很大規模的短期資本流入，加劇流動性過剩，推升資產價格，最終損害我國政府當前通過流動性管理來敦促宏觀經濟與金融市場去槓桿的首要目標。

　　在推進人民幣匯率形成機制改革的同時，與美國開展匯率政策協調。為了避免中美之間的匯率戰，中國應該以保持匯率在合理均衡水準為抓手，開展匯率政策協調。在信用經濟下，相對購買力平價是決定中長期匯率的基礎。首先，中國應該抓住美元走弱帶來的機遇，繼續深化匯率市場化改革，更多依靠市場來決定匯率。但是在推進匯率市場化的過程中也要格外審慎，當人民幣匯率波動超出預期，嚴重偏離其均衡水準時，央行可適時調節逆週期因子，使其

發揮雙向的作用，通過完善人民幣匯率機制進行匯率管理。其次，隨著離岸市場與在岸市場之間的價格聯動、相互影響不斷增強，中國應將離岸市場納入管理範疇，在離岸市場上通過多種方式來抑制離岸人民幣的過快升值。最後，要加強與美國的溝通交流，尋求合作的可能性，努力在匯率不能解決雙邊貿易失衡的問題上達成共識，説明其認識到匯率是一個總量政策工具，不能強求用其來解決雙邊貿易失衡的問題。

專欄8—1

川普對華實施貿易保護政策損人不利己

中美貿易摩擦升溫。打著反全球化和貿易保護的大旗當選的美國川普總統宣誓就任以來，信守他的多項競選諾言，已陸續退出《跨太平洋夥伴關係協定》、重啟《北美自由貿易協定》談判，同時挑起多起與各國的貿易爭端。中美經貿關係進入了「多事之秋」，雙方之間爆發貿易戰的可能性上升。2017年，美國對中國貿易爭端的立案數量再創歷史新高。2018年1月，川普已批准對進口的太陽能電池板和洗衣機徵收保護性關稅，最高稅率分別為30%和50%，後者還實施進口配額限制。川普無疑是最近對華比較強硬的總統。中美出現貿易摩擦甚至爆發一定規模的貿易戰幾乎不可避免。

各種跡象表明，美國政府主要採用四種手段對付中國：關稅與配額、侵犯智慧財產權、限制高科技和重要投資、否定中國的市場經濟地位。這四種手段對中國貿易和經濟發展的影響各不相同，需要具體分析，以便正確應對。過去美國從來也沒有承認中國的市場經濟地位，今天明確否定，其實不過是維持現狀；限制投資，特別是限制與重要技術

相關的投資，短期內對中美貿易影響微乎其微，長期看對將來中國技術產業升級有很大負面影響。值得高度重視的是進口關稅和配額、侵犯智慧財產權，這兩個手段會立即影響相關的中國企業和個人，損害中國對美的出口。鑒於侵犯智慧財產權是極少的個案，而且很難證明，針對侵犯智慧財產權的貿易爭端不多，因此，川普政府對中國最可能採取的手段必然是進口關稅和配額。2018年1月美國已經宣佈了對太陽能電池板和洗衣機的關稅和配額，接下來的目標是鋼板和鋁材。當然，川普政府只是針對有限的而不是普遍的產品實施貿易保護，否則，中美很可能爆發兩敗俱傷的全面的貿易戰爭。

川普政府的貿易保護政策難以奏效。雖然川普總統雄心勃勃，誓要扭轉美國多年來的貿易逆差局面，但是他開錯了藥方，他的貿易保護政策不可能成功，保護主義措施的最終效果必然會引起美國內部的反對。第一，增加進口關稅會提高進口商品的價格，從而降低美國民眾的購買力和生活水準。第二，貿易保護主義並不會創造就業。現在美國已經實現了充分就業，再加上最近通過的減稅刺激政策，美國勞動力市場供不應求，已無人可雇，企業面臨很大的薪資上漲的壓力。第三，貿易保護主義不能有效減少美國的貿易赤字。美國的進口品大多是很久以前美國產業升級時淘汰出去的產品，美國自己不可能再去生產這些產品。對中國實施進口關稅只是迫使中國的生產轉移到第三國，美國照樣進口同樣的產品，或許還會支付更高的價格，進一步惡化貿易赤字。第四，一旦美中貿易戰爆發，美國友邦和亞洲供應鏈盟友將最先遭受損害。因為在很大程度上，中國仍是美國、日本和韓國高科技零部件的終端組裝工廠。對華貿易戰將干擾全球供應鏈，給多個國家、多個行業的企業造成巨大的不利影響。

妥善處理中美貿易摩擦，增強中美貿易政策協調。從中美貿易情況來看，中國是美國第三大出口目的國，也是美國第一大進口來源國。對於中國而言，

美國是中國第一大出口目的國，也是中國第六大進口來源國，中美雙方有著重要的貿易合作。但是自川普總統上臺後，美國對華貿易政策發生了一系列改變。從開啟「特別301調查」到「不承認中國市場經濟地位」，再到近期時隔近20年再次開啟「201調查」，公佈對進口太陽能電池板和大型洗衣機實行保護性關稅。川普在經貿層面對中國的態度愈加強硬，中美貿易戰的風險正在上升。一旦中美爆發貿易戰，一些貿易企業就可能出現庫存積壓、經營困難，甚至出現資金鏈斷裂和局部金融風險；中國來自美國的貿易順差將大幅減少，導致國內流動性總量和結構發生巨大變化，給實體經濟帶來極大的負面影響，動搖人民幣國際化的根基。

中美貿易爭端的引發既有經濟方面的原因，也有政治方面的原因。從經濟方面看，中美貿易領域存在較大赤字，美國對中國的商品貿易逆差占其整體逆差的比例接近50%。美國由於技術出口限制，與在產業鏈中地位相似的歐洲相比，對中國出口結構中高技術含量產品的比重不足，沒有充分發揮比較優勢，從而固化了貿易赤字。這一貿易逆差與川普競選時就提出的貿易保護綱領背道而馳，對外貿關係持強硬態度的川普政府勢必會奉行貿易保護主義，挑起貿易爭端。從政治方面看，川普選擇對華貿易制裁，以實現其對華政治交易的目的。特別是在一些熱點的國際問題，比如朝鮮問題上，美國希望用貿易問題向中國施壓，逼迫中國在一些國際問題上讓步。政治因素雜糅經濟因素使得中美貿易關係不斷惡化，如果美國一意孤行，將會給中美貿易政策協調帶來極大的阻礙。

經貿往來不多、接觸較少的國家，很難發生貿易摩擦。中美貿易摩擦加劇，從一個側面反映了中美之間越來越緊密的經濟聯繫，以及越來越強的相互依賴。由於中國出口的半壁江山是加工貿易，是跨國公司供應鏈的一部分，與中國主體經濟聯繫較弱，所以貿易保護對中國主體經濟的傳導影響和傷害有限。因此，要正確理性對待中美貿易摩擦，不要自己主動製造麻煩，但在麻煩到來時也不要退縮害怕。中國可以採取行之有效的手段進行反制，以戰止戰，從而避免貿易戰升級。一方面很多美國企業得益於中美貿易和對華投資，例

如，對於通用汽車、波音、微軟和蘋果等巨頭來說，中國市場是它們主要的利潤來源。如果美國發起貿易戰，中國完全有能力抓住重點企業進行反擊。中國政府或將放棄波音飛機，轉而支持歐洲空客。另一方面，中國是美國最大糧食進口國。美國西部、北部各大選搖擺州的農民是糧食出口的最大受益者。如果美國發起貿易戰，中國可選擇從巴西進口大豆，川普在重要搖擺州的選民基礎就會受到傷害，這是川普政府不願看到的局面。

為應對中美貿易摩擦，降低不利影響，避免貿易戰的發生，中國應靈活機智應對，從以下幾方面進行協調。一是主動調整緩解風險，如結合國內擴大消費結構調整，適當降低某些進口品關稅，同時制定差別性政策，扶持並幫助貿易企業渡過難關。二是準備反制回應，制定報復清單，利用世界貿易組織多邊規則，聯合其他貿易順差國以及贊同維護全球化大局的國家，組織官方或非官方的論壇或部長會議，商討反貿易保護主義的措施，積極發聲。三是央行應及時或預先採取應對措施，彌補貿易規模、順差下降帶來的流動性缺口。四是應借勢推進國內改革進程，堅持深化改革和擴大開放，積極實施「一帶一路」倡議，制衡美國單邊主義和保護主義傾向。

總體上看，中美之間存在巨大的合作空間，完全可以通過拓寬合作管道、領域解決各自面臨的短期現實問題。中國應避免強烈的貿易對抗，盡可能在以世界貿易組織為基礎的框架內解決中美貿易衝突。還應多管道推動雙方協商溝通，根據美國民主政治的具體國情，重視民間管道，特別是要善於做好美國企業界、工會和院外集團的工作，為減少中美貿易摩擦、促進雙邊貿易發展建立社會和輿論支持基礎。

8.2.4　加強中美戰略對話機制建設

中美戰略對話機制從20世紀末發展到今天，經歷了一個形式逐漸開放、層級不斷提升、議題日益全面的發展歷程。早期，在中美兩國學界的積極推動下，中美雙方開始了試探性接觸。1999年，復旦大學美國研究中心與美國太平洋論壇合作發起了「中美戰略對話」，就中美關係和亞太地區安全問題展開深

入坦誠的討論。截至2004年8月，中美學者共舉辦了5屆論壇形式的「中美戰略對話」。2004年11月20日，時任總書記胡錦濤在亞太經合組織領導人非正式會議期間會晤時任美國總統布希，並首次提出應加強中美兩國戰略對話。2005年8月1日，中美首次戰略對話在北京舉行，時任中國外交部副部長戴秉國和時任美國常務副國務卿佐利克等雙方代表近20人就外交和經濟等共同關心的戰略性問題進行磋商。[1]中美戰略對話是兩國在政治層面進行深入溝通的重要機制。2006年9月20日，中美雙方發表了《中美關於啟動兩國戰略經濟對話機制的共同聲明》，啟動了中美戰略經濟對話機制，這是兩國在經濟領域進行高層溝通對話的重要機制。同年12月14日，首次中美戰略經濟對話在北京人民大會堂開幕，中國國務院副總理吳儀和美國財政部部長保爾森作為兩國元首的特別代表共同主持了此次對話。考慮到功能和內容的重疊性，2009年7月，在經歷六次中美戰略對話和五次中美戰略經濟對話後，中美雙方將二者合併，納入「中美戰略與經濟對話」（S&ED）這一更高級別的對話方塊架之中。首輪中美戰略與經濟對話於2009年7月在美國華盛頓開幕，至今已舉辦了八屆，中美雙方就事關兩國關係發展的戰略性、長期性、全域性問題進行了富有成效的溝通與磋商（見表8—4）。縱觀其發展歷程，對話主題不斷擴展、內容日益豐富，既有戰略性的，如兩軍關係、地區安全，也有經濟性的，如國際金融治理改革、雙邊投資協定；既有全域性的，如高層交往、核安全，也有事務性的，如反恐、海關；既有合作性的，如宏觀經濟政策溝通與合作，也有協調性的，如貨幣政策對國際金融體系的影響協調等。

表8—4　2009—2016年中美戰略與經濟對話主要議題

時間	地點	會議主題	會議議題
2009年7月	美國華盛頓	凝聚信心恢復經濟增長，加強中美經濟合作	中美關係、國際地區問題和全球性問題

1　吳迎春。中美首次戰略對話在京舉行。人民日報，2005-08-02。

續前表

時間	地點	會議主題	會議議題
2010年5月	中國北京	確保持續發展、互利共贏的中美經濟合作夥伴關係	能源安全、氣候變化、聯合國維和、反恐等
2011年5月	美國華盛頓	建設全面互利的中美經濟夥伴關係	促進貿易與投資合作，完善金融系統與加強金融監管，推進結構調整，促進經濟強勁、可持續、平衡增長
2012年5月	中國北京	深化戰略溝通與務實合作，推進持久互利的中美經濟關係	促進強勁、可持續和平衡增長；拓展貿易和投資機遇；金融市場穩定和改革
2013年7月	美國華盛頓	推進相互尊重、合作共贏的全面互利中美經濟夥伴關係	擴大貿易和投資合作、促進結構性改革和可持續發展、金融市場穩定與改革
2014年7月	中國北京	推進中美新型大國關係建設	宏觀經濟政策與結構調整、深化貿易與投資合作、金融業改革開放與跨境監管合作
2015年6月	美國華盛頓	加強戰略性對話、提升中美經濟合作水準	宏觀經濟政策和結構改革、促進貿易和投資、金融市場穩定和改革
2016年6月	中國北京	為構建中美新型大國關係而不懈努力（習近平總書記開幕式演講主題）	推進中美新型大國關係建設、深化雙邊務實合作、管控分歧和敏感問題、中美在亞太的互動關係以及國際地區和全球性問題

　　同此前的機制相比，中美戰略與經濟對話不僅層次更高，而且內容更為豐富，已成為兩國間層級最高、參與部門最多、所涉議題最廣、最受重視的對話溝通機制。毋庸置疑，中美戰略與經濟對話機制是最直接、最重要的中美政策協調平臺，充分利用好此平臺並加強對話機制建設是推進中美政策協調的重要抓手。一是加強政策溝通。中美戰略與經濟對話機制是兩國最高領導人共同推動建立起來的，與已有對話機制相比，其規格與效率更高，議題更具戰略性

與前瞻性，是中美兩國加深了解、加強合作的高端交流平臺。目前，中美兩國在經貿政策等方面仍然存在衝突與分歧，而該對話機制能使兩國定期就雙方矛盾深入交換意見，將摩擦控制在一定範圍內。因此，要充分發揮對話良性互動的溝通機製作用，將兩國宏觀經濟政策協調納入關注重點，加強雙方的政策溝通，減少政策的負面溢出效應。二是增進互信理解。對話機制的定期建立，能讓兩國高層客觀理性地看待彼此的戰略意圖和對外政策等，進而降低雙方誤解與猜忌產生的可能性，增進雙方的戰略互信，推動雙方達成共識，促進中美關係的良性發展。三是強化對話機制的務實性。從形式上來看，中美戰略與經濟對話是一種獨特的「務虛會」，雙方不以具體成果作為成功與否的評價標準。但從長遠看，具體落實雙方達成的共識與協定對中美關係的進一步發展具有重大意義與價值。要做到坦誠務虛，並在務虛中求實，讓對話機製成為中美兩國務實合作的「推進器」。

第九章

構建全面高效的宏觀政策國際
協調平臺和機制

9.1　改革與完善現有國際組織

9.1.1　更好地發揮國際貨幣基金組織在全球貨幣政策協調中的功能

作為當今世界經濟秩序的三大支柱以及最重要的全球經濟治理機制之一，國際貨幣基金組織充分發揮其協調全球宏觀政策的平臺作用，對於維護良好的貨幣秩序，有效應對金融危機，確保國際金融穩定，為人民幣國際化營造良好的國際環境具有重要意義。2016年10月1日，國際貨幣基金組織經過五年一次的SDR貨幣審查，宣佈將人民幣正式納入特別提款權（SDR）貨幣籃子；在其發佈的2016年四季度「官方外匯儲備貨幣構成」（COFER）資料中，首次將人民幣外匯儲備的持有情況單獨列出，有利於提高人民幣的國際地位和影響力。

中國應從以下四個方面參與改革和完善國際貨幣基金組織，使其更好地發揮協調全球貨幣政策的職能。

第一，積極參與國際貨幣基金組織份額和治理結構改革，保障國際貨幣基金組織資源充足性。2015年12月，美國國會通過了《國際貨幣基金組織2010年

份額和治理改革方案》（簡稱《2010年改革方案》），提高了新興市場和發展中國家在基金組織的代表性和發言權，有利於維護基金組織的信譽、合法性和有效性。但是由於《2010年改革方案》落實不久，一些國家改革動力不足，各方對份額公式等技術問題分歧明顯。未來中國應該加強與各方的密切合作，推動國際貨幣基金組織份額和治理機構的進一步改革，提高有活力的新興市場和發展中經濟體的占比。此外，全球經濟面臨的不確定性上升，要求國際貨幣基金組織保持資源充足。中國目前也在就國際貨幣基金組織的資源問題進行密集溝通協調，確保基金組織成為以份額為基礎、資源充足的國際金融機構，加強應對經濟金融危機的能力。

　　第二，推動國際貨幣基金組織改善資本流動監測與應對，加固全球金融安全網。在當前經濟金融全球化不斷加深的背景下，無論是國際資本流動本身還是相應的國際資本流動管理政策都具有極大的國際溢出影響，完善國際貨幣基金組織政策管理框架，加強資本流動溢出管理，構建以國際貨幣基金組織為核心的全球金融安全網十分迫切和必要。全球金融安全網包括全球、區域、雙邊及各國自身儲備等多個層次，當前面臨的主要問題是各層次之間缺少協調、資源難以整合，應對危機和安全保障的能力不足。2016年9月，中國作為國際貨幣基金組織第三大成員，利用東盟與中日韓（10＋3）主席國和二十國集團主席國的雙重身份，成功促成國際貨幣基金組織與《清邁倡議多邊化協議》的聯合救助演練，取得積極回應。未來中國可以更多地推動以中國為主導的新型國際組織與國際貨幣基金組織開展類似合作，提高全球金融安全網的有效性。

　　第三，參與加強國際貨幣基金組織宏觀審慎監管框架的制定，完成金融監管範式轉變。國際貨幣基金組織目前主要通過兩種方式為各國宏觀審慎政策提供國別建議：一是金融部門評估規劃（FSAP）；二是對各國經濟形勢的常規監測。未來要更好地協調各國之間的宏觀政策，必須進一步加強宏觀審慎監管，完成金融監管範式的轉變。中國宏觀審慎政策的探索與創新在國際上走在了前面，初步形成了「貨幣政策＋宏觀審慎政策」雙支柱的金融調控框架，為全球提供了有價值的經驗，因此中國有必要也有能力協助國際貨幣基金組織在

考慮各經濟體金融發展狀況及體制問題的基礎上，發揮宏觀審慎框架在應對系統性金融風險方面的補充作用。同時，中國要推動國際貨幣基金組織進行跨境監管交流，建立有效的雙邊監管合作機制，擴大資訊共用範圍，完善跨境風險應對和危機處置安排，以國際貨幣基金組織為媒介，同各國一道有效應對金融危機，確保國際金融穩定。

第四，主動推進國際貨幣基金組織在匯率測算方面和監督方面的機制建設。目前國際貨幣基金組織使用的主要匯率評估方法包括：宏觀經濟餘額（Macroeconomic Balance，MB）法、實際均衡有效匯率（Real Equilibrium Effective Rate，REER）法、外部可持續性（Eternal Sustainability，ES）法。每種分析方法均存在較大的局限性，例如，宏觀經濟餘額法以準確測算一國經常帳戶餘額的均衡水準為假設，實際均衡有效匯率法以合理確定中期實際均衡有效匯率水準為基礎，外部可持續性法則以可持續的對外淨資產規模為前提，因此以上模型運用到對成員的匯率政策指導尚需進一步完善和檢驗。為了能夠更好地進行匯率監督和評估，從而協調匯率政策，國際貨幣基金組織應該繼續在技術上改進和完善現有理論分析方法。同時需要注意，對於匯率的分析，不能過分追求和強調匯率的水準，誇大短期和一次性匯率水準調整的作用，忽略匯率調整的過程管理和機制建設。未來國際貨幣基金組織應以匯率分析作為監測窗口，系統地分析內外經濟失衡的深層原因，根據國情和發展階段「量身定做」匯率調整建議。中國應該主動與國際貨幣基金組織溝通，說明國際貨幣基金組織了解中國人民幣匯率改革的重點與難點，推動國際貨幣基金組織以更為客觀公正的標準監管國際匯率。

9.1.2　加強世界銀行在全球宏觀政策協調中的作用

世界銀行集團是全球最大的多邊開發機構，其宗旨是幫助發展中國家消除貧困、促進可持續發展。世界銀行與各國合作圍繞三重點：加快可持續和包容性的經濟增長；對人投資，建立人力資本；增強應對全球衝擊與威脅的能力。

隨著中國經濟的快速發展和國際影響力的迅速提升，世界銀行正在不斷

加強與中國的合作，尤其是在助推人民幣國際化的進程中，雙方實現了互利共贏。2016年8月31日，世界銀行在中國銀行間市場發行首批以SDR計價、人民幣結算的債券（命名為「木蘭債」），合計額度20億SDR。SDR計價債券能夠規避單一貨幣工具的利率和匯率風險，可以使境內投資者以及國際投資者實現多元化資產配置，不僅有利於豐富中國債券市場交易品種，促進中國債券市場開放與發展，而且有力地支持了世界銀行的投資專案。作為擴大SDR使用的標誌性事件，發行SDR計價債券對於提升人民幣影響力和增強國際貨幣體系的穩定性具有積極意義。

近年來世界銀行在發展政策上的領導力和權威性在下降，主要的問題包括提供發展融資支援的影響力弱化，資金支援、政策分析和技術援助對於推動國家長期發展的效果有待提高，內部管理低效以及不同部門的政策發聲沒有合力等。關於如何改革與完善世界銀行，使其更好地發揮協調全球宏觀政策的職能，我們認為中國應從以下四個方面發力。

第一，推進世界銀行深化投票權改革，賦予發展中國家更多話語權。早在2010年4月25日，世界銀行集團發展委員會就通過了提高發展中國家投票權的改革方案，其中，發達國家向發展中國家轉移3.13%的投票權，使發展中國家在世界銀行的投票權上升至47.19%，中國在世界銀行的投票權從原先的2.77%提升至 4.42%，取代德國成為僅次於美國和日本的世界銀行第三大股東。這次改革使得在發達國家和發展中國家平等分享投票權問題上邁出了關鍵一步，有助於打破歐美長期壟斷世界銀行話語權的局面。然而，美國的表決權維持在15.85%不變，保留了一票否決權。另外，雖然世界銀行的成員和受助者均以發展中國家為主，但是發展中國家的投票權總額仍然沒有達到50%，沒有取得與發達國家持平的權利。因此，未來中國要推動世界銀行進一步深化投票權改革，為發展中國家爭取更多話語權。只有在更加公平合理的決策機制下，才能加強世界銀行在全球宏觀政策中的協調作用。

第二，宣導世界銀行對話其他經濟組織，形成更有效的多邊主義。當下全球化程度日益加深，國與國之間的貿易與合作不斷加強，新的多邊機構不斷湧

現。其中，二十國集團覆蓋了全球GDP的85%，全球貿易的75%，已成為國際合作和建立共識的一個關鍵性論壇。中國領導成立的亞洲基礎設施投資銀行和金磚國家新開發銀行也是解決對消除貧困、減少不平等和促進共享繁榮至關重要的巨大基礎設施需求的新的重要的多邊合作組織。另外，中國的「一帶一路」倡議為世界開闢了一條多邊合作的新路徑，通過改善貿易、基礎設施、投資和人民之間的聯繫，充分挖掘與「一帶一路」沿線國家經濟的互補性，建立雙贏、合理的國際分工體系，打造歐亞區域經濟一體化新格局。中國應宣導世界銀行與這些經濟組織對話，共同發揮宏觀政策協調的作用，通過世界銀行遏制單邊主義的措施，構建更為有效的多邊主義。

第三，推動世界銀行開拓融資新管道，助力基礎設施投資。目前世界銀行面臨著巨大的資金缺口，各國向世界銀行申請的發展援助額遠超過世界銀行的現有資本規模，而世界銀行能夠籌集的發展資金規模受到限制，2017年10月川普政府因世界銀行向中國等中等收入國家貸款，拒絕向世界銀行的總體增資計畫貢獻資金。面對這種情況，世界銀行要積極開拓融資新管道、探索融資新模式，最大限度地調動私人部門投資。然而，向貧困、脆弱、面臨衝突和暴力影響的國家投資具有很高的風險，因此私人部門投資積極性不高，需要世界銀行更多利用擔保和其他金融工具，降低投資者面臨的實際風險和主觀認知風險，吸引私人部門投資，提高收益保障，有效創建資本市場。與此同時，中國應該推動世界銀行建立發展基金，與中國「一帶一路」倡議相結合，把更多資金用於基礎設施投資，尤其是制約發展中國家經濟增長的基礎建設、教育、衛生等領域，有效提高發展中國家的經濟增長率和生活水準。

第四，推進綠色信貸建設，打造綠色金融新引擎。隨著全球綠色金融步入系統化、制度化的發展軌道，金融體系的綠色化已成為全球趨勢，2016年二十國集團峰會更是推動形成了發展綠色金融的全球共識。發展綠色金融不僅有利於引導資金流向環境友好型產業和資源節約與高效利用領域，同時實現環境保護和經濟增長的雙目標，而且有利於解決世界各國在環境保護和氣候問題上的矛盾和爭端，促進世界經濟可持續發展。但是目前綠色金融發展還面臨多種制

約因素，以綠色債券為例，一方面許多國家缺乏國內綠色投資者，對綠色資產需求不足；另一方面，全球包括共同基金、保險公司、養老基金和主權財富基金在內的機構投資者有投資綠色債券的需求。因此，作為二十國集團綠色金融研究小組的建立者，中國應主動承擔更多國際責任，幫助世界銀行發揮協調作用，鼓勵各方根據各國國情特點，建設綠色債券市場，引導需求和供給雙方，進行跨境綠色債券投資，推進綠色信貸建設，打造綠色金融新引擎。從更廣泛意義上說，中國可在推動結構性政策協調方面發揮世界銀行的積極作用。

9.1.3　強化世界貿易組織在全球貿易政策協調中的功能

世界貿易組織（World Trade Organization）成立於1994年，其前身是《關稅及貿易總協定》。它的職能主要體現在以下三個方面：制定、實施和監督多邊貿易規則，組織多邊貿易談判，解決成員之間的貿易爭端。

中國自2001年加入世界貿易組織後，在很短的一段時間內，按照加入世界貿易組織的承諾，對國內的法律法規和管理體制進行了系統的修改和完善，以對接國際規則，適應全球市場。中國的努力收效顯著。一方面，中國全面享受世界貿易組織成員權利，經濟發展獲得了良好的外部條件，同世界各國在經濟、貿易、科技、文化等領域交流合作的廣度和深度不斷拓展，在2009年成為第一大出口國，在2013年成為全球第一大商品貿易國；另一方面，中國也始終堅持實行平等互利、合作共贏的對外開放政策，有力推動了世界範圍內的貿易合作和共同發展。2016年12月11日，是中國加入世界貿易組織15年的日子，也應當是反傾銷「替代國」條款終止的日子，然而歐、美、日等經濟體貿易保護主義沉渣泛起，拒絕承認中國市場經濟的地位，試圖違背承諾、撕毀約定，公然破壞世界貿易組織規則。

事實上，歐、美、日與中國的貿易爭端正是世界貿易組織深陷全球治理困境的一個側面反映。目前世界貿易組織面臨諸多問題，首先是杜哈回合談判停滯不前，成果堪憂，2013年12月在世界貿易組織第九次部長會議上達成的《貿易便利化協定》至今尚未生效。其次，成員間產生了越來越多的貿易爭端，發

展中國家認為世界貿易組織機制不夠公平，發達國家抱怨其決策效率低下，不能有效發揮作用，紛紛越過世界貿易組織進行自貿區談判，使得以世界貿易組織為核心的多邊貿易體制面臨嚴峻挑戰。尤其是川普政府貿易保護主義的論調和對世界貿易組織的攻擊，更是令其處境雪上加霜。但是世界貿易組織作為幾乎囊括全球所有經濟體的國際組織，在維持國際貿易秩序、穩定國際貿易體系、協調各國貿易政策、推動國際經貿規則變革中的作用仍然是不可忽視的。關於未來如何推動世界貿易組織走出全球治理困境，強化世界貿易組織在全球貿易政策協調中的作用，中國可以做出以下努力：

第一，強化規則約束，維護國際貿易體系的完整性。世界貿易組織基本原則可以歸納為「非歧視原則」「公平貿易原則」「透明度原則」。其中「非歧視原則」是世界貿易組織的基石，由無條件最惠國待遇和國民待遇組成。最惠國待遇是指在貨物貿易的關稅、費用等方面，一成員給予其他任一成員的優惠和好處，都須立即無條件地給予所有成員。而「國民待遇」是指在徵收國內稅費和實施國內法規時，成員對進口產品和本國（或地區）產品要一視同仁，不得歧視。然而川普政府的貿易保護主義傾向對這一基本原則構成了極大挑戰。頻繁的貿易保護行為會使全球貿易增速放緩，難以實施出口主導性增長，這反過來又會進一步加劇各國的貿易保護傾向，這種惡性循環如果難以停止，全球貿易增長困局會更難破解，透明、包容、開放、公平的多邊貿易體制也將受到更嚴重的破壞。因此，中國要支援世界貿易組織重申以規則為基礎的貿易體系及基本原則，不能放任世界貿易組織妥協轉變為以權力為基礎的貿易體系，要通過世界貿易組織聯合各國對抗貿易保護行為，維護國際貿易體系完整性。

第二，推進機制民主性建設，加強多邊貿易體制。世界貿易組織實行「協商一致」原則，即如果無成員正式表示反對，決定就生效；如果協商一致不可行，就以多數表決方式決定，這種決策機制使發達國家不能強迫發展中國家接受於其不利的決定，具有一定的優越性，但是缺陷也很顯著，即難以適應經濟全球化帶來的挑戰，不利於迅速應對和處理複雜多變的國際貿易局勢。針對這一缺陷，可以將協商一致的決策方式與多數表決方式有機結合，因為在一定條

件下，相對於長期無法達成協商一致的僵局，投票表決可成為多國決策的次劣選擇。另外，世界貿易組織在做出重要決策時，「綠屋談判」（Green House Negotiation，有人又稱之為「休息室談判」） 模式盛行，即由少數發達成員先行磋商決定、再強迫其他成員接受，這導致廣大發展中成員的利益未能充分體現。中國要推動世界貿易組織民主性建設，比如建議在各方有機會表達意見之後方可擬定議程草案，各談判會議主席或協調人必須召集議題的支持者和反對者雙方開會，以制約國際貿易中的強權政治行為。另外，中國應在「最不發達國家加入世界貿易組織中國專案」下，繼續幫助新加入和正在申請加入的發展中國家，尤其是最不發達國家更好地融入多邊貿易體制，為加強多邊貿易體制、牽制單邊主義做出貢獻。

第三，加強合作關係，協調貿易政策與國內政策。對外貿易政策與國內政策具有高度的相關性和聯動性，這使得在很多情況下，貿易成為失敗的國內政策的替罪羊。比如美國目前將國內經濟問題歸罪於貿易逆差，但是實際上川普政府就算實施高額懲罰性關稅，也並不能解決美國與其他國家的貿易失衡的問題，因為美國長期以來難以消除的貿易逆差更應歸咎於美國製造業難以振興、巨額財政赤字和超低儲蓄率等內部經濟失衡。因此中國要積極推進世界貿易組織同國際貨幣基金組織和世界銀行的協調與合作，使其在貨幣儲備、國際收支、外匯安排、財政政策和貿易政策等方面就有關事項進行磋商，互相提供調查結果和評估報告，從而實現全球經濟決策的更大一致性。另外，要警惕貿易問題政治化，防止貿易政策成為國家之間博弈的政治籌碼。

9.1.4　發揮區域性國際金融組織的重要協調職能

自20世紀90年代以來，區域經濟一體化組織數量不斷增加，並在全球範圍內形成了區域經濟合作的發展浪潮。其中，與中國有關的重要區域經濟組織包括亞洲開發銀行、歐洲復興開發銀行、東盟「10＋3」等。在人民幣國際化的過程中，需發揮這些區域性國際金融組織的重要協調職能。

1.發揮亞洲開發銀行的協調職能，促進亞太地區和平與發展

亞洲開發銀行由美國和日本主導發起，成立於1966年11月24日，其宗旨是通過發展援助幫助亞太地區發展中成員消除貧困，促進亞太地區的經濟和社會發展。亞洲開發銀行的業務主要有四種：貸款、股本投資、技術援助、聯合融資和擔保。中國於1986年加入亞洲開發銀行後，與亞洲開發銀行在發展經濟、消除貧困、保護環境等方面開展了廣泛的合作，到2013年中國已是亞洲開發銀行世界範圍內第二大借款國、技術援贈款的第一大使用國以及第三大股東。

亞洲開發銀行目前面臨來自三方面的挑戰：一是政治風險增加，亞洲地緣政治趨於緊張、局勢不穩定性增大；二是資金供給有限，亞洲開發銀行某些成員面臨資助預算縮減的情況，很可能降低其未來對亞洲開發銀行做貢獻的意願；三是資金需求巨大，亞太地區的基礎設施發展水準與經濟增長實際需求仍有較大差距，不少國家基建支出占GDP的比例達不到3%～5%的平均水準。因此，中國應促使亞洲開發銀行著重做好以下三方面的工作，以便強化其作為重要區域發展銀行的功能：一是要遵守政治中立原則，重申其信用、代表的高標準，加強與中國、印度等地區大國的聯繫；二是發揮私人部門投資在教育、衛生等基建領域的作用；三是與亞洲基礎設施投資銀行展開積極合作，明確亞洲開發銀行與亞洲基礎設施投資銀行是互補關係而非競爭關係，共同為消除貧困和促進亞太地區的經濟和社會發展出力。

2.發揮歐洲復興開發銀行的協調職能，助力「一帶一路」建設

歐洲復興開發銀行成立於1991年，總部設在倫敦。該行成立初衷是幫助中東歐國家向市場經濟轉型。目前該行業務範圍已覆蓋中東歐、地中海東部和南部及中亞等地區，為這些地區的經濟轉型與發展提供投融資支援。歐洲復興開發銀行主要開展項目貸款、股權投資、信用擔保等投融資業務，同時專注於區內國家及轉軌經濟研究，定期發佈相關報告，提供技術援助與發展諮詢。2015年12月14日，中國以非借款成員國身份加入歐洲復興開發銀行，雖然該行不在中國開展業務，但是中資企業和金融機構可與該行在借款成員國開展項目和融資合作。

中國加入歐洲復興開發銀行將有力推動中國「一帶一路」倡議與歐洲投資

計畫對接，為中方與該行在中東歐、地中海東部和南部及中亞等地區進行多種形式的專案投資與合作提供了廣闊空間。未來雙方要進一步加強金融機構之間的互通機制，以歐洲復興開發銀行與亞洲基礎設施投資銀行為橋樑和紐帶，開展亞歐非之間多形式、多管道的投融資合作、貿易合作，互相借助優勢，形成合力，為深化互利合作提供機遇，推動中歐全面戰略夥伴關係向前發展。

3.發揮《清邁倡議》和ARMO的協調職能，構建東亞經濟共同體

《清邁倡議》簽訂於2000年5月，是東盟的10個成員國以及中、日、韓3國（即「10＋3」）的財長在泰國清邁共同簽署的區域性貨幣互換網路通訊協定，宗旨是推動區域貨幣合作，防範金融危機，保持金融市場穩定。截至2008年年底，《清邁倡議》包含了東盟10國與中、日、韓之間彼此簽署的16個雙邊互換協議，總金額約為900億美元。然而《清邁倡議》有兩個重要缺陷：一是貨幣互換協定是雙邊協定而非多邊協定，這意味著當一個國家爆發危機後，能夠直接動用的金額非常有限；二是90%的資金使用與國際貨幣基金組織的條件性貸款掛鉤，非常缺乏靈活性。美國次貸危機爆發催生了《清邁倡議多邊化協定》（Chiang Mai Initiative Multilateralization，CMIM）。2009年2月，東盟10國與中、日、韓宣佈，在《清邁倡議》基礎上，創建一個規模達到1 200億美元的東亞儲備庫，其中，中、日、韓貢獻80%的份額，東盟10國貢獻20%的份額。2010年3月，《清邁倡議多邊化協議》正式生效，外匯儲備庫得以建立。2012年5月，在馬尼拉召開的第15屆東盟「10＋3」財長與央行行長會議決定，將東亞儲備庫的規模由1 200億美元擴展至2 400億美元，與國際貨幣基金組織的條件性貸款脫鉤的比例由20%提高至30%，2014年則進一步提高至40%。2012年1月，作為東盟「10＋3」設立的區域內部經濟監測機構，東盟與中日韓宏觀經濟研究辦公室（ASEAN＋3 Macroeconomic Research Office，AMRO）在新加坡正式成立並開始運行，並於2016年2月升級為國際組織。

20年來《清邁倡議》和「10＋3」合作機制不斷發展，成為亞洲地區架構最完善的合作機制之一。在構建未來東亞經濟共同體的進程中，要充分發揮《清邁倡議》和AMRO在以下三方面的作用：一是加快推進中日韓自貿區談

判，促進東亞內部的貿易發展，建立東亞大通關合作機制，加強海關合作，為跨境電子商務發展營造良好環境。二是加強基礎設施合作，對接「一帶一路」倡議，共同探討制定「東亞互聯互通總體規劃」。三是維護地區金融穩定，建設地區金融安全網，加強ARMO的風險識別監測及處置能力，做好《清邁倡議多邊化協定》階段性評估並提高協定的可用性、有效性和安全性，同時發展新的金融救助工具。

9.2　二十國集團首腦峰會協調機制平臺化

9.2.1　二十國集團：全球經濟治理的必然要求

隨著全球化和世界多極化的深入發展，全球治理日益重要。2007年美國「金融心臟」華爾街爆發金融危機，並迅速發酵波及全球。由於世界經濟貿易格局已經發生變化，七國集團國家無法自救，新興市場經濟體和發展中國家參與的二十國集團財長和央行行長會議迅速升級為二十國集團首腦峰會，採取協調一致的行動，及時挽救了國際金融局勢。自此，二十國集團事實上發展成為全球經濟金融治理及宏觀政策協調的重要平臺，在促進世界經濟增長、維持國際金融穩定、促進國際金融機構改革、促進國際貿易和投資、應對氣候變化和反腐敗方面發揮引領作用。

1.二十國集團的組織體系和運作機制

二十國集團日益發展成一個多層次的全球治理的會議協商機制，具體有四個層次及內外兩個體系。二十國集團的四個層次分別是領導人峰會、協調人會議、部長及副部長級會議和專家組會議。二十國集團的部長及副部長會議機制共有6個，分別是財長和央行行長會議、勞工和就業部長會議、貿易部長會議、農業部長會議、發展問題部長會議和旅遊部長會議。專家工作組有9個，分別是「強勁、平衡和可持續增長」框架工作組、投資與基礎設施建設工作組、就業工作組、發展工作組、能源可持續問題工作組、反腐敗工作組、私營

部門工作組、金融包容性工作組以及貿易工作組。這四個層次屬於二十國集團首腦峰會下的內部體系。

與二十國集團相關的組織與論壇作為二十國集團周邊體系，在各自領域為首腦峰會出謀劃策，包括但不限於工商峰會（B20）、智庫峰會（T20）、公民峰會（C20）、勞工峰會（L20）、婦女峰會（W20）、青年峰會（Y20）和創新峰會（I20）等。

二十國集團在依賴其成員開展協商與合作的同時，也加強與國際機構的合作並借助其提供智力支持。世界銀行、國際貨幣基金組織、世界貿易組織、聯合國貿易與發展會議、經濟合作與發展組織等國際機構每年都深入參與二十國集團平臺並密切與各層級加強協調，並利用其專業特點為二十國集團合作提供技術支援或建議方案。

通過四個層次、內外兩個體系的協調作用及與國際機構通力合作，二十國集團形成了完整的組織體系和暢通的運行機制。在每年二十國集團領導人峰會上，由當年的輪值主席國設置峰會的議題，同時採用「三駕馬車」機制保持議題的開放性、靈活性與連續性，時刻關注國際政治經濟形勢的變動，討論影響國際環境的關鍵問題、熱點問題。並由領導人統籌各項議題，通過議題聯繫來建立解決問題的共識，保證高效率、有效性及權威性。

2.二十國集團成為全球治理重要機制的必然性[1]

第一，二十國集團成為全球治理重要機制是全球形勢變化的必然結果。21世紀以來，新興市場經濟體的群體性崛起成為最重要的歷史性變化，隨著傳統西方大國尤其是美國霸權地位的相對衰落，舊的治理體系已不能應對高度全球化和相互關聯的國際問題。一方面，以美歐為代表的七國集團國家在金融危機和歐債危機中迫切需要更加有經濟活力和發展潛力的經濟體加入到救市和全球經濟金融治理當中來；另一方面，以中國為代表的新興市場經濟體希望提高發展中國家在國際經濟及金融機構的參與度，讓更多新興經濟體和發展中國家參

1　中國人民大學重陽金融研究院。2016：二十國集團與中國。北京：中信出版社，2016。

與到國際貿易規則、金融監管規則的制定過程中來。因此，二十國集團由發展中國家與發達國家共同設定全球議題水到渠成。二十國集團的機制化是世界格局變化的必然要求。

第二，二十國集團是代表性強的國際經濟合作首要論壇。一是二十國集團代表了世界人口多數，二十國集團成員的人口總數占全球人口總數的2/3。二是二十國集團代表了全世界絕大多數的經濟行為。二十國集團成員的貿易總額和GDP總額分別占全球貿易總額和GDP總規模的80%和90%以上。三是二十國集團是重要的全球治理平臺。二十國集團誕生之初就是為了代替七國集團應對百年不遇的金融危機，二十國集團旨在推動發達國家和新興市場國家之間就實質性問題進行開放且有建設性的討論與研究，以尋求合作，促進國際金融穩定和經濟增長。

第三，二十國集團與傳統治理模式相比具有獨特的優勢。二十國集團符合互聯網時代未來世界政治經濟秩序扁平化的趨勢，與傳統治理模式相比，有三方面突出的優勢。一是權力結構從中心—周邊發展到平行模式。傳統國際秩序建立在強國基礎之上，在國際政治經濟事務中占據主導地位，與次發展國家形成一種中心—周邊的權力結構。伴隨新興國家崛起，傳統發達國家相對衰落，這種權力結構難以為繼，世界秩序需要新興國家發揮重要作用，二十國集團應運而生。二是制度和規則從單一模式發展為競爭模式。平行權力結構導致國際話語權與規則制定權的分散，傳統發達國家不再是規則和制度的主導者，而轉變成重要的參與者，新興國家也能參與其中並獲得平等地位。三是從價值導向變為議題導向，決策機制更加多元、開放、包容，主要國家都可參與到世界事務決策中。新興國家在國際貨幣基金組織和世界銀行中權重的相對提高也充分反映了二十國集團是順勢而為。

總之，二十國集團適應世界經濟增長與全球治理需求，考慮發達國家和發展中國家之間以及不同區域之間的平衡性問題，並在此基礎上達成諸多共識，取得了重大的實質性突破，體現了傳統大國與新興經濟體聯合重構國際政治經濟新秩序的意願與努力。作為國際對話和協商的平臺，二十國集團在協調各國

危機應對政策，防止全球經濟陷入更深的衰退方面起到了重要作用，有力地提振了全球經濟信心，這也意味著二十國集團新型全球治理機制真正走向了前臺。[1]

9.2.2 二十國集團杭州峰會及中國的貢獻

2008年美國金融危機爆發後，中國不僅通過二十國集團平臺與各國協調財政貨幣政策，還果斷推出經濟刺激計畫，用實際行動在促進世界經濟增長等方面貢獻中國力量。2012年在墨西哥二十國集團峰會上，中國支持並決定參與國際貨幣基金組織 430億美元的增資計畫。不僅如此，為了加強亞洲等地區基礎設施互聯互通建設，中國宣導成立了 1 000億美元的亞洲基礎設施投資銀行。十年來中國對世界經濟增長的貢獻率達40%，在促進世界經濟強勁、可持續、包容增長方面，中國起到了穩定器、推進器和發動機的重要作用。

2016年，中國成功舉辦了二十國集團杭州峰會，為世界經濟復甦、全球經濟金融治理貢獻了中國智慧。峰會以「創新、活力、聯動和包容」為主題。在促進世界經濟增長方面，提出了中長期的治本之策——結構性改革，並提出創新增長藍圖。在貿易和投資合作上，提出了二十國集團全球貿易增長戰略和首份二十國集團全球投資指導原則，推動投資促進經濟增長。在包容發展上，在落實《2030年可持續發展議程》方面，提出「對非洲和最不發達國家支持計畫」，並提出推進綠色發展和包容發展，支援中小企業發展。2016年杭州峰會達成了以下共識：

第一，創新經濟增長方式。二十國集團杭州峰會把創新增長方式納入議程作為解決全球經濟疲軟問題和促進經濟長期增長的關鍵。首次通過《二十國集團創新增長藍圖》，提出結構性改革和創新促進增長的中長期戰略。二十國集團杭州峰會確立了三個優先領域：創新、新工業革命及數字經濟。通過《二十

1　中國人民大學重陽金融研究院。2016：二十國集團與中國。北京：中信出版社，2016：14。

國集團創新行動計畫》重點關注創新驅動增長，鼓勵以科學技術為核心的創新生態體系。《二十國集團新工業革命行動計畫》聚焦經濟轉型，尤其是製造業和勞動力轉型。《二十國集團數字經濟發展與合作倡議》提出共同利用數位機遇和應對數位挑戰的建議，推動實現數字經濟的繁榮與發展。

第二，強調和推進結構性改革。二十國集團杭州峰會上通過了《二十國集團深化結構性改革議程》，形成了對結構性改革問題的具有針對性的解決方案，為促進世界經濟穩健增長開出治本藥方。而且中國率先進行了「三去一降一補」的供給側結構性改革，截至2017年年底，中國已去除了1.7億噸鋼鐵產能和8億噸煤炭產能，服務業占GDP的比重超過51.7%，實現了經濟結構優化、新動能培育和創新增長。

第三，完善全球經濟治理機制。二十國集團杭州峰會推動完善全球經濟金融治理，重啟了國際金融架構工作組，以應對全球經濟脆弱性及風險；推動完善能源治理，應對氣候變化，推動綠色金融，健全國際稅收治理，共同打擊腐敗；提出監測資本流動，加強國際貨幣基金組織與區域金融安排之間的有效合作，擴大特別提款權的作用，要求在2017年國際貨幣基金組織年會前形成新的份額公式，管理主權債務和檢測風險等。

第四，促進國際金融治理改革。為應對全球金融風險，二十國集團杭州峰會重啟了國際金融治理框架工作組。2016年二十國集團杭州峰會繼續推進國際貨幣基金組織份額和治理改革，要求國際貨幣基金組織在2017年年會前完成第15次份額總檢查，形成新的份額公式，提高新興市場經濟體的份額，以反映其在世界經濟中的相對地位。推動國際貨幣基金組織深化貸款職能，增加可動用資金量，擴大成員方貸款規模，以降低全球金融風險。二十國集團杭州峰會公報還要求落實人民幣加入SDR貨幣籃子，推廣SDR的應用。這直接推動了世界銀行發行SDR計價債券，在完善國際貨幣體系改革方面做出了巨大貢獻。

第五，促進貿易和投資的增長。二十國集團杭州峰會上成立了二十國集團貿易投資工作組，開始在全球貿易和投資議程中發揮更積極的作用，尤其是二十國集團杭州峰會首次推出了《二十國集團全球貿易增長戰略》，將發展中

國家的中小企業納入全球經濟和價值鏈中，旨在刺激經濟增長，通過國別及集體行動推動實現可持續發展目標，並通過了全球首個多邊投資規則框架《二十國集團全球投資指導原則》，通過促進全球投資，開啟多邊投資框架，促進全球經濟增長。

第六，完善國際金融監管。二十國集團杭州峰會批准了《二十國集團邁向更加穩定、更有韌性的國際金融框架的議程》，要求加強主權債務重組的有序性和可持續性。關注監測防範主權債務風險，尤其是低收入國家的債務風險等。要求關注金融穩定理事會、國際貨幣基金組織、國際清算銀行的《有效宏觀審慎監管政策要件之國際經驗與教訓》，在落實《巴塞爾協議III》，防範大而不能倒，加強對影子銀行、金融衍生品等的監管，加強宏觀和微觀審慎監管，防範金融體系的風險和脆弱性等方面，推動了國際金融監管框架的完善。

第七，支持綠色高品質發展。在二十國集團杭州峰會前，中美兩國領導人舉行簽字儀式，在聯合國祕書長的見證下，批准了應對氣候變化的《巴黎協定》。二十國集團中國主席年還成立了綠色金融研究小組，提出綠色金融指導原則，將綠色金融納入可持續發展目標，並繼續推動2017年德國漢堡二十國集團峰會綠色金融報告。中國率先在全球實現了綠色債券、綠色信貸、綠色基金、綠色保險等綠色金融發展，促進了綠色經濟發展。

第八，加強互聯互通建設。二十國集團杭州峰會發起了《全球基礎設施互聯互通聯盟倡議》，聯盟在促進互聯互通的同時，監測、評估和提升全球互聯互通水準。杭州峰會不僅突出強調提升高品質投資水準，而且強調通過提升基礎設施建設和互聯互通水準來加強非洲的工業化能力。包括亞洲基礎設施投資銀行、金磚國家新開發銀行在內的11個多邊開發金融機構（Multilateral Development Bank，MDB）也簽署了支持基礎設施投資的聯合聲明，重點支持高品質投資。

第九，反腐、應對氣候變化。二十國集團杭州峰會提出了《二十國集團反腐敗追逃追贓高級指導原則》和《2017—2018年反腐敗行動計畫》，提出了對腐敗零容忍的立場、機制和行動計畫，確立了反腐執法、機構和司法的跨境合

作及資訊共用機制，中國還專門成立了二十國集團反腐敗追逃追贓研究中心。二十國集團杭州峰會前，在時任聯合國祕書長的見證下，中美兩國領導人專門舉辦了批准《巴黎協定》簽字儀式。《二十國集團創新行動計畫》推動加強公私合作來共同應對氣候變化、資源短缺、能源問題等全球性挑戰。

第十，推動聯動包容發展。2016年是落實聯合國可持續發展議程（SDG）的開局之年，杭州峰會聚焦發展，將二十國集團議程與SDG議程相銜接，推出了《二十國集團支持非洲和不發達國家工業化倡議》，以推進這些國家的基礎設施建設、工業化、農業發展和就業，推動全球包容發展。二十國集團領導人批准《二十國集團落實2030年可持續發展議程行動計畫》，確定16個可持續發展集體行動規劃，在財金和發展領域給予優先地位，為二十國集團成員實施聯合國SDG可持續發展目標提供了動力。

2016年杭州峰會提出了二十國集團的中長期目標，即構建創新、活力、聯動和包容的世界經濟，通過結構性改革促進世界經濟增長和金融體系穩定。中國在二十國集團杭州峰會上不僅在完善經濟金融治理機制、促進貿易和投資增長方面為全球治理做出了貢獻，而且提出了創新經濟增長藍圖、推動包容聯動發展的舉措，提出了全球貿易和投資指導原則，尤其是通過結構性改革等支援世界經濟增長的長效治理機制。二十國集團杭州峰會中國首次提出《二十國集團創新增長藍圖》，首次提出《二十國集團數字經濟發展與合作倡議》，首次提出《二十國集團創新行動計畫》及《新工業革命行動計畫》，支持聯合國技術推廣機制，推動科技創新。首次提出《全球貿易增長戰略》，首次提出《全球投資指導原則》，形成了全球首個多邊投資規則框架，首次提出《二十國集團深化結構性改革方案》，首次提出《二十國集團數字普惠金融高級原則》，首次建立了綠色金融研究小組，首次提出《二十國集團綠色金融綜合報告》，首次提出《二十國集團支持非洲和最不發達國家工業化倡議》，首次提出《二十國集團落實2030年可持續發展議程行動計畫》，為二十國集團全面融合和實施聯合國可持續發展議程提供了不竭動力等，體現了中國智慧，為完善全球治理做出了巨大貢獻。

9.2.3　二十國集團作為國際政策協調機制的局限性

　　儘管二十國集團在應對金融危機方面表現不俗，目前正在從危機救助向長期經濟金融治理機制轉型，但其作為全球經濟金融治理的重要平臺還存在一些機制方面的缺陷，主要體現在代表性、有效性和執行力等方面。

　　（1）二十國集團代表性不夠強。二十國集團之所以取代七國集團成為國際經濟合作的首要論壇，是因為在國際經濟格局變遷的形勢下七國集團不再具備有效應對全球金融危機的能力，完全由發達國家主持的七國集團被普遍認為缺乏合法性和代表性。儘管二十國集團與七國集團相比具有更大的代表性，但是其機制化建設也要考慮加強與非成員方間的政策協調，充分考慮非成員方的政策需求，在今後成員方准入上制定更為公開透明的標準。

　　（2）二十國集團有效性不足。首先，二十國集團機構的非正式性既為組織的發展增添了活力，也導致其議案的強制性不足，無法有效地從根本上促進國際貨幣體系的改革。其次，二十國集團的非正式制度使其在短期政策的執行上優勢明顯，在長期性、戰略性及規則變化等問題上難以統一。最後，議題拓展對二十國集團機制的有效性提出了挑戰。二十國集團最初是應對金融危機的臨時性解決機制，重點是宏觀經濟政策協調、國際金融市場監管、國際金融機構改革、國際貨幣體系改革等以應對金融危機為導向的議題。世界經濟步入復甦軌道後，二十國集團峰會議程拓展。二十國集團亟須從臨時性危機解決機制轉向全球長效性治理機制。

　　（3）二十國集團執行力不夠強。二十國集團執行力有待加強。不同於世界貿易組織、國際貨幣基金組織等國際機構，二十國集團不設立投票權、不簽訂憲章、不達成有法律約束力的國際協議，政策協調遵循協商一致原則，由各成員方領導人提供有力的政治支持。這種靈活運行方式可快速達成一致，而執行力卻有待進一步加強。例如，2010年國際貨幣基金組織成員就達成一致，要把國際貨幣基金組織的貸款能力提高一倍，同時提高新興經濟體的份額。但根據國際貨幣基金組織的規定，批准任何決議都要85%的多數同意，而擁有「一

票否決權」的美國則以國內種種理由遲遲不實行國際貨幣基金組織改革方案。這使大部分二十國集團承諾的與國際金融改革相關的後續改革滯後。此外，二十國集團沒有常設的祕書處，難以確保機構經驗的傳承和體制的連續性。

9.2.4　完善二十國集團宏觀政策協調長效機制的建議

1.加強二十國集團能力和機制建設

第一，提高二十國集團的執行力。在世界經濟發展重大問題上，需要二十國集團發揮引領作用。二十國集團要做行動隊而非清談館，要加強二十國集團在宏觀政策協調、可持續發展、綠色金融等各領域的執行力；要與時俱進，根據世界經濟發展調整二十國集團的方向，進一步從危機應對機制向長效治理機制轉型。

第二，推動二十國集團機制化。二十國集團發展到今天仍有強烈的「臨時性磋商機制」的性質，欠缺實體化、執行力和約束力。因此，應推動二十國集團從應對金融危機的臨時性機制轉向促進國際經濟合作的主要平臺。推動二十國集團機制化、常態化設置、制度性設計，使二十國集團能真正肩負起長期指導全球政治經濟金融治理的重任，成為服務於全球實體經濟的金融合作平臺。為此，二十國集團應考慮設置祕書處，加強各方之間宏觀經濟政策、財政政策與金融監管政策的相互協調，並出臺二十國集團機制化的路線圖和時間表。

第三，加強二十國集團與非二十國集團成員的合作。二十國集團應開展廣泛合作，站在全球頂層設計的高度，建立全面覆蓋、深入基層的跨政府合作網路，讓全球共享發展成果。一味擴大成員的範圍並不是提高二十國集團代表性的有效途徑，反而會弱化二十國集團有效性。為加強代表性，二十國集團可邀請一些非二十國集團成員參加峰會中的特定議題；促進二十國集團成員為所在

地區的非成員代言。二十國集團需要借鑒七國集團發起的海利根達姆進程[1]，加強成員與非成員間的固定對話機制。

第四，建立二十國集團全面治理架構。二十國集團涉及議題廣泛，需要建立與之相適應的全面治理框架。從部長級會議開始，完善和深化跨政府協調機制，設置更多例會或特別部長會議機制，健全二十國集團民間對話網路，如可創建大學校長會議（U20）、金融領袖會議（F20）等。

2.二十國集團應宣導「大金融」，推進國際金融改革[2]

推進經濟創新增長和可持續發展需要大金融的支援。世界經濟要想實現強勁、可持續的增長，實現聯合國設定的2030年可持續發展目標，就要把全球金融體系與全球實體經濟視為一個有機的整體，建立「大金融」[3]理念及金融價值觀，促使金融發展和「國家稟賦」有機結合。二十國集團應加強宏觀政策協調和國際金融監管合作，確保資金流向實體經濟部門，限制金融過度虛擬化。推動國際產業合作，培育世界經濟新增長點，推動科技成為促進經濟增長的內生動力。目前全球議程中對於環境問題的關注主要集中於生產過程造成的環境負擔，而消費過程造成的環境負擔卻常常被忽略。二十國集團應推進金融與全球價值鏈的連接，實現綠色金融、普惠金融，加強貿易與投資市場的開放，推動創新、協調、綠色、開放、共享發展。

3.二十國集團應推進國際貨幣體系改革與完善

第一，改革國際金融治理結構，提高發展中國家的話語權。二十國集團是

1　2007年10月，八國集團在德國海利根達姆舉行首腦會議，德國提議把八國集團和發展中大國的對話以新的形式固定下來，在對話會議後繼續就不同主題協商談判，以尋求共同的解決方案。八國領導人決定啟動「海利根達姆進程」，在兩年內與中國、印度、巴西、墨西哥和南非5個發展中國家領導人舉行對話會，就智慧財產權保護、投資自由化、發展及氣候變化和有效利用能源四個方面進行對話，並取得了切實成果。

2　陳雨露。金融服務實體經濟 促進全球共同繁榮——在「大金融、大合作、大治理」T20上的發言.中國人民大學重陽金融研究院主編.誰來治理新世界。北京：社會科學文獻出版社，2014。

3　陳雨露等。大金融論綱。北京：中國人民大學出版社，2013。

全球經濟金融治理的重要平臺，應加強二十國集團協調機制，積極推動國際金融治理體系建設與金融監管，重點是提高包括中國在內的新興經濟體在國際貨幣基金組織的份額和世界銀行的投票權，及支持多邊開發銀行設立與增資。

第二，擴大SDR的使用範圍，增加儲備資產供給。推進國際貨幣多元化，減少全球儲備貨幣對美元的依賴，是國際金融穩健運行的內在要求。正如中國人民銀行行長周小川指出的，「創造一種與主權國家脫鉤並能保持幣值長期穩定的國際儲備貨幣，從而避免主權信用貨幣作為儲備貨幣的內在缺陷是國際貨幣體系改革的理想目標」。SDR是20世紀60年代國際貨幣體系改革的產物，是國際貨幣基金組織發行的國際貨幣。二十國集團應積極推動SDR的分配改革，擴大SDR的使用範圍，提高其國際儲備貨幣地位。

第三，支援多邊和區域貨幣制度建設。在國際經濟多元化、多極化趨勢下，需要一些新興的區域、多邊國際組織來補充和完善現行國際貨幣體系。二十國集團應該在國際貨幣事務協調管理中發揮積極作用，支援金磚國家新開發銀行、亞洲基礎設施投資銀行建設，尤其是應急儲備安排機制建設，使其在完善國際貨幣體系、實現全球經濟穩定平衡增長方面有更大的作為。

第四，完善金融監督框架，防範金融風險。通過推進改善國際貨幣基金組織監督框架，倡議靈活匯率與避免競爭性貶值，增強對資本流動的監測與合理管理。2010年多倫多峰會提出二十國集團的核心目標是建立更穩定、富有韌性的國際貨幣體系，提出全球金融安全網議程，加強多邊合作應對資本流動及金融脆弱性。2011年坎城峰會提出完善二十國集團對國際貨幣體系的具體規劃，強調增強穩定性和抗風險能力。二十國集團應該加強合作，率先落實，織密築牢全球金融安全網。

9.3 高度重視新興國際平臺的政策協調作用

9.3.1 新興市場經濟體政策協調的必要性

第一，新興市場經濟體崛起，呼喚全球治理新秩序。1990年以來，特別是進入新千年之後，世界經濟格局發生了重大變化，集中體現在新興市場經濟體崛起和以新興市場國家為代表的發展中國家在世界經濟中占據越來越重要的地位。發展中國家在世界經濟總量中的占比不斷上升，新興市場和發展中國家的經濟增速也遠高於發達國家。特別是2008年金融危機以來，新興市場和發展中國家對全球經濟增長的貢獻超過50%。發展中國家在國際貿易中更加活躍，新興市場和發達國家之間的經濟關聯度增加，相互之間的經濟增長或波動的外溢效應更為顯著，在區域經濟中也發揮越來越重要的作用。但是現有全球金融治理框架植根於二戰後美國一家獨大和其他國家恢復重建的世界經濟大背景，其治理框架與支柱機構未能與時俱進，改革滯後，與當前世界經濟新格局不匹配。發展中國家在現有國際金融體系中仍處於非常被動和劣勢的地位。投票權和實際經濟地位不匹配導致這些機構無法有效促進後進國家的經濟發展。在現有全球金融治理體系不能及時做出調整以適應世界經濟新格局的時代背景下，新興經濟體有必要進行政策協調，構建新平臺，在既有全球金融治理體系改革不利的情況下尋求周邊突破。

第二，資金缺口制約基礎設施建設，合作有利於實現資源互補。當前及今後一段時期是新興市場加大基礎設施建設力度、推動結構調整、實現經濟增長的最佳時期和最佳選擇。一方面，新興市場和發展中國家的基礎設施建設融資需求巨大，特別是近來面臨經濟下行風險增大和金融市場動盪等嚴峻挑戰，要動員更多資金進行基礎設施建設，以保持經濟持續穩定增長。然而，很多新興市場經濟體正處在工業化、城市化的起步或加速階段，面臨建設資金短缺、技術和經驗缺乏的困境。另一方面，以中國為代表的一些國家在基礎設施建設上具有較強的實力和經驗。根據國際機構測算，過去10年，中國在基礎設施領域的投資遠高於世界其他國家，占GDP的比例達到8.5%，而發展中國家只有2%～

4%的水準。當前，中國經濟逐步進入「新常態」，經濟增速與前期相比放緩，這樣就會產生以基礎設施建設為核心的龐大生產能力出現相對過剩的問題。通過建立國際平臺，進行政策協調，可以有效緩解亞洲發展中國家由於經濟實力和自身可用財力有限、資本市場發展滯後、融資管道少、資金短缺嚴重制約互聯互通建設的問題，從而加快區域互聯互通建設，實現合作共贏發展。

第三，外匯儲備缺乏盈利投資管道，各國封閉式管理成本高。20世紀90年代以來，新興經濟體外向型增長導致大量外匯儲備持續增加，一方面，外匯儲備增速快、總量大、分佈不均，導致普遍收益率低，且通脹壓力增大。另一方面，外匯儲備波動增大，且具有協動性，導致一國封閉式管理外匯儲備的成本提高。如各國競相投資美國國債，將進一步降低其收益率；外資流動迅猛、外匯儲備劇烈變動時，實行「以鄰為壑」的競爭性資本管制措施，將抵消或惡化政策效果。一旦危機從薄弱環節爆發，為求自保，結果便是儲備不足國損失巨大，超額儲備國也會因危機傳染而受影響。外匯儲備本質上反映了全球經濟的非均衡情況，任一新興經濟體依靠自身的國力，均缺乏與發達國家協調的談判能力和獨立應對危機的能力。新興經濟體之間通過政策協調，合作調整儲備戰略，有助於提高儲備管理效率，增進成員的經濟和社會效益，改變外匯儲備低收益的現狀，將在發達國家的低收益證券投資，轉化為區域內的高收益實體投資，有效緩解儲備資產縮水和通貨膨脹的風險，從而增強應對危機傳染和衝擊的能力。

9.3.2 新興國際平臺建設的目標原則與協調機制

當前，新興國際平臺建設與運營存在以下特徵與宗旨：一是服務區域經濟可持續發展；二是合作共贏，共同治理；三是立足基礎設施、投資建設等實體領域；四是補充而非顛覆現有國際組織平臺。

1.亞洲基礎設施投資銀行

亞洲基礎設施投資銀行已開業運營2周年。在宗旨上，通過在基礎設施及其他生產性領域的投資，促進亞洲經濟可持續發展、創造財富並改善基礎設施

互聯互通；與其他多邊和雙邊開發機構緊密合作，推進區域合作和夥伴關係，應對發展挑戰。在協調機制上，以股本與投票權為依託。亞洲基礎設施投資銀行的法定股本為1 000億美元，分為100萬股，每股的票面價值為10萬美元。域內外成員出資比例為75：25。亞洲基礎設施投資銀行的總投票權由股份投票權、基本投票權以及創始成員享有的創始成員投票權組成。每個成員的股份投票權等於其持有的亞洲基礎設施投資銀行股份數，基本投票權占總投票權的12%，由全體成員（包括創始成員和今後加入的普通成員）平均分配，每個創始成員同時擁有600票創始成員投票權，基本投票權和創始成員投票權占總投票權的比重約為15%。設立理事會、董事會、管理層三層管理架構。理事會採用簡單多數、特別多數和超級多數原則進行決策。在業務運營方面，可以向任何成員或其機構、單位或行政部門，或在成員的領土上經營的任何實體或企業，以及參與本區域經濟發展的國際或區域性機構或實體提供融資。亞洲基礎設施投資銀行開展業務的方式包括直接提供貸款、開展聯合融資或參與貸款、進行股權投資、提供擔保、提供特別基金的支援以及技術援助等。

亞洲基礎設施投資銀行在加速擴容吸收新成員的同時，還高效完成建章立制和組織架構搭建，內部運作機制不斷優化升級，贏得國際社會的普遍認可。

第一，構建多邊開發體系。亞洲基礎設施投資銀行自2015年12月成立以來，在2017年先後經過4次擴容吸收新成員，在原有57個創始成員的基礎上擴增至84個，成為僅次於世界銀行這一全球性多邊開發銀行的多邊開發機構。亞洲基礎設施投資銀行向國際社會彰顯了平等共商、高效務實的經營理念，有利於推動國際多邊開發體系更加均衡地發展。2017年9月底，亞洲基礎設施投資銀行總資產達185億美元，當期淨利潤達2億美元。2017年6月和7月，國際信用評級機構穆迪和惠譽分別給予亞洲基礎設施投資銀行AAA級的最高信用評級；10月亞洲基礎設施投資銀行獲得巴塞爾銀行監管委員會零風險權重的認定。亞洲基礎設施投資銀行連獲最高信用評級，為其將來在國際金融市場上融資、降低融資成本創造了有利條件，亞洲基礎設施投資銀行也必將在國際基礎設施建設投融資領域發揮更大的促進作用。

第二，促進基礎設施建設。過去兩年中，亞洲基礎設施投資銀行已在12個成員經濟體開展了24個基礎設施投資項目，項目貸款總額達42億美元。能源、交通、城市發展三大領域是亞洲基礎設施投資銀行優先投資的領域。亞洲基礎設施投資銀行把可持續基礎設施、跨境互聯互通、推動私營部門資本參與確定為開展專案投資的三大戰略重點。2017年6月，亞洲基礎設施投資銀行在理事會第二屆年會上公佈了「亞洲可持續能源戰略」，提出亞洲基礎設施投資銀行批准的所有能源基建類專案必須符合低碳原則，促進成員實現聯合國《2030年可持續發展議程》和《巴黎協定》設定的目標，承諾在協助成員開展環境友好型基礎設施建設方面發揮重要作用。亞洲基礎設施投資銀行還在《亞洲基礎設施投資銀行能源投資戰略》中明確提出將清潔煤電作為亞洲基礎設施投資銀行優先考慮的投資領域之一。在實際運行中，亞洲基礎設施投資銀行不僅支持水能、風能、太陽能等新能源項目，也致力於促進傳統能源的技術改造。

第三，建立專業高效的投融資平臺。為構建起長期、穩定、可持續、風險可控的多元融資體系，亞洲基礎設施投資銀行以合作共贏的姿態，積極與其他多邊開發銀行開展務實合作。2016年4月，亞洲基礎設施投資銀行與世界銀行簽署首個聯合融資框架協議，此後又先後與亞洲開發銀行、歐洲復興開發銀行、歐洲投資銀行等簽署了合作協定。債務可持續性是亞洲基礎設施投資銀行項目投資的底線。亞洲基礎設施投資銀行投資的項目以主權擔保貸款為主，針對不能提供主權信用擔保的項目，亞洲基礎設施投資銀行還積極探索政府與社會資本合作（PPP）等合作模式，發揮撬動更多社會資金的作用，更好地支持低收入國家基礎設施建設。截至目前，亞洲基礎設施投資銀行42億美元的項目貸款撬動了200多億美元的公共和私營部門資金，為專案的實施帶來了巨大的推動效應。亞洲基礎設施投資銀行還探索開展了幾個股權投資項目，即先投資金融仲介基金，再通過基金投資交通、能源或其他專案。目前亞洲基礎設施投資銀行共投資了3個金融仲介類項目，分別是國際金融公司（IFC）新興亞洲基金、印度基礎設施基金、印尼區域基礎設施發展基金。

2.金磚國家新開發銀行

金磚國家新開發銀行開業2年來，在制度建設、運行機制上的進展，用本地貨幣進行投融資的努力以及對環境、新能源項目的關注都令人稱道。在宗旨上，為金磚國家及其他新興經濟體和發展中國家的基礎設施建設和可持續發展項目調動資源，作為現有多邊和區域金融機構的補充，促進全球增長與發展。在協調機制上，各成員的投票權應等於其在銀行股本中的認繳股份。除另有規定外，銀行的所有事務均應以簡單多數同意方式投票決定。金磚國家新開發銀行向成員分配資產，應與各成員持有的股本成比例，並在銀行認為公平合理的時間和條件下實施。所分配的各份資產，在資產類型上不必一致。任何成員在結清對銀行的所有債務之前，無權接受資產分配。金磚國家新開發銀行的初始資本金為500億美元，由5個發起國平均分攤，未來將增至1 000億美元。應急儲備安排的初始規模為1 000億美元，各方承諾出資額分別為：中國410億美元，俄羅斯、巴西、印度各180億美元，南非50億美元。在職能上，金磚國家新開發銀行利用其支配的資源，通過提供貸款、擔保、股權投資以及其他金融工具，支持金磚國家及其他新興經濟體和發展中國家的公共或私人部門的基礎設施建設和可持續發展專案；在銀行認為合適的情況下，在其職能範圍內與國際組織以及國內的公共或私人實體，特別是國際金融機構和國家開發銀行進行合作；為銀行支援的基礎設施建設和可持續發展項目的準備和實施提供技術援助；支持一個以上國家參與的基礎設施和可持續發展專案；設立或受委託管理符合銀行宗旨的特別基金。

　　金磚國家新開發銀行是金磚合作制度的實體化表現，為發展中國家投融資提供便利並改善了全球金融治理。開業2年來，金磚國家新開發銀行整個內部制度，包括貸款項目的評選、內部的風控、內審機制都已經建立起來，高管也都已經到位。2017年8月，金磚國家新開發銀行的第一個區域中心——非洲區域中心——在南非約翰尼斯堡成立。目前，金磚國家新開發銀行已經批准13個專案，承諾貸款總額達30億美元，這樣的速度體現了平等和效率的良好平衡。金磚國家新開發銀行發放貸款重點關注民生、環境和新能源等領域。

　　金磚國家新開發銀行嘗試本幣投融資以降低匯率風險。從金磚五國的情況

來看，對外貿易和對外投資的發展還有很大的空間。這也意味著未來企業在從事對外貿易和跨境投資時會面臨更大的匯率風險。為解決此問題，各國均認為要更多地使用金磚五國本國的貨幣，進而規避絕大部分銀行只借美元的風險，幫助金磚國家發展自己的市場，籌集自己的資本，並能長期借貸。目前，金磚國家新開發銀行已在中國獲得中誠信國際信用評級有限責任公司和中國聯合信用評級有限公司AAA 級評級，明年有望獲得國際信用機構的評級。這意味著金磚國家新開發銀行將有可能從全球硬通貨市場籌集資金。

3.亞洲金融合作協會

2017年11月28—29日，亞洲金融合作協會（簡稱亞金協）與匈牙利央行在布達佩斯共同舉辦了亞金協‧中東歐金融前沿問題論壇，並於論壇舉辦期間簽署了《推進亞歐金融合作意向書》，就共同推進亞歐金融合作達成一致意向，要點包括：就亞歐金融合作建立常態化聯絡機制；互派交流工作人員，加強兩協會工作層面交往；充分發揮匈牙利銀行業協會作為亞金協常務理事單位的作用，支援其在中東歐發揮亞歐金融紐帶作用。該合作意向書的簽署，有利於亞金協借助匈牙利這一支點，佈局中東歐，搭建亞歐金融合作平臺，推進亞歐金融合作，進而更好地服務「一帶一路」發展。

在宗旨上，聯通合作，共治共享，即一方面致力於搭建亞洲金融機構交流合作平臺，加強區域金融機構交流和金融資源整合，共同維護區域金融穩定，避免再次發生大規模地區金融動盪，為區域實體經濟發展提供更有力的支撐；另一方面通過治理結構制度安排，便利全體會員共同治理協會，共享協會服務及成果。

在協調機制方面，亞金協設立會員大會、理事會、常務理事會、監事會和祕書處，其中最高權力機構是會員大會。經費來源於會費、捐贈和資助。業務範圍包括：搭建論壇平臺，探討國際金融領域共同關注的重要問題，交流最佳金融實踐及思想成果；建立日常溝通機制，促進地區各類型會員經驗分享和業務交流，共同維護區域經濟金融穩定；就涉及區域及全球性金融監管政策及可能發生的區域性系統金融風險，協調會員與區域相關貨幣政策及監管當局溝

通對話；推動區域金融基礎設施互聯互通及重點金融業務、反金融犯罪、金融風險防控等方面的合作；推動形成發展綠色金融的共識，推介綠色金融最佳實踐，推動建立支持綠色金融的政策，提升綠色金融區域和國際合作水準，強化金融機構開展綠色投融資和管理環境風險的能力；促進普惠金融創新發展，推動金融與科技相融合，提高中小企業融資能力，依法推廣社會企業和普惠金融優秀範例，提升相關會員社會責任意識；推進金融消費者權益保護制度建設，提高金融消費者教育的有效性，引導相關會員建立金融消費者權益保護的長效機制；整合區域金融統計資料，建立相關大資料體系，開展大資料應用；發佈區域金融發展調研報告，形成區域金融智庫；推動區域相關專業人員職業資格互認，協調組織高端金融業務研修培訓等。

4.區域性合作基金

（1）中非發展基金。中非發展基金自成立以來，共投資了88個項目（這些項目分佈在37個非洲國家），主要投資形式是與中國企業成立合資公司對非洲進行直接投資和經營，涉及基礎設施、加工製造、能源礦產等領域，惠及當地100多萬民眾。目前，中非發展基金對非洲已實際投資40億美元，帶動企業投資及銀行貸款共計達170億美元。中非發展基金的目的是支援和鼓勵中國企業對非洲投資。作為中國第一隻專注於對非投資的股權基金，在實際運作中秉持「真、實、親、誠」的對非合作理念，堅持政府指導、企業主體、市場運作、合作共贏的原則，著力支援非洲破解基礎設施滯後、人才不足、資金短缺三大發展瓶頸，加快非洲工業化和農業現代化進程，說明其實現自主可持續發展。基金於2007年6月開業運營，初始設計規模50億美元，由國家開發銀行承辦，外匯儲備提供了資金支援。2015年12月，中方為支援中非「十大合作計畫」實施，為中非發展基金增資50億美元。基金總規模提升為100億美元。

（2）中拉合作基金。中拉合作基金將通過股權、債權等方式投資於拉丁美洲地區能源資源、基礎設施建設、農業、製造業、科技創新、資訊技術、產能合作等領域，支持中國和拉丁美洲各國間的合作專案，同拉丁美洲地區的社會、經濟和環境發展需求及可持續發展願景相適應，服務中拉全面合作夥伴

關係。基金由中國進出口銀行和國家外匯管理局共同發起，總規模達100億美元。中方將把中拉基礎設施專項貸款額度增至200億美元。中方還將向拉丁美洲和加勒比國家提供100億美元的優惠性質貸款，全面啟動中拉合作基金並承諾出資50億美元。

（3）中歐聯合投資基金。中歐聯合投資基金旨在推動中國與歐盟各國的多邊貿易，以及「一帶一路」倡議與歐洲投資計畫對接，進而支援歐洲中小企業與中國對接合作，促進雙方的技術、資本交流。

9.3.3 新興國際平臺政策協調中存在的問題

第一，區域內國家經濟發展不平衡。由於各國的經濟發展現狀的差異，國際平臺對它們所起的作用也會不同，並且各國由於經濟實力不同，能夠投入的資金數量也會有所不同，這就會導致各國話語權的分配很難保證絕對公平。

第二，各國金融市場化水準差異大。區域內金融體系的完善程度直接影響到國際平臺運營的成敗，各國金融市場起步的時間各有先後，開放程度也各不相同。完善的配套金融體系會使業務更加順利地開展，而封閉的市場也會阻礙運營。以東盟各國為例，在東盟國家中，新加坡和馬來西亞市場發展水準較高，市場氛圍也較為活躍，而老撾、柬埔寨等國家的金融市場則比較封閉。配套的金融體系不完善將會拖慢這些國家償還貸款的進度。

第三，區域間不良衝突難解決。亞太地區經常發生的政治衝突和領土爭議不僅會阻礙基礎設施建設，從而不利於業務的開展，而且會導致各國關係的緊張，阻礙國家間的經濟往來。恐怖事件的頻繁發生也會將剛剛投資的基礎設施建設毀於一旦。根據美國發佈的《全球恐怖主義報告》，自1970年以來的40多年裡，恐怖主義的嚴重程度正在加重，傷亡人數幾乎增長了100倍之多，而亞太地區是恐怖主義的高發地區。這些恐怖事件的發生無疑會給基礎設施建設的開展增添難度。

第四，平權決策模式可能帶來效率損失。金磚國家決策模式的一大特點是平權決策。金磚國家新開發銀行沒有制度上的主導發起人和主導決策者，任何

一國都不擁有制度上的主導權。這種平權的發起、決策模式可以說是國際多邊合作的一次創新和試驗，其優勢是充分尊重參與各方的意願，彰顯公平，避免機構被個別大國主導從而偏離設立之初的宗旨和願景；劣勢是在注重公平的同時可能部分損失效率，特別是當考慮到5個創始成員國在文化背景上具有較強的異質性、利益訴求不盡相同的時候。

第五，域外國家和組織的壓力。自二戰後建立以美國為核心的世界經濟秩序以來，美國一直處於世界金融中心的位置，主導著世界經濟、金融等領域，但金融危機爆發後，歐洲國家、新興經濟體等的快速發展加快了美國重返亞洲戰略的步伐。與此同時，長期以來在亞洲占據重要地位的亞洲開發銀行或將因亞洲基礎設施投資銀行的設立而失去東盟等國家的部分業務，這種業務競爭在一定程度上降低了日本在亞洲地區金融投資方面的話語權。顯然，中國籌建亞洲基礎設施投資銀行這一舉措，削弱了美國和日本在亞洲地區的影響力，亞洲基礎設施投資銀行在設立過程中也遭到兩國的抵制。亞洲基礎設施投資銀行在未來運行中很可能要面對美國和日本施加的壓力，在與世界銀行、亞洲開發銀行的合作中需要應對更多的挑戰。

9.3.4 中國在新興國際平臺政策協調中的角色與策略

一些新興國際平臺是中國發起設立的，但不是僅僅服務於中國的，在平臺建設與運營中，我國應當把握打造人類命運共同體的基本原則，在共商共建共享、合作共贏的基礎上推進基礎設施全球互聯共享，為全球經濟綠色、可持續發展貢獻中國智慧和力量。

第一，擔當大國責任，創新國際協調的新模式。隨著中國經濟的發展壯大，中國與其他國家的經貿關係更趨緊密，中國在世界的國際地位和影響力在不斷上升，客觀上要求中國在全球經濟金融治理中扮演更重要的角色，發揮更大的作用。針對當前國際金融組織及其治理中存在的發展中國家被邊緣化、正當利益得不到保障的弊端，中國宣導建立一些新興國際平臺，實行新的理念和模式。這不僅顯示了中國完善現有國際治理機制、加強區域間經貿聯繫的美好

願望，也顯示了中國用實實在在的行動幫助其他國家解決基礎設施建設迫切需要解決的資金問題，推動當地經濟發展，推動更緊密的經貿合作的責任和擔當。作為經濟增長較快的發展中大國，通過這些新興平臺，讓中國經濟發展的「福利效應」更多、更好地惠及其他發展中國家，也是中國負責任大國形象的體現。中國宣導人類命運共同體意識，以此作為多邊新興國際平臺的準則，共商共建，有利於促進世界經濟金融體系不斷完善。

第二，助推「一帶一路」倡議實施，加速區域經濟整合。通過新興國際平臺，為新興國家提供基礎設施發展資金，破除它們經濟發展的瓶頸，為其經濟的可持續發展打好基礎。加強國際貿易和產能合作，運用中國具有國際競爭優勢的基礎設施建設，為新興市場國家提供服務。與此同時，帶動中國產業升級和經濟結構轉型，進一步推動「一帶一路」倡議的落地與深化，加速區域經濟整合，為「中國製造2025」順利實施創造更好的國際環境。在這一過程中，中國將逐漸提高對區域經濟發展的貢獻和影響力，有利於在經貿與投資規則制定中代表發展中國家的利益發聲。

第三，增強資源優化配置，共同維護區域金融穩定。中國是傳統的高儲蓄國家，擁有近4萬億美元的外匯，國際投資能力較強，是世界名列前茅的重要投資國。通過新興國際平臺，能夠很好地實現中國與發展中國家的資金流通，優化資源配置，推動結構性改革，使經濟發展更加健康、穩健，增進中國與發展中國家福祉。人民幣作為一種穩健的國際貨幣，在新興平臺上更多地使用人民幣，發揮人民幣區域錨貨幣的職能，有利於緩解國際流動性緊縮導致的市場波動，提高投資便利性，降低匯率風險，進而推動人民幣國際化的深入發展。同時，新興市場普遍存在資金不足、匯率波動、通脹高企等問題，加強和完善多層次區域金融安全網建設勢在必行。新興平臺有助於推進區域金融與貨幣合作，可以增強中國與各國之間區域經濟發展的內生動力，共同維護區域金融穩定與安全。

9.4 非官方國際組織和協調機制的建設與發展

9.4.1 非官方國際組織和協調機制發展現狀

1.重要金融機構之間常態化的跨國業務合作模式

重要金融機構之間常態化的跨國業務合作模式以國際銀團貸款、對等拆借協定、非主權類海外投資基金為代表。

（1）國際銀團貸款。1998年8月，亞太區貸款市場公會（APLMA）由包括中國銀行在內的15家國際銀行成立，代表亞太區銀團貸款市場內不同團體的共同權益，致力於提高亞太地區一級和二級銀團貸款市場的流動性、效率和透明度，工作目標包括為一級和二級銀團貸款提供標準化的貸款文本，建立及提倡審慎的業務和市場操作守則，在亞太地區舉辦各類型的專題研討會和培訓課程，為亞太地區銀團貸款提供一個充滿活力的專業交流平臺等。

（2）對等拆借協議。這是跨國銀行之間重要的合作協調機制。一國商業銀行在境外註冊成立的子行作為獨立法人，需要獨立的資本金，並受到更為嚴格的監管。在商業銀行國際化的初步階段，境外機構吸收資金來源的能力較弱，很難從境外當地或國際市場上吸收大量存款或資金。通過簽訂對等拆借協定，不同國家的銀行之間可以實現互助共贏。

（3）非主權類海外投資基金。這是在政府的支持下設立的，遵循商業化原則、市場化導向的跨國投資基金，普遍投資於跨國的股票、債券和其他金融資產等，與政府沒有緊密的聯繫。

2.商業性金融機構合作構建的金融基礎設施平臺

商業性金融機構合作構建的金融基礎設施平臺以環球銀行金融電信協會（SWIFT）為代表。它成立於1973年，是一個為解決各國金融通信不能適應國際支付清算快速增長而設立的國際銀行間非營利性合作組織。該網路已遍佈全球200多個國家和地區8 000多家金融機構，包括銀行、證券交易所、經紀人、投資公司和證券公司等，SWIFT負責設計、建立和管理SWIFT國際網路，以便在該組織成員間進行國際金融資訊的傳輸和確定路由，銀行和其他金融機構通

過SWIFT運營的世界級金融電文網路，與同業交換電文，從而完成金融交易。2017年2月，SWIFT全球支付創新項目（GPI）上線，客戶採用GPI匯款，可以大大提高匯款速度、實現扣費透明化、實現端對端全程查詢，還可獲悉到完整的匯款資訊，從而大幅提升跨境支付體驗。目前，全球共有110家銀行加入GPI，這些銀行的支付量約占全球支付總量的75%。

3.國際性貿易、投資和金融行業協會與對話平臺

國際性貿易、投資和金融行業協會與對話平臺以國際商會和世界經濟論壇、博鰲亞洲論壇等為代表。

國際商會（ICC）是全球唯一的代表所有企業的權威代言機構，是為世界商業服務的非政府間組織，是聯合國等政府間組織的諮詢機構。國際商會由美國發起，1920年成立，總部設在法國巴黎，擴展到100多個國家，擁有超過600萬會員。國際商會的職能主要有四個：第一，在國際範圍內代表商業界，特別是對聯合國和政府專門機構充當商業發言人；第二，促進建立在自由和公平競爭基礎上的世界貿易和投資；第三，協調統一貿易慣例，並為進出口商規定貿易術語和制定各種指南；第四，為商業提供實際服務，包括設立解決國際商事糾紛的仲裁院、商業法律和實務學會、反海事詐騙的國際海事局、反假冒商標和假冒產品的反假冒情報局、為世界航運創造市場條件的海事合作中心，經常組織舉辦各種專業討論會和出版發行種類廣泛的出版物等。

世界經濟論壇（World Economic Forum）成立於1971年，是一個旨在研究和探討世界經濟領域存在的問題、促進國際經濟合作與交流、解決國際衝突的非營利性基金會，是一個不介入任何政治、黨派或國家利益的非官方國際組織，總部設在瑞士日內瓦。每年世界經濟論壇舉行世界經濟論壇年會（達沃斯）、新領軍者年會（中國）、全球議程峰會（阿拉伯聯合大公國）以及行業戰略會議，集中探討地區和國家面臨的關鍵問題，為進一步行動提供既有廣度又有深度的智力支援，並為國際合作提供溝通協調的平臺。世界經濟論壇討論全球熱點問題和趨勢性問題，作為世界級的思想交流平臺對全球輿論具有重要影響，此外，其遍佈全球的會員和關係網絡為商界、政界、學界、媒體高層建

立了廣泛的聯繫。

除了全球性的國際組織以外，一些區域性的非官方國際組織也為中國同世界其他國家和地區的經濟合作提供了溝通的平臺，為各國和地區重大戰略的制定提供了對話和協調機制。比如成立於1995年的亞太經濟合作組織（APEC）工商諮詢理事會（ABAC），其主要任務就是為APEC貿易投資自由化、經濟技術合作，以及創造有利的工商環境提出設想和建議，並向領導人和部長級會議提交諮詢報告。工商諮詢理事會每年都要與各經濟體領導人展開一次對話，並提交建議諮詢報告，其中很多建議都被領導人會議和其他部長級會議採納，為APEC合作發揮了積極的作用。

成立於2001年的博鰲亞洲論壇是一個非官方、非營利、定期、定址、開放性的國際會議組織，這是一個真正由亞洲人主導，從亞洲的利益和觀點出發，專門討論亞洲事務，旨在增進亞洲各國之間、亞洲各國與世界其他地區之間交流與合作的論壇組織。作為對亞洲政府間合作組織的有益補充，博鰲亞洲論壇以平等、互惠、合作和共贏為主旨，立足亞洲，促進和深化本地區內和本地區與世界其他地區間的經濟交流、協調與合作；為政府、企業及專家、學者等提供一個共商經濟、社會、環境及其他相關問題的高層對話平臺；通過論壇與政界、商界及學術界建立的工作網路為會員與會員之間、會員與非會員之間日益擴大的經濟合作提供服務；同時又面向世界，增強亞洲與世界其他地區的對話與經濟聯繫。

9.4.2　非官方國際組織和協調機制建設中的中國角色

1.金融機構間的常態化業務合作

（1）國際銀團貸款。隨著我國「走出去」戰略的推行，我國銀行作為貸款人參與國外銀團融資的活躍程度也逐漸提升；在亞太地區銀團貸款的十大牽頭行中，中國銀行與中國工商銀行榜上有名。對於中國而言，積極開展國際銀團貸款不僅是中國銀行業參與國際化競爭，發展中間業務，分散信貸風險的有利契機，而且是深化金融體制改革、實施「走出去」戰略、提升我國在國際資

本市場中地位與話語權的有力舉措。

　　中國銀行業協會與亞太區貸款市場公會已多次聯合舉辦「中國貸款市場會議」，為亞太地區金融機構之間的深入交流、合作共贏建立了紐帶和橋樑，也主動參與了全球市場建設，推動亞太地區金融市場的穩定與繁榮。未來可以進一步通過國際銀團貸款等方式支援在中國的外資企業和境外的中資企業發展壯大，包括在企業資訊共用、資信調查等領域建立溝通管道，準確把握企業需求和資信情況，說明企業解決融資難題、規避經營風險；同時借助國際銀團貸款加強各方合作，加深在風險管理、公司治理、產品與服務創新等方面的相互學習與借鑒，實現良性競爭，利益共用，權責共擔。

　　（2）對等拆借協議。跨國銀行之間的對等拆借協議可以互相為對方提供信用，便利境外子行參與當地的貨幣市場融資活動，使兩國銀行可以跨越國界在國際市場更好地從事經營活動。一直以來，對等拆借協議僅限於單個銀行間的點對點合作，更進一步地，我們可以設想通過中國銀行業協會加強同其他國家銀行業的溝通，在國與國層面上實現更大範圍的協調和配合，從而便利雙方銀行的業務開展，加速推進中國金融機構的國際化進程，提高中國銀行的海外競爭力，進而推動人民幣國際化。

　　（3）非主權類海外投資基金。自2012年建立中國—中東歐合作機制並舉行領導人首次會晤以來，中國與中東歐各國不斷加強友好往來，拓展合作領域，建立起多層次、常態化的合作機制。2016年11月5日，由中方倡議成立的中國—中東歐金融控股有限公司正式落地，中國—中東歐基金也正式成立。不同於亞洲基礎設施投資銀行、絲路基金等由政府主導的資金平臺，中國—中東歐金融控股有限公司走的是「政府支持、商業運作、市場導向」路線，中國—中東歐基金也被視作中國首個政府支持的非主權類海外投資基金。該基金重點支持中東歐16國在基礎設施、電信、能源、製造、教育及醫療等領域的發展。

　　2017年5月15日，由中國工商銀行主辦的「一帶一路」銀行家圓桌會在「一帶一路」國際合作高峰論壇期間成功召開，來自「一帶一路」沿線國家的30餘家商業銀行以及國際性銀行、國際金融組織的代表齊聚北京國家會議中心

參會。在會議討論中，銀行家們對在「一帶一路」建設中發揮金融作用、支援區域經濟發展達成廣泛共識，表達了推動「開放、包容、互利」合作的共同意願。參會銀行共同簽署了《「一帶一路」銀行家圓桌會北京聯合聲明》，旨在以「機制共建、利益共享、責任共擔、合作共贏」為基礎，建立「一帶一路」銀行間常態化合作機制，推動各項務實合作深入開展。此次會議的召開，對於推動金融機構間的業務開放互動、資訊對稱交流和資金有效配置，服務「一帶一路」建設，助力人民幣國際化意義重大。

2.與SWIFT合作商業性金融基礎設施建設

SWIFT是由商業機構主導建設的金融基礎設施的代表。1980年，SWIFT聯結到香港；1983年，中國銀行成為SWIFT組織的第1 034家成員行，並於1985年正式開通使用，這是中國與國際金融標準接軌的重要里程碑。此後，中國各國有商業銀行及上海和深圳的證券交易所也先後加入SWIFT。目前共有20多家銀行加入GPI。加強與SWIFT合作，對中國金融機構國際化、跨境人民幣支付具有重要意義。第一，可改善中國金融交易處理過程的管理和安全性，說明中國繼續推進金融交易處理基礎設施的改革，提升金融系統服務能力，推動人民幣國際化。第二，可提高跨境人民幣業務的便利性。2017年9月27日，SWIFT宣佈，中國人民幣跨境支付系統（CIPS）直接和間接參與者的行號資訊將納入SWIFTRef 目錄並每月發佈。SWIFTRef 是 SWIFT 獨有的參考資料和金融資訊服務產品，涵蓋銀行識別碼（BIC）、法人機構識別編碼（LEI）、國際標準帳號（IBAN）、國家銀行代碼、常設結算指令、信貸評級和財務資料等最準確的參考資料，有利於金融機構和企業實現無障礙支付處理以及高效的資料校驗、合規報告、風險管理及盡職調查。第三，可更好地對接國際標準。全球業界不斷有新的監管規定出臺，SWIFT可以為中國金融機構提供相應的篩查服務和分析工具，在商業智慧、標準化等方面為客戶提供參考資料，說明中國金融機構以較低的成本制定合規路線圖，確保其與國際系統成功對接，完成國際市場的合規。當然，中國近年來在互聯網支付等領域發展迅猛，引領世界金融科技進步潮流，商業銀行和互聯網協力廠商支付機構在提升支付便捷性、金融安

全風險防範方面做了很多工作，存在自身的技術優勢，要積極同SWITF合作，在新興金融領域參與和主導國際規則制定，增強國際事務中的話語權，為人民幣國際化奠定基礎。

3.行業協會與智庫平臺的合作和協調

（1）國際評級機構合作。推動人民幣國際債券市場的發展，是構建順暢的人民幣環流機制，發揮人民幣在國際市場上的金融資產計價和儲備貨幣的職能，進一步深化人民幣國際化的重要途徑。

目前主導全球金融市場評級體系的美國三大評級機構（穆迪、標普、惠譽）一直心存偏見，強行按西方民主政治理念進行國家政治排序，把評級政治化，並將一國經濟的私有化、自由化和國際化程度作為判斷經濟結構合理與否和經濟發展前景的主要依據，增大了包括中國在內的眾多發展中國家的融資難度和融資成本。

改革不合理的國際評級體系、構建國際評級新秩序必須要建立多元化的、包含廣大發展中國家和發達國家在內的、有廣泛代表性的評價體系。事實上，早在2012年10月，由中國大公國際、俄羅斯信用評級公司、美國伊根—鐘斯評級公司三家獨立評級機構聯合發起的世界信用評級集團在北京宣佈成立，這是一個不代表任何國家和集團政治、經濟利益的非主權國際評級機構，旨在通過推動建設一個獨立的國際評級監管體系，構建統一的國際評級標準，建成全球市場服務體系，向世界提供公正的評級資訊，形成參與全球評級的能力，從而推動和引發世界新評級體系的發展。除了三家發起機構外，幾十家相關評級機構和組織也表達了參與組建的意願。

（2）國際商會。1991年6月，中國國際商會成為國際商會正式成員，創立國際商會—中國國際商會合作委員會。合作委員會將注重研究和討論經濟貿易的政策性問題，如恢復中國《關稅及貿易總協定》締約國地位、中國的經濟體制改革、環境保護、國際貿易政策等；將在專業領域特別是貨物暫准進口、商事和海事仲裁、國際貿易慣例、銀行業務、智慧財產權、翻譯出版等方面加強了解和合作。國際商會為中國同其他國家間的交流和協作提供了很好的平臺，

其仲裁機制也為中國企業和金融機構在跨國交易和對外發展過程中面臨的問題提供了協調機制和解決方案，維護了良好的外部環境。中國積極同國際商會合作，有利於中國對外貿易的發展，有利於提高中國在國際貿易中的話語權以及在國際市場中的影響力，有利於以強大的實體經濟支撐人民幣國際化。

（3）世界交易所聯合會。世界交易所聯合會（WFE）成立於1961年，是全球交易所和清算所的行業協會，一個非營利性私人公司，總部位於倫敦。世界交易所聯合會發佈350多個市場資料指標，且統計資料庫可以追溯到40多年前，是交易所交易統計資料的重要來源。世界交易所聯合會同世界各地的標準制定者、政策制定者、監管機構和政府機構合作，以支持和促進市場的公平、透明、穩定和高效發展，其目標在於確保全球金融體系的安全和穩定，從而增強投資者和消費者信心，促進經濟增長。目前世界交易所聯合會擁有67家正式會員，基本囊括了全球主要交易所，中國內地會員有6家。世界交易所聯合會會員交易所覆蓋了全球主要的股票、債券和衍生品市場，擁有78萬億美元的市值和45 000多家上市公司。2017年9月7日，第57屆世界交易所聯合會會員大會上，上海證券交易所理事長吳清成功當選為世界交易所聯合會董事會主席，這是中國內地交易所人員首次在國際行業組織中擔任主要領導職務。吳清的當選將有利於展現中國交易所和資本市場改革開放的面貌與成果，進一步提升中國交易所的國際影響力，體現中國交易所積極承擔全球行業責任、參與全球行業治理的意願，有利於加強國際交流合作和推動全球治理機制變革，增強中國資本市場在全球資本市場的話語權，更好地服務國家「一帶一路」建設和對外開放大局。

（4）世界經濟論壇。改革開放後，中國首次收到來自達沃斯的邀請，從此，雙方聯繫日漸密切，一直保持著良好的合作關係，中國多次應邀派團參加達沃斯論壇年會。1981—2006年，世界經濟論壇與中國企業聯合會每年聯合在華舉辦「企業高級管理人員國際研討會」（1996年起更名為「中國企業高峰會」）。1992年，時任總理李鵬首次參加達沃斯論壇年會並發表重要講話，此後，中國領導人多次率團與會。2007年起，夏季達沃斯論壇在中國舉辦，不僅

為「全球成長型公司」創造了一個與成熟企業共同討論、分享經驗的平臺，也為世界經濟論壇注入了顯著的「中國元素」。2017年，以「領導力：應勢而為、勇於擔當」為主題的世界經濟論壇年會召開，國家主席習近平出席會議，在全球治理體系面臨諸多挑戰之際探討中國擔當。當前，全球治理機制有三大缺陷：一是發展中國家和新興經濟體無法有效參與全球經濟治理決策；二是過度強調經濟自由化，忽視全球經濟均衡發展；三是經濟全球化速度遠超政治全球化，多邊機構決策體制無法真正代表發展中國家的利益（桑百川，2017）。中國經濟增長強勁、基礎堅實，應該在全球治理中扮演更積極、更重要的角色，貢獻更多力量。中國首先應保持自身經濟高速增長，為世界經濟提供強勁動力；此外，應充分發揮在雙邊和多邊對話機制中的話語權和影響力，推進全球結構性改革。

（5）全球智庫論壇。二十國集團全球智庫論壇（T20）起源於2012年墨西哥二十國集團領導人峰會期間舉行的智庫會議，此後，各大國的著名智庫界專家不定期舉行會晤，對二十國集團各項議題進行深度討論，提出可行性政策建議後，交給二十國集團部長會議及領導人峰會，幫助二十國集團更好地完善全球治理政策，對二十國集團的政策制定和實施都具有決定性的影響力。中國智庫曾多次主辦T20，邀請二十國集團成員方的智庫代表參加，共同探討全球治理問題。智庫層面上常規化溝通協調網路的逐步形成不僅有助於全球治理目標的實現，也有利於各國發展開放型經濟、融入全球化的進程，對宣傳和推動人民幣國際化也有積極意義。

國際貨幣論壇是中國人民大學主辦的國際性年度論壇，論壇發佈《人民幣國際化報告》，對國際貨幣體系改革、人民幣國際化等國際金融領域的重要問題進行深入探討，吸引了來自歐、美、亞等地區科研院所、政府部門和金融機構的著名專家學者的參與和討論。自2012年以來，國際貨幣論壇已連續舉辦六屆，在人民幣國際化、國際金融方面產生了重要影響，對完善全球貨幣體系、推進國際金融機構的改革等方面提出了很多重要的建議。

9.4.3 非官方國際組織和協調機制的發展方向

1.中國的大型商業銀行應積極牽頭發起跨國銀行間常態化合作機制

中國的大型商業銀行在跨國銀行間常態化合作機制建設方面應該發揮更積極主動的作用。目前，已有一些大型中資銀行做出了較好的探索。例如，2017年5月15日，由中國工商銀行主辦的「一帶一路」銀行家圓桌會在「一帶一路」國際合作高峰論壇期間成功召開，來自「一帶一路」沿線國家的30餘家商業銀行以及國際性銀行、國際金融組織的代表參會。與會者共同簽署了《「一帶一路」銀行家圓桌會北京聯合聲明》，決定以「機制共建、利益共享、責任共擔、合作共贏」為基礎，建立「一帶一路」銀行間常態化合作機制，推動各項務實合作深入開展。該項機制被納入「一帶一路」國際合作高峰論壇官方成果清單，成為清單中唯一的商業銀行成果，也是唯一的商業性機構成果。

2.大力創新跨國金融機構間常態化合作形式

未來，金融機構尤其是商業銀行之間可以通過合作委員會、聯席會議等形式加強市場開發、專案建設、貿易便利、金融市場、風險管理、資訊科技等方面的商業合作，包括整合專案資源，共享專案資訊，開展聯合行銷，共同設計專案融資結構和擔保措施，利用銀團貸款、風險參貸、投貸結合等多種形式，提高大項目承貸能力；通過線上和線下管道、雙邊和多邊交易等多種形式，為沿線銀行之間資金拆借、債券回購、票據互換、轉貸款等負債端管理提供便利；建立雙邊或多邊貨幣互換協議，引導市場形成合理、穩定的匯率預期；建立跨幣種匯率和利率的「標的池」和「做市商」機制，集合不同沿線銀行的匯率利率風險管理需求，撮合交易，降低匯率、利率等市場風險；擴大人民幣在沿線銀行間的支付、結算、清算運用比例，發揮人民幣貿易、投資、儲備、救助等國際貨幣功能；加強人員交流和資訊公開，開展沿線銀行間的經驗分享和諮詢服務，便利沿線銀行合規開展跨境業務。

3.積極參與和推動非官方國際組織和協調機制建設

中國經濟增長強勁、基礎堅實，中國的企業和金融機構應勇於擔當，提

升自身話語權，在國際事務中扮演更加重要、更加積極的角色。首先，要建立富有創造力和國際競爭力的中國企業和金融機構，增強核心競爭力，為世界提供更多高端產品，保證經濟的自主性，並在國際分工中占據有利地位。其次，推動中國企業和金融機構「走出去」，積極融入國際社會；推動評級機構國際化，提高評級結果公信力，掌握發言權。再次，積極參與非官方國際組織和協調機制的建設以及國際標準和規則制定，充分發揮在雙邊和多邊對話機制中的影響力。世界信用評級集團就是一個很好的嘗試，它的成立對於提高中國在世界信用評級體系中的話語權，打破全球評級壟斷的現狀，構建透明公正的評級體系意義重大。

4.加強智庫平臺交流對話，為人民幣國際化營造良好的國際輿論環境

以「二十國集團全球智庫論壇」和「國際貨幣論壇」為代表的全球智庫交流平臺是多元治理合作機制的重要組成部分，可以為政府、企業、社會組織提供良好的合作平臺以及更多、更全面、更合理的政策建議，有力地促進全球治理機制的發展。此外，金融智庫論壇這種非官方性質的學術組織，也有利於跨境金融領域的政策研究、理論探討和實踐創新，促進中國與國際學術及實踐的溝通學習。未來需要進一步加強智庫平臺建設，創建常設性高端智庫組織，增進國際溝通合作，同時創造更多管道，使智庫界能夠全面參與全球治理，監管改革對話和多邊談判，助力完善國際金融治理架構、維護全球經濟穩定。中國智庫應積極發揮引領作用，更多地舉辦全球會議和對話活動，加強同國際智庫的交流，增強全球跨境金融前沿學術研討以及對跨境金融生態系統建設、人民幣國際化和「一帶一路」等問題的研究，從而為人民幣國際化營造良好的國際輿論環境。

第十章

結論與建議

10.1　主要結論

結論1：歷經第一個波動週期，人民幣國際化調整鞏固，RII觸底後強勢反彈。

2017年，人民幣國際化經受住全週期考驗，扭轉前期疲弱態勢，RII觸底後鞏固回升。我國經濟新動能不斷增強，對外開放新格局加快形成，人民幣匯率形成機制更加健全，重點領域防範風險的措施持續深化，人民幣國際化在經歷一輪週期性回落後強勢反彈。截至2017年四季度，RII指數為3.13，同比上升44.8%。從結構上看，跨境貿易結算與國際存貸款使用止跌回升，在全球直接投資領域大踏步前進。特別是人民幣加入SDR後，制度紅利愈發顯現，官方儲備中人民幣占比獲得實質性突破，越來越多的國家為人民幣投下了信任票。

未來，人民幣跨境流通回歸實體本源，在金融開放的大背景下，將釋放巨大市場需求與發展新活力。2018年是改革開放40周年，是深入貫徹黨的十九大精神、加快推動金融開放的開局之年。擠出「泡沫」後，人民幣國際化站在新的起點上，回歸服務實體經濟的本源，依託「一帶一路」建設與金融市場開放兩大歷史機遇，將綻放新活力、開啟新征程；以市場需求為導向，注重政策協

調、設施對接、定價權載體建設與貨幣合作，進一步完善資本流動監測與宏觀審慎管理，促進人民幣國際化行穩致遠、水到渠成。

全球經濟在復甦下暗流湧動，國際貨幣競爭更加激烈。國際貨幣政策轉向，保護主義勢頭上升，主要貨幣競爭加劇。2017年美國經濟保持溫和增長，貨幣政策正常化有序推進，美元穩固堅挺，美元國際化指數基本穩定在54.85；歐元區經濟全面復甦，政局基本落定，市場對歐元的信心大幅回升，但年末受直接投資拖累，國際化指數意外回落至19.90；受脫歐不確定性影響，英國經濟表現不及預期，英鎊國際地位有所動搖，英鎊國際化指數為3.92，同比降幅達29.9%；隨著外需形勢好轉與避險需求上升，日本經濟強勁增長，日圓國際化指數升至4.73，超過英鎊排名第三。未來，全球政治經濟不確定因素增加，金融動盪頻繁，急切需要主要貨幣發行國加強政策協調，維護國際經濟金融秩序穩定。

結論2：人民幣國際化已進入發展新階段，為獲得必需的國際網路效應，迫切需要全方位、高效的國際經濟政策協調。

國際政策協調是人民幣國際化的必然要求。擁有強大的經濟實力、貿易地位和宏觀經濟管理能力，確保資本自由使用、幣值穩定是人民幣國際化的必要條件，而滿足這些條件需要相應的宏觀經濟政策提供支持和保障。由於各國之間的貿易和投資聯繫日趨緊密，一國的經濟政策通過貿易、利率、資本流動、貨幣供應管道對其他國家產生溢出效應。研究表明，經濟規模越大、貨幣國際地位越高的國家，經濟政策的溢出效應越明顯。這就意味著，外國政策的溢出效應可能會干擾、削弱我國政策效果，影響預期的宏觀管理政策目標的實現，因此有必要進行國際政策協調。只有加強各經濟體之間的經濟政策合作，推動國際協調，才能有效減輕經濟政策的負面溢出效應，避免國際衝突升級，為人民幣國際化營造良好的生態環境。

歷史經驗和理論研究表明，每一次主要國際貨幣的更替都導致國際政策協調的發展演變，新興貨幣都擁有自己主導的國際政策協調機制和平臺。過去200年，國際貨幣格局歷經了英鎊的由盛轉衰、美元主導地位的確立和歐元的

誕生，國際協調機制也從由軍事力量主導的政治利益協調，發展到國際組織率頭下的多方協調，最後到不斷興起的區域協調。不難發現，正處於上升期的新興國際貨幣，都要接受傳統國際政策協調機制的「考驗」，不合格的只能被迫退出國際貨幣競爭；倖存者還必須積極打造新的國際協調機制以贏得先發優勢，為本幣國際化構建制度基礎。在一定程度上，創新協調機制的成敗，決定了新興國際貨幣在新體系中的地位高低。

取得與中國經濟地位相匹配的貨幣地位是人民幣國際化的目標。進入新的歷史發展階段後人民幣需要構建必需的網路效應，打破國際貨幣體系對美元、歐元等關鍵貨幣的路徑依賴。由此可能產生貿易、金融交易規則方面的變化或摩擦，也可能遭遇傳統主要貨幣的遏制性政策衝擊，迫切需要全方位、高效率的國際政策協調。

由於中國選擇了與西方國家完全不同的經濟發展模式，不是「大市場、小政府」，而是政府在經濟運行和管理中發揮重要的指導、管理作用，客觀上容易產生經濟政策分化和價值理念分歧，難免受到發達國家經濟政策溢出的負面影響，而且難以在現行的國際協調機制中維護自身的正當利益。在世界經濟聯繫更加緊密的21世紀，經濟政策協調的主體日益多元化，逐漸由七國集團向二十國集團、由發達國家向發展中國家拓展。中國應該順應這一發展趨勢，在國際經濟、貨幣格局變遷進程中抓住有利時機，構建有利於中國經濟高品質發展和人民幣國際化的國際協調機制和平臺。

結論3：加強頂層設計，完善國際政策協調框架，將貿易、貨幣政策作為短期協調的重點內容，將結構改革、宏觀審慎政策納入國際協調範疇。

現行國際協調機制由發達國家主導，我國處於次要或邊緣化地位，需要加強頂層設計，實現制度性突破。儘管中國經濟規模、貿易規模分別占世界總額的15%和12%，人民幣已成為SDR籃子貨幣，中國在全球經濟金融體系中的影響力、宏觀經濟政策的雙向溢出效應也越來越大，但是，中國在國際組織和國際事務治理中的地位遠遠低於中國的經濟地位。發達國家主導的國際協調機制較

少考慮發展中國家的訴求，包括中國在內的發展中國家只能是國際政策協調結果的被動接受者，正當利益無法得到保障。因此，為了適應當前國際經濟金融格局的發展變化，需要進行頂層設計和制度突破，一致對外形成合力，提高現有協調機制中的話語權，同時探索構建中國主導的國際協調新平臺、新機制。

貿易摩擦和異常資本流動是我國短期內最主要的外部威脅，因此需要將貿易、貨幣政策作為短期國際協調的重點內容。2017年美國政府開啟「特別301調查」，威脅對中國500億美元的高技術出口品徵收高額關稅；歐盟也頻頻發起貿易調查，導致中國對歐美的出口減少，出口企業虧損倒閉，銀行不良貸款率明顯上升。主要發達國家貨幣政策從量化寬鬆轉向，進入加息通道，導致國際流動性緊縮，資本大規模流向發達國家。貿易收支惡化和資本外流必然會動搖市場對人民幣匯率的信心，匯市風險很可能迅速傳染到貨幣市場、資本市場和房地產市場，釀成重大金融風險，威脅我國全面建成小康社會目標的實現，人民幣國際化也可能被迫中止。

每一次重大的金融危機都是經濟結構失衡的集中爆發，都會引發一次範圍廣、深度大的全球經濟結構調整，進而重新確定各國在國際貿易和產業價值鏈中的地位。金融「脫實就虛」、經濟結構嚴重失衡是導致2008年全球金融危機的主要原因，在國際貨幣基金組織和二十國集團的推動下，各國陸續實施宏觀審慎政策，加強逆週期和流動性管理，更加重視防範系統性風險。與此同時，立足於具體國情和經濟可持續、穩健發展要求，各國制定了結構改革政策，推動經濟結構調整，以期實現儲蓄與投資、產業、內外經濟之間的適度平衡，重塑國際貿易及產業價值鏈。國際政策協調增加了維護國際金融穩定、追求世界經濟可持續發展的新目標和內容，因此，應該把這些有別於傳統政策的宏觀審慎和結構改革政策納入協調範疇。

結論4：科技進步是長期經濟增長的核心動力，要以科技創新推動改革，實現經濟高品質發展，在國際政策協調中貢獻中國方案和力量。

當前，全球範圍內科技紅利幾乎消耗殆盡，需要各國團結一致，加強創新合作與政策協調，形成革命性技術突破，從而將全球經濟拉出低速的泥潭，解

決影響人類命運共同體發展的氣候、疾病、網路和電子商務安全等重大問題。誰擁有更強的創新能力，誰擁有更多的高科技，誰就在全球經濟治理、國際協調中擁有更大的自主性和主導權。

20世紀80年代初，在布列敦森林體系崩潰和滯脹危機的打擊下，美國雷根政府和英國柴契爾政府信奉供給學派，大規模減稅，嚴格控制工資增長和貨幣發行，推動國企私有化，大力發展電腦、互聯網、通信等新興產業。通過結構性改革和科技創新，美國和英國率先走出滯脹，實現產業升級和持續、快速的經濟增長，帶領全球進入以資訊產業為基礎的「新經濟」。英美兩國不僅在國際貿易競爭中占領了先機，在國際事務中獲得了全方位的主導權，還進一步鞏固了本幣的國際地位。

我國曾經努力以市場換技術，然而實踐證明，無論花多少錢，核心技術都是買不到的。因此，如何推動全面創新，如何改善在全球範圍內的產業佈局和價值鏈定位，從而獲得更多科技創新的正向溢出效應，加速「中國製造」走向「中國創造」和「中國智造」，大幅提升我國在國際高端產業的競爭力，是我國經濟成功實現結構改革和高品質發展的第一要務，也是構建我國主導的國際協調機制、貢獻中國方案、提升我國國際影響力的必要條件。

結論5：「一帶一路」是中國提出的世界經濟發展與再平衡方案，也是多領域、強有力、高效率的新型國際平臺，為國際經濟政策協調提供了新模式和新樣本。

「一帶一路」旨在推動沿線各國實現經濟政策協調，開展更大範圍、更高水準、更深層次的區域合作，是世界經濟失衡背景下中國提出的再平衡方案。政策溝通是「一帶一路」倡議五大目標之首，中國已先後與70多個國家及國際組織簽署了合作協定，同30多個國家開展了機制化產能合作，在沿線20多個國家建立了56個經貿合作區；與有關國家探索建立多層次、多主體的合作平臺和協調機制，為基礎設施互聯互通、能源資源開發利用、經貿產業合作區建設等重點領域和重點專案建設提供了有力的政策保障。

除了在貿易、投資及貿易投資便利化等方面尋求突破外，「一帶一路」平

臺還研究制定了智慧財產權、勞工、環保、技術標準、非政府組織、企業社會責任等領域的合作規則，建立了高標準的國際合作新框架。對協調機制的諸多創新，使其在全球化和區域化規則制定上發揮了重要的引領作用。

過去幾十年，歐洲經濟一體化豐富了國際經濟政策協調理論和實踐。「一帶一路」建設具有鮮明的跨區域、跨文化、跨經濟發展階段特徵，在「共商、共建、共享」原則指引下，開展了內容豐富的區域合作機制創新，為國際經濟政策協調理論和實踐提供了新樣本、新模式。通過加強參與國的政策溝通和經驗借鑒，逐步形成有利於發揮協同效應、促進共同發展的政策環境，為糾正全球經濟失衡和實現健康發展做出了巨大貢獻，政策協調中彰顯的中國智慧得到了國際社會的高度評價和廣泛讚揚。

結論6：妥善處理中美貿易摩擦和政策分歧，是中國經濟實現無危機發展和人民幣國際化的關鍵，也是中國進行國際政策協調需要解決的主要矛盾。

中美兩國經濟制度、發展模式、發展階段、文化和價值觀不同，經濟週期不同步，產生政策分歧和貿易摩擦原本很正常，不足為奇，受到政策溢出效應的負面影響也在意料之中。更需要重視的是，人民幣國際化對現行「一超多元」的國際貨幣體系形成衝擊，中美之間的貨幣競爭必然導致中國受到來自美國的全方位政策遏制。必須處理好與美國的政治經貿關係，管控住風險，守住底線，為中國經濟發展、人民幣國際化贏得必要的時間和空間。

川普政府高調宣示美國利益優先，大搞單邊主義和貿易保護主義，兌現其「美國再強大」的競選口號，給中美經貿關係和政策協調帶來了嚴峻挑戰。美國政府以對華貿易出現創紀錄赤字為由，不考慮加工貿易的進口部件和原料，不考慮美國控制的跨國公司對華銷售額，進行巨額貿易制裁，雙方面臨貿易戰升級危險。

其實，中美貿易現狀正是雙方經濟互補和比較優勢的反映，彼此都從貿易中獲得了巨大利益。打貿易戰必然兩敗俱傷。此外，中美兩國對世界經濟增長的貢獻超過世界所有其他各國的總和，國際社會也期望中美履行大國責任，通

過對話、談判和政策協調來解決貿易失衡問題，避免貿易戰，為雙方經濟乃至全球經濟平穩發展創造必要的條件。

美國貨幣政策對中國的溢出效應有加大的趨勢。美聯儲宣佈自2017年10月起採取漸進、被動、可預期的方式，加息縮表，從量化寬鬆回歸貨幣政策正常化。由於美元是占主導地位的國際貨幣，美聯儲每一次加息，都會引發美元匯率波動和短期國際資本回流美國，導致國際流動性緊縮和融資成本上升，不利於我國吸引外資、保持貨幣政策中性，加大了人民幣匯率穩定以及市場預期管理的難度，從多個管道增加了我國的金融風險。此外，美國國債是我國主要的外匯儲備資產，美聯儲加息縮表導致美國國債價格下降，也增加了我國外匯儲備資產縮水的風險。

理論研究表明，在貨幣政策博弈中，採取彼此不合作模式，或者美國領導、中國跟隨的協作模式，中美兩國的貨幣政策效果都不能達到帕累托最優，只有採取兩國合作模式，才能實現雙方貨幣政策效應最大化。例如，考慮中間品貿易後，與不合作模式相比，中美進行政策合作，兩國福利可提高0.95%。儘管中美宏觀政策合作會是一個「雙贏」的選擇，但是兩國在國際政策協調中的地位相差懸殊，目前中國只能選擇被動跟隨政策。

結論7：國際組織是政策協調的主平臺，不同層次國際組織具有不同的宗旨、功能、定位，協調效果存在明顯差異。

國際組織是各國政策溝通、經濟合作、經驗交流的平臺，是實現政策協調的主要機制。

國際貨幣基金組織、世界銀行、世界貿易組織等全球性國際組織是世界經濟秩序的支柱，在國際經濟格局、貨幣秩序發生變遷的今天，為了增強它們在全球貨幣政策、財政政策、投資政策、貿易政策協調中的功能，需要完善、改革組織架構和管理模式，以實現其宗旨和功能。

全球重大問題治理從七國集團演變到二十國集團，客觀反映了發展中國家力量的集體崛起。特別是2008年金融危機後，二十國集團從部長級會議升級為首腦會議，大大提高了這一平臺作為重要應急磋商機制的影響力和執行力，並

發展成為國際政策溝通、協調的重要平臺，在解決一些全球性重大問題上發揮引領作用。可探索通過機制化、常態化設置，促使二十國集團從危機應對機制向長效治理機制轉型。

當前，新興市場經濟體面臨巨大、緊迫的經濟結構調整壓力，在國際分工產業價值鏈中創新定位需要相互支援，有必要構建新的平臺和政策協調機制。中國主導的亞洲基礎設施投資銀行、金磚國家新發展銀行、絲路基金等新興國際平臺，遵循共商、共建、共享、共同治理的原則，重點服務基礎設施建設和實體經濟發展，有效地彌補了現有國際組織和政策協調機制的重大缺陷。然而，要充分實現這些新興平臺的功能，還需要加強政策協調機制建設，解決好各國經濟發展不平衡、金融市場化水準差異大、平權決策模式效率較低、域外國家和組織施壓等問題。

中國應該根據新時代自身發展的需要，在全球性和區域性官方、民間國際組織中積極發揮作用，為中國經濟高水準開放、高品質發展和人民幣國際化營造一個互利共贏、健康、可持續發展的國際環境。

10.2　政策建議

建議1：保持定力，宣導本幣優先，堅持服務實體經濟導向，加強政策、設施、機制配套，破除人民幣跨境使用的現實障礙。

第一，人民幣國際化是一項長期的系統性工程，需要克服浮躁心態，保持定力。在國際貿易和金融市場交易中，國際貨幣的使用具有很強的慣性，新興貨幣面臨較高的准入門檻。當前，主要發達國家的貨幣、財政政策發生轉變，中美之間面臨爆發貿易戰的危險，國際環境日趨緊張，政策摩擦不斷加大，人民幣國際化更容易受到政策溢出的負面影響。經歷第一輪調整後，我們需要更加清醒地認識到人民幣國際化的長期性和複雜性，以及波浪式發展特徵。在國際經濟形勢和政策環境發生變化、中國經濟進入新時代的情況下，需要堅定目

標，保持足夠的定力和耐心。做到不驕不躁，不妄自菲薄，按照貨幣國際化的規律，苦練內功，致力於創新協調綠色發展，提升實體經濟的效率和國際競爭力，為人民幣國際化夯實強大的經濟基礎。

第二，宣導本幣優先，重點服務實體經濟發展與國內改革開放進程。在推動人民幣向更大範圍、更高層次使用的過程中，我們依然要從服務實體經濟出發，以支援國內經濟轉型升級、中資企業經營發展為本，不能避實就虛，要儘量避免出現人民幣境內外「空轉」。現階段，應當重點抓好以下工作：一是以服務實體經濟為根本出發點，有效配合「一帶一路」倡議，增強人民幣的支付貨幣功能；二是以統籌兼顧、風險可控為基本底線，循序漸進推動利率市場化、匯率形成機制改革和人民幣資本項目可兌換，完善跨境人民幣使用政策框架與支付清算體系建設；三是以國內金融市場雙向開放為重要驅動力，完善在岸與離岸互聯互通機制，提高境外主體參與人民幣金融交易的便利性，深化人民幣投資貨幣和儲備貨幣功能；四是以貨幣合作為基本政策協調方式，強化雙邊本幣互換在貿易、投資和金融穩定方面的作用，在國際貨幣博弈與動盪中打造人民幣安全網，夯實人民幣儲備貨幣功能。

第三，破除政策、設施與機制障礙，營造有利於人民幣國際化發展的優質環境。尊重市場規律與需求，統籌協調金融市場雙向開放進程，科學設計債市、匯市等開放範圍與時序，加強設施、監管、評級及其他管理規則的國際對接，激發市場活力，釋放內源動能。加強鋪路聯通，在頂層設計和機構佈局上，打通人民幣流通「禁區」，完善清算體系建設與貨幣互換網路，增加直接交易貨幣對報價，打造各類撮合與交易平臺。增強人民幣話語權，以黃金、原油、鐵礦石等大宗商品為基礎，探索人民幣定價權新載體。提升與人民幣國際化相適應的宏觀管理能力，轉變相關管理部門角色與定位，拓寬國際視野，加強資本流動監測與預警分析系統建設，完善宏觀審慎管理框架，提高外匯管理的靈活性與可持續性，守住不發生系統性金融危機的底線。

建議2：建立跨部門統籌、快速回應、一致對外的國內協作機制。在國際政策協調的整體框架下，明確不同政策的協調重點和具體措施。

為實現貿易公平與自由、國際金融穩定和無危機可持續發展等目標，國際政策協調整個框架涉及多個決策部門。在具體工作中，容易出現資訊不溝通、交流不及時、口徑不一致等問題，使得對外協調效果不佳。應當儘快成立國際政策協調領導小組，統籌各個部門，準確研判國際協調形勢，在多層次的國際協調平臺上實現政策聯動，形成合力，提高效率。

　　中國是經濟全球化的積極宣導者，要旗幟鮮明地反對貿易保護主義。現階段應將自由貿易作為國際政策協調的一個重點。針對當前國際貿易摩擦加劇、投資糾紛多樣化的特點，廣泛締結雙邊貿易、投資條約，積極推動亞太自貿區、區域全面經濟夥伴關係等地區域經貿一體化安排，構建更加寬廣的自由貿易平臺，打造涵蓋廣泛、統一規範的多邊投資體系。在發展自由貿易、加強政策協調的過程中，中國既要充分利用自身消費升級、市場巨大的獨特優勢，又要高度重視環境保護、勞工權益等「非貿易價值取向」，在新一代國際經貿規則制定中貢獻中國智慧和中國方案。

　　理論上講，開放型大國的最佳政策組合是財政政策對內、貨幣政策對外。貨幣政策具有直接調節利率和資本流動的優勢，實踐中成為國際政策協調的主要對象。各國的慘痛教訓表明，金融危機是經濟穩健發展的主要殺手。從國際上看，作為未來重要的國際貨幣發行國，我國肩負著維護國際金融體系穩定、經濟健康發展的大國責任。從國內看，為了在2020年全面建成小康社會，我國也需要打贏防範重大風險尤其是金融風險的攻堅戰。因此，應該將防範金融危機作為宏觀政策國際協調的重點任務，以貨幣政策和宏觀審慎政策為抓手，輔之以積極的財政政策，多層次推動國際協調，形成強有力的政策組合拳和協同效應，守住不發生系統性金融危機的底線。

　　第一，理順以央行為主導、符合中國實際的宏觀審慎政策框架，強化與現有宏觀經濟政策的有效協調與搭配。加強與重要戰略夥伴央行的資訊溝通和交流，推動金融監管政策的國際協調，積極開展雙邊、多邊、區域等多種形式的合作，在宏觀審慎政策框架、管理標準、行動指南等方面達成共識，以降低政策溢出效應，共同防範系統性風險、維護全球金融穩定。

第二，中國經濟高品質發展和人民幣國際化需要相對穩定的匯率環境，防止爆發匯率戰是貨幣政策國際協調的關鍵。制定匯率政策時要考慮不同發展階段和不同經濟週期迫切需要解決的現實問題，還要考慮與貨幣、產業、財政、貿易政策的聯動效應，避免各項政策效果相互抵消。努力增強我國同美國、歐盟、日本等主要交易夥伴的戰略互信，提高人民幣匯率機制的透明度和規範性，減少外匯干預，避免與主要貨幣打匯率戰。適應中國經濟貿易區域化發展新趨勢，構建高效的匯率政策協調機制，通過建立區域外匯基金、加大貨幣互換力度、平抑匯率市場極端波動等手段，減少區域性貿易摩擦並避免競爭性匯率政策，為我國經濟發展營造良好的國際環境。

第三，利用好全球、區域和國家間三個層面的國際政策協調機制，積極發揮我國在數位貨幣、移動支付、人工智慧技術方面的領先優勢，加強中央銀行層面的合作，制定金融科技領域的國際標準，推動國際清算支付體系升級，為建設更加高效、安全的國際金融基礎設施貢獻中國力量。以亞洲區域貨幣政策協調為突破口，完善政策溝通、協調和監督機制，提高效率和執行力。

第四，保障、維護財政可持續性是不發生主權債務危機、熨平經濟週期波動的基礎。在國際協調中不應該忽視財政政策的重要性。我國應該積極推動各國落實二十國集團峰會的成果，加強政府間財政資訊溝通機制建設，將政府債務占GDP的比重控制在合適的水準，防止盲目實行擴張性財政政策產生新的經濟波動，危及世界經濟平穩增長。

建議3：發揮中國獨特的市場和制度優勢，率先實現關鍵技術突破，為解決影響人類共同命運的重大難題打下中國烙印，為人民幣國際化提供「硬支撐」。

中國必須抓住目前國際經濟結構和產業分工調整的窗口期，充分發揮自身產業種類齊全、市場大、區域發展差異大的經濟優勢，以及能夠集中資源幹大事的制度優勢，加速科技進步和創新驅動，深化供給側結構性改革，擴大國際產能合作的範圍和深度，實現經濟增長動能轉換和高品質發展。通過綜合實力的大幅提升，為人民幣國際化行穩致遠提供強有力的支撐。

第一，以經濟高品質發展為指引，著眼中國在未來國際產業價值鏈的長遠定位，制定針對性創新政策，集中人力物力，實現關鍵技術的率先突破，確立中國的國際競爭優勢。一方面要加大研發投入和人才引進力度，擴大服務領域的開放度，增強我國的科技創新能力；另一方面要鼓勵高技術領域的雙向投資，加強與掌握關鍵技術的跨國公司的合作，以科技為導向改善我國產業在全球範圍內的佈局和結構。

第二，加強創新政策國際協調，減輕過度保護對技術溢出的不利影響。為了在經濟全球化中實現本國經濟利益最大化，對人才、技術標準、平臺以及產業鏈主導權的爭奪已成為國際競爭的焦點，尤其是五花八門的智慧財產權保護、高技術產業投資和技術貿易限制措施，正在成為阻礙國際技術溢出和創新合作的主要手段。我國應加強創新政策的協調，推動落實全球首個多邊投資規則框架《二十國集團全球投資指導原則》，在加強智慧財產權保護的同時，消除針對高新技術溢出的過度保護和非貿易壁壘，減輕技術保護負面效應對大多數發展中國家的傷害。

第三，推動發達國家向發展中國家轉移清潔能源、環保技術，打造人類命運共同體。在應對氣候變暖和環境污染方面，發達國家一直走在技術創新前列，擁有許多碳排放、清潔能源、汙水處理的先進技術。由於這些技術研發成本高，發展中國家難以承受，而且這些技術具有准公共物品性質，中國應該利用自己的國際影響力，推動建立相關技術的全球合作交流機制，推動發達國家開放和低成本轉移該領域的技術成果，為保護全人類賴以生存的共同環境做出貢獻。

第四，以電子商務、數位貨幣及互聯網技術作為突破口，確立國際金融領域創新政策合作抓手。電子商務正在成為國際貿易的重要管道，中國應該發揮自身在電子商務、移動支付技術方面的全球領先優勢，以世界貿易組織《關於全球電子商務的宣言》及《電子商務與世界貿易組織的作用》等規範性檔為基礎，大力推動電子商務全球合作平臺建設。積極參與並主導電子商務中數位貨幣、移動支付、5G技術運用的全球標準制定，以支付手段、支付體系創新為抓

手，加強國際政策協調，從技術層面推動國際貨幣體系改革。

建議4：加強經濟政策協調，發揮人民幣的國際貨幣功能，促進「一帶一路」參與國的相互貿易和投資，重塑國際產業分工格局，共享經濟發展的果實。

在「一帶一路」合作框架下，積極探索建立中國主導的國際產業分工格局和次循環體系。調整國際收支戰略，加強貿易和資本項目人民幣結算的互動協調，構建龐大的人民幣海外資產池，保持人民幣匯率的相對穩定，奠定人民幣在次循環體系的中心地位，發揮區域貨幣避風港功能。為此需做好以下工作：

第一，依託新的國際產業分工格局和中國消費升級後的巨額需求，及時調整國際收支戰略。在「一帶一路」國家，大幅增加進口，保持相當規模的貿易逆差；擴大人民幣借款和對外直接投資規模，逐步構建與「一帶一路」國家經常項目和資本金融項目雙逆差的國際收支結構。通過提供較為充足的人民幣流動性，為擴大人民幣國際使用奠定堅實基礎、做好充分準備。

第二，加強金融服務「一帶一路」國家的能力建設，讓資金融通為設施聯通、貿易暢通提供加速器。一是要加快中資銀行、證券公司以及互聯網金融企業進入「一帶一路」國家的步伐，形成合理佈局，提高金融服務的可及性。二是大力發展多層次、產品豐富的「一帶一路」區域債券市場，進一步完善QFII、滬港通、深港通、債券通機制，擴大人民幣計價債券發行規模，提高外國居民對人民幣資產的持有意願，促進外國中央銀行和貨幣當局將人民幣資產納入外匯儲備。三是加快人民幣離岸市場的建設。實現人民幣國際信貸和國際投融資規模的較快擴張，引導離岸人民幣用於「一帶一路」項目建設，形成體外循環，讓境外對人民幣的供應和需求大部分在離岸市場上對接，提升人民幣充當國際貨幣的功能，儘快收穫人民幣網路效應。

第三，深化「一帶一路」區域金融和貨幣合作機制，重點是擴大與「一帶一路」國家簽署本幣互換協定，實現更多貨幣直接兌換和交易，建立人民幣清算安排，簽署邊貿和一般貿易（與投資）本幣結算協議。鼓勵參與國金融機構更多地加入人民幣跨境支付系統，實現人民幣清算的全覆蓋。

建議5：加強中美戰略與經濟對話機制下的多層次政策溝通和協調，照顧雙方的核心利益和眼下關切，避免兩敗俱傷的貿易戰升級。重視貨幣政策協調，靈活使用價格管理手段，引導匯率預期，重點控制流動性風險。

要發揮中美戰略與經濟對話機制的積極作用，針對中美雙方的切身利益和重大關切，加強高層溝通和政策協調，提高雙方政策的可理解、可接受程度，降低政策誤判、行為失當風險。要全面評估中美貿易摩擦和政策分歧的負面溢出效應。發揮中國在商品貿易方面的比較優勢，美國在智慧財產權、服務貿易方面的比較優勢，通過貿易提高雙方人民的福祉。與此同時，加快國內儲蓄、消費、投資結構調整，尋求從根本上解決長期困擾兩國的貿易失衡的方案。盡可能在以世界貿易組織為基礎的框架內解決中美貿易衝突，避免兩敗俱傷的貿易戰。此外，根據美國民主政治的具體國情，重視民間管道，特別是要善於做好美國企業界、工會和院外集團的工作，為減少中美貿易摩擦、促進雙邊貿易發展建立社會和輿論支持基礎。

為減輕美聯儲貨幣政策的負面溢出效應，當前最重要的是緊密關注美聯儲的加息措施，提前做好多種預案，靈活運用價格管理手段，強化利率政策的預調和微調機制，動態調控流動性，使穩健中性的貨幣政策總基調不發生改變。針對美國推行弱勢美元政策造成的匯率波動，進一步完善人民幣匯率形成機制，建立在岸市場引導離岸市場匯率的機制，通過多層次外匯市場加強匯率預期管理，運用大資料、雲計算、人工智慧等科技金融技術，強化人民幣跨境流動檢測和宏觀審慎監管，使人民幣匯率在國際收支均衡水準上保持基本穩定。

建議6：根據中國在不同國際組織中的地位和影響力，有的放矢，積極參與多邊和區域國際組織建設，特別是要尋求在新興國際協調平臺上發揮引領作用，為我國營造良好的國際環境和政策氛圍。

第一，對於國際貨幣基金組織、世界銀行、世界貿易組織等中國沒有多大話語權的主要國際組織，中國要積極參與治理，努力提升影響力。一是積極參與國際貨幣基金組織份額和治理結構改革，保障國際貨幣基金組織資源充足性；推動國際貨幣基金組織改善資本流動監測與應對，加強全球金融安全網；

參與加強國際貨幣基金組織宏觀審慎監管框架的制定，完成金融監管範式轉變；主動推進國際貨幣基金組織在匯率測算方面和監督方面的機制建設。二是推進世界銀行深化投票權改革，賦予發展中國家更多話語權；宣導世界銀行對話其他經濟組織，形成更有效的多邊主義；推動世界銀行開拓融資新管道，助力基礎設施投資；推進綠色信貸建設，打造綠色金融新引擎。三是強化世界貿易組織的規則約束，維護國際貿易體系完整性和多邊貿易體制。

第二，對中國有一定話語權的國際組織，例如二十國集團，中國應積極貢獻智慧和方案，進一步增大中國影響力。一是推動二十國集團加強執行力、機制化建設，建立全面治理框架和金融合作平臺，真正肩負起長期指導全球政治經濟金融治理的重任。二是在二十國集團宣導「大金融」理念、價值觀，加強宏觀政策協調和國際金融監管合作，限制金融過度虛擬化，發展綠色金融、普惠金融。三是積極推動人民幣國際化進程，建立更穩定、富有韌性的國際貨幣體系，強化全球金融安全網，加強多邊合作應對資本流動及金融脆弱性。

第三，對於中國主導建立的亞洲基礎設施投資銀行、絲路基金等國際組織，應該創新國際政策合作機制與政策協調模式，秉持公平、合作共贏原則，鞏固中國的領導地位。亞洲基礎設施投資銀行是中國推動區域金融治理、促進亞洲經濟合作的一個里程碑。亞洲基礎設施投資銀行的投資模式靈活，開展銀行貸款、股權投資和擔保業務等多項業務，已成為重要的區域發展融資平臺和成員國政策協調紐帶。人民幣國際化可成為亞洲基礎設施投資銀行開展工作和服務區域經濟一體化的有力推手，例如，使用人民幣對亞洲基礎設施建設部分專案進行貸款和投資，增加國際金融市場上人民幣計價金融工具的供給，彌補亞洲基礎設施建設資金的缺口。

第四，重視非官方管道和市場力量，搭建民心相通的國際平臺。中國的大型商業銀行應積極率頭發起跨國銀行間常態化合作機制，大力創新跨國金融機構間常態化合作形式。中資企業和金融機構通過參加非官方國際組織和協調機制建設，加強民間交流對話，逐步提高話語權和規則制定權，為官方平臺和政策協調成果的落實清除障礙。

專題1

中美貿易對美國經濟做出巨大貢獻

　　近期，特別是自川普上臺以來，由於各種原因反全球化的浪潮愈演愈烈，對中國貿易的擴張質疑不斷，中國面臨的貿易摩擦甚至貿易戰的危險大幅上升。事實上，關於很多中國貿易的負面論調完全是誤導。以美國為例，多數客觀的經濟分析顯示，美國從中美的經貿交往中獲益匪淺，並非川普所宣稱的那樣，中國人搶了美國工人的飯碗，對美國進行了經濟侵略。

1.1　中美貿易與美國就業現狀分析

　　根據美國國際貿易委員會資料，2016年中美雙邊商品貿易總額高達6 485億美元，其中美國對華出口1 156億美元，進口4 626億美元，名義入超3 470億美元（歷年資料見表專1—1）。川普政府非常在意的創紀錄的貿易赤字成為中美經貿關係緊張的一個重要因素。中國是美國第一大交易夥伴、第三大出口目的地。如何客觀評價規模巨大、錯綜複雜的中美經貿現狀對今後中美經貿關係走向的意義不言而喻。

表專1—1　美國對華商品貿易　　　　　　　　　　　　　　　　　單位：10億美元

年份	出口	進口	對華貿易赤字
1980	3.8	1.1	+2.7
1990	4.8	15.2	−10.4
2000	16.3	100.1	−83.8
2010	91.9	365.0	−273.0
2011	104.1	399.4	−295.3
2012	110.5	425.6	−315.1
2013	121.7	440.4	−318.7
2014	123.7	468.5	−344.8
2015	115.9	483.2	−367.3
2016	115.6	462.6	−347.0
2017*	130.9	501.9	−371.0

* 2017年資料為估計值

資料來源：U. S. International Trade Commission（USITC）DataWeb.

表專1—2　　中美關係帶給美國的利益（2015年）

	獲得就業崗位（萬個）	GDP增加（%）
對華直接出口	146.7	0.7
對華間接出口*	29.6	0.2
得自 FDI 的收入	68.8	0.3
來自中國的 FDI	10.4	0.1
總計	255.5	1.2
增加的綜合產出率	產出率提高0.2個百分點	

* 對華間接出口是指美國出口至其他亞洲國家，後者再出口至中國。

資料來源：*Oxford Economics.*

　　根據《牛津經濟》2015年的資料測算，美國對華1 700億美元的出口直接創造了將近150萬個就業崗位；如果包括間接出口、美國對華投資收入和中國

對美直接投資，中國為美創造了將近260萬個高品質就業崗位，增加美國國民生產總值1.2%（2 200億美元）（見表專1—2）。歐巴馬總統行政辦公室2015年的研究表明，美國出口企業比其他企業的勞動生產率相對更高，更具競爭力，員工工資收入超出其他企業的幅度高達18%。

1.2 似是而非的巨額對華貿易赤字和就業損失

1.2.1 巨額貿易赤字其實遠遠少於美國公佈的數字

中國過去幾十年逐步發展成為全球生產供應鏈的不可缺少的環節。許多出口產品都是來料加工或者從各國來的部件最後的組裝，真正在中國的附加價值只占商品總價值的很小部分。據《牛津經濟》估算，剔除掉進口部件和原料的價值，美國對華貿易逆差將會減半，僅占中國國民生產總值的1%左右，大致相當於美國對歐盟貿易逆差的水準。美國國會2016年的研究也顯示，以2011年為例，以更為合理的附加值計算的美國對華貿易逆差比美國官方（國際貿易委員會）公佈的資料少將近40%（見圖專1—1）。

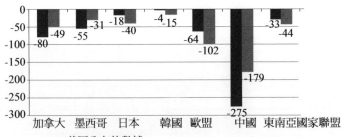

圖專1—1 不同計算方法下的美國貿易逆差的國家（地區）構成

資料來源：OECD/WTO Trade in Value—Added, October 2015.

1.2.2 美國得自中國的利益被嚴重低估

進一步分析發現，即使以附加值計算的逆差也遠遠高估了真實的中美貿易的失衡。美國官方對華直接出口雖然只有1 490億美元，但美國經濟分析局的資料顯示美國控制的和相關的海外大型多國企業額外對華銷售額高達約4 800億美元（見圖專1—2），為美國貢獻了額外巨額利潤。此巨額銷售量遠高於美中逆差，卻不在中美貿易平衡的統計之中。所以，美國官方公佈的中美貿易資料產生了極大誤導效應，嚴重低估了美國在中美經貿中的受益，誇大了中美貿易的失衡。

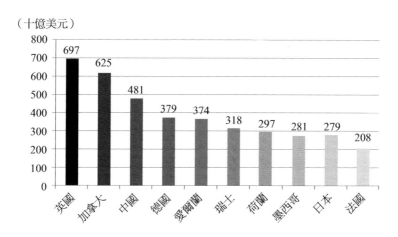

（十億美元）

圖專1—2　美國控制的境外跨國公司的國別貿易額

資料來源：BEA.

1.2.3 對華貿易逆差並沒有惡化或對美國造成更大傷害

從全球和亞洲的角度看，今天美國的貿易逆差和其經濟規模的相對比例幾乎和中國崛起之前的歷史水準相當。美國國際貿易委員會的資料顯示，從1990年到2016年的26年來，在中國崛起之前和崛起後的今天，美國從環太平洋各國進口的工業品所占比例基本沒變，維持在47%附近，並且略有下降（從47.1%

到46.8%）。中國出口的份額增加幾乎是1：1地從其他環太平洋各國，特別是日本原有份額的轉移。在此期間，日本對美國工業品出口的份額從24%降低到7%，中國對美國工業品出口的份額從3.6%增加到25.4%（見圖專1—3）。美國對華貿易的所謂的巨額赤字不過是美國在環太平洋地區特別是在東亞各國之間傳統赤字的重組，總量並未增加。造成這些逆差的主要進口產品來自美國幾十年前在其產業升級時就已淘汰的行業，所以，並不構成對美國經濟的直接損害，對美國當前的就業無特別的負面影響。

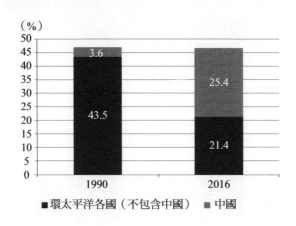

圖專1—3　美國從環太平洋各國進口工業品總額

資料來源：USITC DataWeb.

1.2.4　對華貿易赤字危害論是政治家的謊言

中美貿易現狀正是雙方經濟互補和比較優勢的反映，逆差與否並不是輸贏得失的評判標準。中美兩國都在中美貿易中獲得巨大利益。相對自身經濟規模看，中國可能得益更多。然而，從絕對值上計算，由於美國經濟規模巨大，在過去幾十年裡累計獲益則遠大於中國。得益於中國經濟崛起，美國經濟也發展迅猛。美國勞動部的資料顯示，隨著產業結構逐漸向服務業轉移，非農特別是服務業就業增長迅速。實際上，中國製造以及對華貿易逆差並未損害美國製

造。美國製造業的產值（扣除美國發生金融危機的2008—2009年）在過去25年來基本上穩定增長，2016年實現產值翻番，達6萬億美元。製造業勞動生產率的飛速提高，成為美國製造業就業從20世紀70年代到2009年持續下降的最大原因。美國金融危機後的2010年以來的8年裡，儘管美中貿易逆差不斷擴大，但是美國製造業的就業和產值保持快速增長，而且美國總體就業不斷改善，美國今天失業率只有4%，創下過去20年來的最低紀錄。事實勝於雄辯。美國的資料戳穿一些政治家對華貿易赤字危害美國特別是美國製造業就業的謊言。

1.3　中美貿易提升了美國消費者的購買力

　　美國不斷擴大的中國產品的進口不僅增加了美國終極消費和中間生產品的多樣性和可選性，而且顯著降低了價格。美國企業的競爭力得以增強，利潤率得以提高，美國人民購買力和生活水準得以提升。《牛津經濟》發現（見圖專1—4），1999—2015年，從中國進口比例低的產品（比如食品和汽車）在美價格持續上漲；相反，從中國進口比例顯著上升的產品（例如服裝和傢俱）價格明顯持續下降。

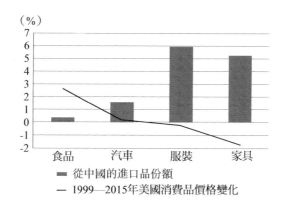

圖專1—4　從中國的進口品份額與美國消費品價格變化

資料來源：*Oxford Economics*；Bureau of Labour Statistics.

歐巴馬總統行政辦公室的研究顯示，幾乎每個階層的美國消費者都得益於進口產品低廉的價格。富裕的頂層10%人口的購買力因此增加3%；中間階層（50%～60%）的購買力增加29%；最低收入階層（低端10%）的購買力增加62%。所以，有的經濟學家認為，中國迅猛增長的出口過去幾十年裡為世界扶貧，包括發達國家的扶貧做出了不可估量的貢獻。

《牛津經濟》估計中國對美出口降低了美國總價位1%～1.5%，按美國中間家庭2015年的收入56 500美元計算，這樣的家庭因為中國產品2015年節省支出850美元。Amiti等（2017）研究發現，中國自2001年加入世界貿易組織以來，在滿足世界貿易組織降低關稅等要求的同時，也降低了美國的價格水準，降低了美國的通貨膨脹率。2001—2006年，中國使美國消費品價格累計降低了7.6%（或者說，使美國的通貨膨脹率累計降低了1個百分點）。

1.4　中美貿易增強了美國企業的競爭力

不僅美國消費者受益於中國豐富多樣的廉價產品，很多美國企業，特別是最成功的跨國企業和高科技企業，也因為把中國的中間產品納入它們控制的全球供應鏈而降低了成本，增強了競爭力。《牛津經濟》發現，除了美國在產業升級中正在淘汰的夕陽產業（例如紡織、服裝和高污染的皮革），美國增長最快最成功的行業正好是從中國進口附加值最多的，特別是電腦、電子設備、運輸設備和化工產品。以蘋果手機為例，雖然技術進步和高效能晶片是保證品質降低成本的最重要因素，但中國參與的加工組裝也對降低成本作用重大。據加州大學伯克利分校的Kraemer等測算，假如蘋果手機全部在美國生產組裝，成本將增加100美元/部。由於中國的參與，蘋果手機成本顯著下降，增強了蘋果在全球的競爭力，擴張了市場規模。假如川普政府開始轉向限制甚至阻撓中美自由貿易，那麼不僅會使中國低端加工組裝企業蒙受損失，而且可能會導致美國的高科技和其他跨國企業以及美國廣大消費群體蒙受更大的損失。

1.5 貿易保護主義不得人心

　　川普最近剛剛宣佈一些針對從中國進口的洗衣機和鋼材的懲罰性的關稅保護政策，美國主流知識份子和媒體幾乎立即對其進行猛烈批判。哈佛大學著名經濟學教授格里高利‧曼昆（Gregory Mankiw）最近在《紐約時報》專欄裡對川普總統的貿易保護主義措施進行了猛烈批判。曼昆批判川普總統竟然無視經濟學的基本原理，肆意妄為。一貫支持川普的共和黨的保守的《華爾街日報》和比較激進的《華盛頓郵報》也通過社論同時猛烈批判了川普總統的貿易政策。《華爾街日報》表示，「美國鋼鐵工人有14萬，但消費鋼鐵的其他產業領域的工人比他們多16倍」。川普政府通過關稅築起貿易壁壘，照顧的是少數人的利益，犧牲的是大多數人的利益。貿易壁壘的確能夠暫時輸送利益給擁有14萬工人的鋼鐵產業，但消費鋼鐵的雇工高達220萬，其他產業的競爭力會付出巨大的代價。美國廣大消費者最終不得不負擔成本上漲造成的高昂物價。

　　綜上所述，通過深入分析中美貿易和經濟發展，不難得出這樣的結論：自由貿易是雙方經濟繁榮的源泉，不是什麼零和博弈。不僅中國經濟因為中美貿易得以迅速崛起，美國經濟，不論企業還是個人，也因中美經貿發展而獲得了巨大的實際利益。合者雙贏，鬥者兩敗。貿易保護或者貿易戰，不過是一些無知者或者政治人物玩的短暫的把戲，最終肯定逃避不了失敗的下場，或者不了了之，或者很快被趕下歷史的舞臺。因為貿易保護和貿易戰只能保護極少數人的利益，卻損害絕大多數人民和企業的利益，最終損害國家的利益。

專題2

國際稅收協調和合作

　　一國貨幣的國際化離不開國家間財政政策的協調和合作，人民幣國際化需要國際稅收協調和合作。國家之間在經濟、政治等領域的依存關係是國際稅收合作的基礎。在單純依靠貨幣政策促進增長的效果不斷遞減、主要經濟體政策明顯分化難以形成合力、貿易投資保護主義抬頭、構建開放型經濟任重道遠的背景之下，稅收成為促進經濟增長的重要政策變數。國際稅收合作不僅直接影響經濟增長，而且影響世界財富分配，決定了經濟增長的紅利能否實現共享。

　　國際稅收合作是經濟全球化背景下促進經濟增長的重要政策選項之一。世界經濟正在從主權經濟向全球化經濟快速發展，經濟全球化意味著生產要素跨境流動，全球資源與要素跨越主權邊界在世界範圍內實現更加高效的配置和利用，從而為世界人民創造更多福祉。世界上至少50%以上的價值創造涉及國際交易，包括貨物貿易、服務貿易、跨境債務融資、股權投資與交易、跨境重組、無形資產交易、國際租賃、勞務輸出等，所有這些都涉及稅收政策。國際稅收合作，具有貿易創造和貿易轉向效應，通過鑒別比較優勢，盤活閒置要素，促進要素流動，增加全球要素供給，優化要素配置，升級要素結構，提高要素生產率，進而促進世界經濟增長，並深刻影響經濟增長結構。

　　國際稅收合作是化解經濟全球化與稅收法律當地語系化矛盾的必然選擇。與經濟全球化不相協調的是稅收高度主權化，稅收立法、執法、司法都與主權

高度相關。事實上，迄今為止，世界上除歐盟頒佈的稅收法令以外，還沒有超越國家主權的國際稅收法律法規。逐步趨同的國際經濟交易模式和規律遵循著世界近200項不同的稅收制度與徵管辦法，制度差異與交易成本大大增加了國際交易難度，嚴重影響國際經濟合作，阻礙經濟全球化進程。另外，經濟全球化與稅收法律當地語系化的矛盾還給有關國家提供了貿易和投資保護主義的機會和藉口，每當世界經濟出現困難，一些國家就通過調整國內投資與稅收政策，限制外來投資，促進國內就業，稅收與投資政策均出現內顧傾向，從而使經濟全球化進程倒退，殃及世界經濟復甦與增長。另外，稅收利益的協調與分配也成為國際經濟合作的內容。

因此，加強國際稅收合作，通過政策協調和徵管協作，消除稅收法律當地語系化給生產要素配置帶來的障礙，是促進世界經濟增長的重要措施，也是管控分歧，實現世界攜手共進、合作共贏的必然選擇。

國際稅收合作[1]一般分成若干個階段，第一個階段，合作的各方通過簽署雙邊或多邊全面性稅收協定，避免和消除國際雙重徵稅，防範國際避稅和逃稅，保障國際納稅人的非歧視地位，有助於人員、資本、技術和勞務的自由流動，消除跨國貿易和投資的稅收壁壘，實現並促進國際稅收協調和合作。第二個階段是限制稅收競爭。由於經濟全球化的加速，各國之間的經濟依存度迅速提高。一國包括稅收在內的宏觀經濟措施會對別的國家產生正的或負的外部效應。一國稅收政策的影響會出現溢出效應。因而各國之間的稅收政策需要協調，避免為爭奪流動性生產要素，特別是人才和資本，如外國直接投資領域以減稅為特徵的「競爭到底」（race to the bottom）的國際稅收競爭，更不要實行所謂的以鄰為壑的稅收政策。當然，稅收合作和協調的最好的方式是建立一個統一的協調機構。像歐盟一樣，成立經濟和財政部長理事會，成立超越國家主權的立法、司法和行政機構。這樣的機構對各國的稅收政策具有約束力。但

---

1 經濟增長的火炬照亮世界前程——G20杭州峰會國際稅收議題述評，http：//www.ctax.org.cn/csyw/201610/t20161009_1047992.shtml.

這是地理位置相鄰的國家為了實現統一的大市場需要的經濟一體化的進程，在這一過程中需要組建相應的關稅同盟、自由貿易區、經濟聯盟、貨幣聯盟、經濟和貨幣聯盟，最終實現政治上的一體化政治聯盟。這樣的一體化進程需要協調關稅、國內間接稅和直接稅，是國際稅收合作的終極形式。

國際稅收合作和稅收協調是國際稅收治理的重要組成部分，也是協調國際貨幣政策，建立新的國際金融秩序的必要條件，如以歐洲一體化為代表的歐盟的稅收協調，OECD國家的稅收協調和合作，金磚國家之間的稅收合作和協調，以及「一帶一路」沿線國家的稅收協調和合作等。在實現貿易和投資便利的目標下，上述幾個地區的國家的稅收合作和協調取得了實質性進展。各國將繼續支持所有推動全球稅收體系向更加公平、透明和現代化方向發展的國際倡議。各國繼續承諾，支持旨在促進聯動增長、確保國際稅收體系公平的各項行動，特別是推動制定和落實二十國集團稅收議程、多邊稅收合作和發展中國家能力建設。

2.1　金磚國家的稅收協調和合作[1]

經過10年發展，金磚國家已成為新興市場國家和發展中國家合作的重要平臺。五國分佈於亞洲、非洲、歐洲、美洲，均為二十國集團成員。五國國土面積之和占世界領土面積的26.46%，總人口占世界總人口的42.58%，在世界銀行占13.24%的投票權，在國際貨幣基金組織占14.91%的份額。據國際貨幣基金組織估算，2015年五國國內生產總值約占世界總量的22.53%，過去10年對世界經濟增長的貢獻率超過50%。

金磚五國經濟規模和經濟增長率的差異、經濟結構的差異（如印度很大程度上還是一個農業國家，俄羅斯經濟對採礦業，特別是石油天然氣的高度依

1　張文春. 金磚國家的稅制比較. 國家稅務總局課題報告，2017。

賴）、人口的規模和年齡結構的差異也是巨大的。

　　金磚國家的出現是與經濟全球化的加速分不開的。在2016年，新興經濟體將占到全球全部增長率的74%。這導致了經濟影響的再平衡，政治力量從西方轉向東方。國內生產總值的排名正在發生變化，如中國就超越了巴西、日本和英國。在所有這些新興經濟體中，新消費市場正在形成，中產階級正在出現。從人均國內生產總值的角度看，這些新興經濟體還需要花費20～30年的時間才能趕上大多數經濟發達國家。金磚國家在近期也成為外國直接投資的主要來源，特別是進入發展中國家的外國直接投資的主要來源。但是，幾乎沒有證據顯示，金磚國家有意成為一個統一經濟和政治集團。金磚五國在經濟、政治和制度框架上存在太多的差異。儘管如此，這五個國家依然試圖在全球問題中發揮更大的作用，擁有更大的話語權。金磚國家領導人首次會晤是在2009年6月。當時，南非還沒有加入金磚國家合作機制。巴西、俄羅斯、印度、中國傳統「金磚四國」（BRIC）的領導人在俄羅斯舉行首次會晤。四國領導人在會後發表《聯合聲明》，呼籲落實二十國集團倫敦金融峰會共識，改善國際貿易和投資環境，承諾推動國際金融機構改革，增強新興市場和發展中國家在國際金融機構中的發言權和代表性。該聲明呼籲建立一個公正、民主和多極的世界秩序。從那時起，金磚國家領導人每年都舉行峰會。同時，金磚五國的外交部部長和財政部部長也舉行常規性會議。金磚國家的各級官員也就從環境到稅收等領域的問題進行常規性溝通。金磚五國在2014年就成立了自己的開發銀行——金磚國家新開發銀行，作為世界銀行和國家貨幣基金組織的替代。該銀行的主要作用是為發展中國家提供金融援助。

　　在稅收領域，金磚五國現在已經舉行了稅務局局長年度會議。在南非舉行的第一次會議上，各國稅務局局長就成立許多稅收領域的工作組達成了一致。五個金磚國家也是二十國集團成員，它們試圖協調其立場。類似地，金磚五國也試圖在其他國際論壇和經濟合作與發展組織的稅基侵蝕和利潤轉移倡議中協調立場。

　　每一個國家的稅制反映的是其本國的經濟、政治和社會環境及其管理能

力。因此，金磚國家的稅制存在巨大的差異也是一點不讓人詫異的。

在過去的20年間，所有的五個金磚國家都進行了重大的稅制改革，其中最有影響的稅制改革出現在俄羅斯和印度。俄羅斯於2001年在經濟轉型過程中實行了全面的稅制改革，引入了包括增值稅、單一稅在內的稅制改革措施。目前，俄羅斯在金磚國家中擁有最具有競爭力的稅制。而印度則是近期全球稅制改革的翹楚，2017年7月1日實行全國範圍的增值稅，實現了千年以來全國流轉稅的統一。

金磚國家同屬新興經濟體，具有歷史相似性、規模巨大性、時間上的同時性等特徵，都面臨轉軌時期的某些共性問題。金磚國家稅收制度的變化將對世界稅收制度產生重要影響。因此，對金磚國家稅收制度進行比較研究是一個非常重要的課題。通過對金磚國家稅收制度的比較，可以發現金磚國家稅收制度之間的異同，為金磚國家的稅收合作奠定基礎，促進其發展。

2014年以後，每次金磚國家峰會的宣言都將稅收作為全球經濟治理的重要組成部分，有力地推動了新興經濟體之間的稅收合作和協調。

專欄 1

金磚國家領導人宣言中的稅收問題

（序號為每次會議宣言中的編號）

金磚國家領導人第九次會晤《廈門宣言》

中國廈門，2017年9月4日

34. 我們重申努力建立公平、現代化的全球稅收體系，營造更加公正、有利於增長和高效的國際稅收環境，包括深化應對稅基侵蝕和利潤轉移合作，推進稅收資訊交換，加強發展中國家能力建設。我們將加強

金磚國家稅收合作，為國際稅收規則制定做出更大貢獻，同時向其他發展中國家提供有針對性的、有效的、可持續的技術援助。

金磚國家領導人第八次會晤《果阿宣言》

印度果阿，2016年10月16日

50. 我們重申致力於在全球範圍內實現公平、現代化的稅收體系，歡迎在有效和廣泛執行國際認可標準方面所取得的進展。我們支援在尊重各國實際情況的前提下，開展稅基侵蝕和利潤轉移專案。我們歡迎國家和國際組織說明發展中國家加強稅收能力建設。

51. 我們注意到，激進的稅收計畫和措施將有損平等發展和經濟增長。稅基侵蝕和利潤轉移問題必須得到有效應對。我們強調，應在經濟活動的發生地和價值的創造地對利潤徵稅，重申支援這方面的國際合作，包括稅收情報自動交換普遍報告標準。

52. 我們注意到目前關於國際稅收問題的討論，以及《阿迪斯阿貝巴行動議程》及其強調各國稅收當局開展包容合作和對話，增強發展中國家參與，反映適當的公平地域分配，並代表不同稅收體系。

金磚國家領導人第七次會晤《烏法宣言》

俄羅斯烏法，2015年7月9日

26. 金磚國家重申，將參與制定國際稅收標準並就遏制稅收侵蝕和利潤轉移現象加強合作，強化稅收透明度和稅務資訊交換機制。

我們對逃稅、有害實踐以及造成稅基侵蝕的激進稅收籌畫表示深切關注。應對經濟活動發生地和價值創造地產生的利潤徵稅。我們重申通過相關國際論壇就二十國集團/經合組織稅基侵蝕和利潤轉移行動計畫和稅務資訊交換問題繼續開展合作。我們將共同幫助發展中國家增強稅收徵管能力，推動發展中國家更深入地參與稅收侵蝕和利潤轉移專案和稅務資訊交換工作。金磚國家將分享稅收方面的知識和最佳實踐。

金磚國家領導人第六次會晤《福塔雷薩宣言》

2014年7月15日，巴西福塔雷薩

17. 我們認為，對經濟活動發生地轄區進行徵稅有利於實現可持續發展和經濟增長。我們對逃稅、跨國稅務欺詐和惡意稅收籌畫給世界經濟造成的危害表示關切。我們認識到惡意避稅和非合規行為帶來的挑戰。因此，我們強調在稅收徵管方面合作的承諾，並將在打擊稅基侵蝕和稅收情報交換全球論壇中加強合作。我們指示有關部門探討在該領域加強合作，並指示相關部門在海關領域加強合作。

資料來源：作者根據公開資料整理而得。

在稅收領域，金磚五國現在已經實現了年度會晤制度，每年通過舉行稅務局局長年度會議就共同面臨的問題進行協商，這成為國際稅收合作和協調的典範。在南非舉行的第一次會議上，各國稅務局局長就成立許多稅收領域的工作組達成了一致。類似地，金磚五國也試圖在其他國際論壇和經濟合作與發展組織的稅基侵蝕和利潤轉移倡議中協調立場。在稅收領域取得的成果非常少，在很多立場的協調上沒有取得成功。除了金磚五國有著不同的地緣政治利益、缺乏常設祕書處和主席國的輪換、內部集團分化和經濟利益有巨大差異等原因之外，一個更重要的原因是，稅收涉及財政主權，是國家主權的最重要的體現。金磚國家稅制在稅收水準、稅制結構和稅率等諸方面存在差異。

金磚國家之間的稅務合作採取定期會晤機制，現在已經舉行了5次會議。金磚國家稅務局局長定期會晤機制始於2013年，其宗旨是加強金磚國家的稅收協調和合作，共同應對國際稅收領域的挑戰。

當前，雖然金磚國家總體經濟發展形勢向好，但仍舊面臨著不少嚴峻的挑戰，如何維護稅收公平、共同營造增長友好型的國際稅收環境，是擺在金磚國家監管者面前的重大課題。在此背景下，此次金磚五國的稅務局局長會議意在通過稅務合作，實現打擊跨國逃避稅、維護稅收公平和促進資源和要素在金磚國家之間優化配置的目的。更為重要的是，金磚國家稅收合作對促進世界經濟復甦發展亦具有重要的意義。

整體而言，金磚國家稅收合作將對五個成員國的稅收層面帶來三個方面

的實質性影響。一是金磚國家之間達成的稅收資訊交換合作成果，將使得打擊稅收犯罪更給力，協作執法更有力；二是通過加強金磚國家之間的稅收政策協調和徵管合作，可以進一步增強稅收中性，以減少稅收制度負面外溢效應；三是消除國際重複徵稅，以實現稅收協定公平待遇。此外，金磚國家通過稅收合作，還可以為企業的貿易自由和投資便利創造良好的稅收環境，最大限度地保護投資者利益。

從金磚國家稅收合作路線圖可以看出，以公平稅制推動建設世界經濟是其最終目的。金磚五國正在通過攜手合作，推動完善全球稅收治理體系，以進一步提升新興市場國家和發展中國家的代表性和發言權。與此同時，金磚國家之間的一些稅收管理經驗也值得相互借鑒。

金磚國家應深化稅收領域務實合作與機制建設，促進稅收合作在金磚國家整體合作中發揮更加重要的作用。這不僅有助於促進金磚國家的經濟轉型和發展，而且有助於帶動世界經濟繁榮增長，推動其他發展中國家乃至整個世界稅收治理體系的完善。加強金磚國家稅收合作對金磚國家自身具有重大意義，並將影響中國稅制改革的方向和趨勢。

作為新興經濟體和發展中國家的代表和領頭羊，金磚國家都已發展成為資本輸出國，而金磚國家稅制差異大，稅制結構改革以及稅收合作都會牽一髮而動全身。因此，加強金磚國家的稅收合作，關係到金磚國家切身利益，是構建金磚國家利益共同體和命運共同體的重要任務。

目前金磚國家同處於結構調整轉型期，儘管其轉型進程不同、發展重點各異，但經濟發展趨勢要求金磚國家在稅收協定等政策方面要儘快適應並採取一致行動，以保障金磚國家作為命運共同體的利益。同時，作為全球經濟增長的發動機，金磚國家的務實合作也有助於維護發展中國家的整體利益。

金磚國家的稅收制度改革都在如火如荼地開展。中國全面推開營改增，直接稅的改革將提上議事日程。印度正在推進的增值稅改革令經濟震顫。巴西、俄羅斯等國也在計畫推動稅收改革。因此，加強金磚國家在稅制方面的合作，不僅有助於金磚國家在加強對外投資時對自身的利益保護，完善和優化國內的

稅制改革，而且有助於金磚國家作為發展中國家的代表共同來保護和代表發展中國家的利益，更好地完善全球經濟治理體系。

金磚國家都在推行增值稅改革，優化稅制結構，促進經濟轉型。中國全面推開營改增已經一周年，通過給企業減稅，促進結構調整。金磚國家無一例外都在個人所得稅和企業所得稅上下功夫，通過降低稅率、簡化稅制，涵養和拓寬稅基，不僅實現了所得稅收入增長，而且促進了經濟增長。金磚國家通過降低關稅稅率，適應和推進經濟全球化。中國、巴西、南非和印度均大幅度降低進出口關稅稅率，縮小課稅商品範圍。俄羅斯也降低進口關稅稅率，但出口關稅保持其獨有特點。金磚國家在優化稅制改革方面可以加強合作。從稅制結構來看，南非直接稅明顯高於間接稅，巴西、俄羅斯直接稅和間接稅並重，印度和中國則以間接稅為主體，有必要通過改革加大直接稅比重。

金磚國家通過不斷推動關稅、增值稅和所得稅等改革，促進經濟增長和對外貿易增長。金磚國家成為名副其實的拉動經濟增長的新全球化發動機。

2017年在中國舉辦的第五屆金磚國家稅務局局長會議取得了共同應對挑戰，落實國際稅改成果，承諾推進稅收經驗共用機制建設等八大成果。為增加稅收透明度，提高金磚國家相互協商程序效率，五國聯合簽署了金磚國家稅務合作的第一份機制性檔，首次以官方檔形式將金磚國家稅收領域合作上升至制度層面，這標誌著金磚國家稅務合作機制建設邁上新的臺階。

金磚國家共同應對挑戰，落實國際稅改成果。在聯合國、二十國集團、經濟合作與發展組織等重要國際機構及合作框架下更加積極主動地參與國際稅收規則的制定，廣泛落實應對稅基侵蝕和利潤轉移（BEPS）行動計畫成果，特別是BEPS行動計畫四項最低標準的落實，呼籲盡可能多的稅收管轄區加入並平等參與BEPS行動計畫包容性框架，繼續推動建立支援數字經濟發展的國際稅收規則，共同推動國際稅收體系向更加公平和現代化的方向發展。

金磚國家承諾推進稅收經驗共用機制建設。金磚國家稅務部門承諾將建立各級別定期交流研討機制，增進稅務同行之間的互諒與友誼，分享重大稅收改革經驗，開展稅收政策效應評估合作，深化政策溝通、徵管協作、征納關係協

調和爭議解決等多層面的合作，推動金磚國家稅務部門為全球經濟治理做出積極貢獻。

金磚國家做出提升相互協商程序效率的承諾。金磚國家稅務部門承諾加大金磚國家間及國際稅收案件談判力度，加快跨境稅收爭議解決速度，共同促進金磚國家間及國際生產要素流動和經濟技術合作。

金磚國家發出增加稅收確定性的共同倡議。金磚國家稅務部門共同倡議在打擊逃避稅、避免雙重徵稅、提高稅收確定性之間力求平衡，促進跨境貿易和投資合規經營，利用金磚國家在新興市場和廣大發展中國家的代表性，推動全球協調一致行動，以稅收上的確定性增強國際投資者信心。

金磚五國都建立了較為廣泛的稅收協定網路，這為五國加強稅收合作奠定了基礎。

金磚五國簽訂的稅收協定都具有一個共性，就是並非完全使用OECD稅收協定範本和其注釋。金磚五國所簽訂的稅收協定在構成常設機構的條件，限定預提所得稅的最高稅率，特許權使用費，包括工商業機器設備的租金、稅收饒讓等條款上具有相似性。因此，金磚國家具有加強稅收合作的願望和基礎。

積極打擊跨境逃避稅行為是金磚國家稅收協定政策的共性。印度起伏多次的沃達豐案、俄羅斯和南非不斷放寬對本國納稅居民的認定標準等，都是在保護本國稅基、防止逃避稅。近年來，中國加大力度反避稅，2014年發佈一般反避稅管理辦法，2015年發佈關於非居民企業間接轉讓財產企業所得稅若干問題的公告，與其他金磚四國保持一致。

加強金磚國家反逃避稅措施符合國際社會打擊稅基侵蝕和利潤轉移的要求。金磚國家領導人承諾要參與BEPS行動計畫，但實際上，由於經濟發展階段的不同，金磚國家與發達國家的利益存在顯著差異。因此，實施BEPS行動計畫時，金磚國家要考慮自身實際，不能盲目跟風，加強金磚國家的彼此合作尤為重要。金磚國家要找到利益共同點，在實施BEPS行動計畫時，既要加強稅收立法和稅收徵管來保護本國稅基，也要加強在包括數字經濟徵稅、打擊有害稅收競爭、防止濫用稅收協定優惠等方面的合作，既要採取一致行動打擊逃

避稅，也要使其稅收政策有助於吸引外資尤其是吸引跨國公司留在金磚國家。

2.2 歐洲的稅收協調與合作[1]

　　歐盟作為世界經濟重要組成部分，是一個發達的市場經濟體系，是世界最大的經濟體之一。從1957年的歐洲經濟體開始，歐盟的發展經歷了自由貿易區、關稅同盟、共同市場、經濟聯盟、統一大市場、貨幣聯盟、經濟和貨幣聯盟等幾個階段，成員國由最初的6個發展到現在的28個，其目標是建立一個經濟和政治一體化的政治聯盟，一個由超國家主體和28個主權國家組成的聯邦制框架。為了實現上述目標，需要實現歐盟與成員國之間的財政政策（含稅收政策在內）協調，財政政策的協調主要體現的是財政趨同，並且要滿足歐盟提出的財政紀律即赤字率不超過3%和債務負擔率不超過60%。2009年危機爆發後，歐盟達成了這樣一個共識：單一貨幣特徵的歐盟金融協調貨幣聯盟在應對內外部衝擊時暴露出嚴重的缺陷，應實現財政領域更深層次的合作，實現進一步的稅收合作和協調，建立財政聯盟，從而實現真正意義上的經濟和貨幣聯盟。

　　歐盟的精髓是四個自由：商品、服務、資本和人員的流動自由，而稅收則構成了四大要素流動的障礙，實現要素的自由流動就要消除這些稅收壁壘。在稅收政策領域，就成員國而言，本國實施不同的財政政策和稅收政策會對他國產生外溢效應，會導致要素或資本的流動，對某些地區帶來益處的政策可能會對相鄰區域產生正外部性或負外部性，可能會造成稅收競爭等現象，如果沒有有效的溝通協調機制就會出現「以鄰為壑」或「零和博弈」的局面。對於歐盟而言需要平衡協調以實現整個區域的福利最大化和資源的有效配置，將公平與效率有機地統一起來。雖然歐盟認為稅制統一是未來的發展方向，但在具體的

1　為金磚國家合作貢獻「稅收力量」——金磚國家稅收合作步入快車道，http：//www.chinatax.gov.cn/n810219/n810724/c2725690/content.html.

實踐中，歐盟採取了務實和謹慎的做法，即允許成員國自行確定本國的稅收制度和政策，同時也在《羅馬條約》和《馬斯特里赫特條約》及《里斯本條約》等條約中確立了一系列歐盟稅收一體化的原則，規定了各成員國稅制改革的方向。這些主要原則包括：（1）禁止以稅收方式對本國產品提供保護原則；（2）協調成員國稅收立法原則；（3）消除重複徵稅原則；（4）從屬原則；（5）一致同意原則。最後兩條原則反映出歐盟對成員國的稅收主權和稅制差異的充分尊重。

由於歐盟並不是真正意義上的聯邦，成員國未向歐盟讓渡全部稅收主權，因此，歐盟稅法的主要作用是，為了達成一體化的目標而對各成員國的稅法進行協調。與其他形式的歐盟法相比，指令是最有效的推動成員國法律趨同化、實現一體化目標的稅收協調手段，因為它既可以保證一體化任務的完成，又能最低限度地限制成員國的稅收主權。因此，除了歐盟的各種條約和公約及協定之外，歐盟很多涉及稅收問題的法令都是以指令的形式發佈的。那些對建立統一大市場有重大影響的稅種如關稅、增值稅和消費稅、對共同體的自主財源具有重要意義的稅種，以及某些複雜的稅種，如農業稅等，均進入了歐盟稅收協調的視野。而那些與共同市場和經濟聯盟並不發生太多聯繫的稅種，如財產稅、土地稅、遺產稅與贈與稅、公路稅、個人所得稅，則可由成員國自行決定。再以稅收要素為例，稅率和稅收優惠多由一體化法來控制，以避免成員國間稅收競爭給統一市場帶來的阻礙，而計算程序、納稅期限等問題則可交由各國處理。

歐盟還不是一個聯邦，其一體化稅法的發展取決於成員國的意志，受制於成員國主權讓渡的情況。成員國讓渡的稅收主權越多，稅收協調的調整範圍就越寬越深。迄今為止，成員國在各稅收領域讓渡主權的程度表現出其差異性：在關稅、間接稅等領域讓渡了全部或大部分主權，而在直接稅領域則十分謹慎，由此導致了歐盟稅收協調在這三個領域的發展程度各不相同。

經過努力，歐盟就關稅、增值稅、消費稅、個人所得稅、公司所得稅、社會保障稅、金融稅制以及打擊逃稅和避稅等領域進行了廣泛合作，制定了一系

列制度檔來促進稅制的趨同。從稅制趨同的角度衡量稅收協調效果，可以看出歐盟15個老成員國稅制趨同化現象明顯，增值稅標準稅率、企業所得稅實際稅率的標準差都在減小。歐盟的直接課稅領域，早在1990年就通過頒佈一系列指令在稅收協調和合作方面取得了進展，在預提稅、徵管合作方面關於歐盟的稅收協調主要有兩種方案：一個是實行統一的稅率，28個國家都是實行同樣的稅率；第二個方案是實行統一的稅基（CCCTB）。與直接稅協調相關的，還有防範與國際避稅和逃稅相關的資訊交換、行政合作等。

目前，歐盟的稅收合作主要集中在下面的領域：稅收徵管與納稅遵從；稅務當局和企業之間的合作；統一大市場下的增值稅合作；數字歐洲下的稅收合作；加大稅收，特別是直接稅領域的行政合作；有關金融帳戶資訊自動交換的歐盟委員會專家組；增值稅收入流失與納稅缺口；包括建立歐盟統一的公訴機構在內的增值稅和行政合作；協調消費稅和建立統一的歐盟納稅人的納稅識別號碼。

通過歐盟機構和歐洲法院的努力，歐盟成員國的稅制得到了一定程度的協調。[1]但是，在歐盟成員國享有稅收主權和現行立法機制的限制下，歐盟各個成員國的稅制仍然與共同市場的要求存在差距。不過，歐盟並沒有放棄協調成員國稅制的努力。歐盟機構通過提出立法建議草案，頒佈「建議」「指南」「守則」等檔來促進成員國進行稅收協調的討論。歐盟憲法草案也在立法程序上提出了新的建議。因此，歐盟稅收協調的發展是必然的。不過，歐盟稅收協調的發展速度還取決於歐洲政治經濟一體化的進程。歐盟稅收協調的根本性發展需要成員國將稅收主權讓渡。但要建立單一市場，歐盟的財政收支政策的協調才能確保單一貨幣歐元等共同貨幣政策的正常運行，實現生產要素跨境自由流動的真正的統一大市場。

1　https：//ec.europa.eu/taxation_customs/general-information-taxation/eu-tax-policy-strategy_en.

財政政策和貨幣政策的二元性導致希臘主權債務危機

一、希臘主權債務危機的發源

早在2009年3月，希臘主權債務危機就已初露端倪。2009年10月初，希臘政府突然宣佈，2009年政府財政赤字和公共債務占國內生產總值的比例預計將分別達12.7%和113%，遠超歐盟《穩定與增長公約》規定的3%和60%的上限，拉開了主權債務危機的序幕。希臘主權債務危機對歐元區穩定的威脅越來越大，市場也出現了所謂的「狼群攻擊行為」，投機者不斷對高赤字的歐元區國家進行攻擊。2009年12月8日，全球三大評級機構之一的惠譽宣佈，將希臘主權信用評級由「A－」降為「BBB＋」，前景展望為負面，這是希臘主權信用評級在過去10年中首次跌落到A級以下。12月16日晚，另一家國際評級機構標準普爾宣佈，將希臘的長期主權信貸評級下調一檔，從「A－」降為「BBB＋」（倒數第3個投資評級）。12月22日，希臘再遭「降級」，穆迪又將希臘的主權債務評級由A1降至A2，讓全球投資人對於主權債務危機的擔憂再度升溫。2010年4月23日，希臘政府被迫向歐盟和國際貨幣基金組織求助，這是歐元自1999年誕生以來，首次有成員國向國際貨幣基金組織求助。希臘媒體當日公佈的民調顯示，高達91%的受訪希臘民眾擔心啟動救援機制將導致政府實施更為嚴厲的緊縮政策。4月27日，標準普爾將希臘主權信用評級調低至「垃圾級」。與此同時，希臘債務危機開始引發歐洲其他國家陷入危機，包括比利時、葡萄牙、西班牙等國都預報未來三年預算赤字居高不下。此外，德國等歐元區的經濟大國都開始感受到危機的影響，歐元大幅下跌，歐洲股市暴挫，整個歐元區面臨成立11年以來最嚴峻的考驗。英國《每日電訊》稱「希臘聞名世界的不再

是歷史古跡，而是財政廢墟」。

二、希臘主權債務危機的原因

希臘的主權債務危機，可謂「冰凍三尺，非一日之寒」。希臘從最初通過高盛公司財務造假掩飾公共債務加入歐元區，到近20年內一直是歐盟國家中債務負擔最重的國家，都埋下了國家主權債務危機的隱患。從希臘國內來看：一方面，為舉辦2004年雅典奧運會發行的460億美元債券一直沒有還清，至今還留下91億美元的缺口，成為希臘政府的一大包袱。另一方面，希臘國內經濟結構單一，國內收入過於依賴農業，涉外部門收入高度依賴旅遊業和海運業，導致希臘經濟脆弱，易受外部衝擊。受國際金融危機影響，希臘旅遊收入、船運業收入和農產品出口收入大幅度下滑。這些因素導致希臘2009年經濟進一步衰退，失業人口不斷增加，當年失業率達到9.7%。希臘這些支柱產業的萎縮直接導致了財政收入的銳減。然而同歐洲其他國家一樣，希臘政府不得不為應對金融危機推出救市政策，加大政府開支。一方面是財政收入的減少，另一方面是財政支出的不斷擴大，希臘政府不得不靠舉借外債來維持，債務窟窿越來越大。希臘政府舉借外債的財政運作方式也是導致主權債務危機爆發的重要原因。即使是在金融危機爆發之前，希臘政府仍將舉借外債作為增加外匯收入的重要管道，主要的方式是以低至1%的利率從歐洲央行借錢，再用借來的資金買入利率高達5%的政府債券以賺取利息差。這種方式在經濟繁榮時期也許奏效，但是在經濟蕭條時期卻不一定有效，因為流動性緊縮導致歐元區資金供給不足和拆借利率上升，同時金融危機會導致政府債券收益率下降和債務利息差縮小，這又會增加希臘政府的財政赤字。此外，歐洲國家以高福利著稱，基數大、補償高，希臘也不例外，因而政府長期受到失業救濟、社會高福利的拖累。希臘的失業率常年在10%左右，失業救濟成為沉重的壓力。失業人口多，也限制了政府稅收收入的增加。希臘的稅收收入一直維持在GDP的19%，是歐盟國家中最低的，而且呈現逐年下降趨勢。

希臘主權債務危機折射出歐元區特有的政策二元性矛盾，即分權的財政政策和統一的貨幣政策的矛盾。在貨幣政策統一、財政政策不統一的背景下，一國出現財政赤字後，除了徵稅和借債以外別無選擇。歐洲的債務危機是其自身長期積累的結構性矛盾的一次集中釋放，是外部危機和長期內部失衡的累積、財政貨幣政策二元性矛盾引發的危機。由於歐盟沒有統一的財政預算機構，無權調動各國財政，一國債務只能由本國財政做擔保。歐元區當前的債務危機彰顯了歐元區財政體制的弱點。

三、希臘應對主權債務危機的財稅對策

迫於歐盟的持續施壓，以及日益惡化的財政狀況，希臘新政府在2010年財政預算中大刀闊斧地對現行稅收制度進行改革。希臘主權債務危機也證明財政政策協調是確保歐盟統一的貨幣政策的有效性關鍵。

資料來源：張文春。希臘主權債務危機引發的思考。中國稅務，2010（7）：27-28。

2.3 「一帶一路」沿線國家的稅收協調與合作

「絲綢之路經濟帶」和「21世紀海上絲綢之路」戰略構想自2013年提出，這一戰略覆蓋沿線地區經濟規模達21萬億美元，貨物和服務出口占全球的24%。配合「一帶一路」倡議的提出，亞洲基礎設施投資銀行和絲路基金先後籌建和設立，經濟全球化、區域經濟一體化的發展格局逐步形成，「走出去」和「請進來」的企業數量不斷攀升，為人民幣國際化創造了便利條件，這對「一帶一路」國家或地區間的國際稅務合作提出了更高要求。以「一帶一路」為代表的思路與實踐已將包括稅收合作在內的全球經濟合作發展推到一個嶄新階段。

一個簡單的理由就是，自由貿易制度發展離不開商品貿易自由化、服務貿易自由化和貿易投資便利化，一條重要的實現途徑就是通過稅務豁免或減免打破各種貿易壁壘。而輻射亞歐非三大洲多數地區的「一帶一路」倡議，覆蓋了全球超過60%的人口和1/3的經濟總量，而今正一步步推動落實。「一帶一路」

的重要意義在於促成聯結歐亞大陸貿易帶，融合全球新興市場創造新商機。「一帶一路」有助於全面提升對外開放，使市場供求格局得以深度調整、現代資訊技術得以加快發展，商貿服務業開放共享、協同融合、智慧高效的發展趨勢也將更加明顯。

「一帶一路」倡議現在已經得到了100多個國家和國際組織的支援。「一帶一路」倡議正從理念轉化為行動，從願景變為現實，而且不斷地取得豐碩成果。「一帶一路」倡議是中國向國際社會提供的全球公共物品，為解決全球問題提出了一個多邊方案，體現了中國領導人的擔當和智慧，將惠及各國人民，「一帶一路」倡議源自中國，但是它屬於全世界。

中國在資金融通和政策溝通方面為「一帶一路」的建設架好橋、鋪好路。2017年5月在首屆「一帶一路」國際合作高峰論壇上，中國財政部與26國財政部的部長或代表共同核准了《「一帶一路」融資指導原則》。這26國來自亞洲、非洲、歐洲、拉丁美洲，表明「一帶一路」倡議從資金融通方面已經得到了各國的普遍認同和參與。《「一帶一路」融資指導原則》是在「一帶一路」建設中首次就融資問題形成指導性文件，有利於動員多管道資金解決融資瓶頸問題，開展各國財政部門之間的合作，這個積極意義正在不斷顯現出來。除此以外，中國還和世界銀行、亞洲開發銀行、亞洲基礎設施投資銀行、金磚國家新開發銀行等世界上最主要的六個多邊開發機構簽署了「一帶一路」建設的合作諒解備忘錄，這表明中國和多邊開發銀行共同努力，攜手為「一帶一路」建設進行融資合作，同時也使這些多邊開發機構能夠在「一帶一路」建設過程中起到融通世界不同國家和地區發展的帶頭或者引領作用。這是一個雙贏的制度性、合作性安排。

在「一帶一路」建設過程中，稅收起到的是非常關鍵性的作用。在「一帶一路」沿線國家的稅收協調方面，為了有利於跨境貿易和投資，應該採取漸進式的方案。第一，推進多邊和雙邊的關稅談判，來推動自貿區的建設，務實推動與「一帶一路」沿線國家或地區進行對等的開放，做好與沿線國家已經簽署協定的關稅減讓實施工作。第二，「一帶一路」沿線國家之間的現行稅制和稅

務管理差異很大，為了實現貿易投資便利化，防止稅收政策制定和現實稅收徵管過程的歧視，積極探索解決稅收爭端等多邊或雙邊領域的稅收合作。第三，鼓勵和吸納更多的國家和稅收轄區參與稅基侵蝕和利潤轉移專案。落實該專案的成果，不僅儘早將其納入本國的稅收政策和稅收徵管，而且通過談判或重新談判雙邊稅收協定，實現「一帶一路」國家的國際稅收合作和協調。第四，建立稅收論壇和各國財稅領導人的定期會商機制。

2.4 經濟合作與發展組織和二十國集團的稅收協調及合作

　　2018年5月，「一帶一路」稅收合作會議在哈薩克首都阿斯坦納閉幕。這是首次以「一帶一路」稅收合作為主題舉辦的國際稅收會議，參會各方聯合發佈了《阿斯坦納「一帶一路」稅收合作倡議》。會議形成了四點重要共識。各方一致同意，積極推動國際稅收規則完善，著力消除稅收壁壘，為推進貿易和投資自由化、便利化創造更加公平、公正的稅收法治環境；創新跨境涉稅服務，大力發展電子納稅服務，建立健全納稅信用管理體系，促進生產要素高效有序流動；拓展雙邊、多邊合作，進一步聚合資源、互學互鑒，共同提高稅收徵管能力；著力提升稅收爭端解決效率和執行力，增強稅收確定性，推動營商環境優化，增進投資者信心。

　　該倡議的發佈將對「一帶一路」沿線國家的國際稅收合作帶來兩方面積極影響：一方面，有利於推動「一帶一路」稅收合作更加緊密、更加深入並且更加規範化、機制化、實體化，為完善全球稅收治理體系做出積極貢獻；另一方面，將更好地促進「一帶一路」貿易和投資便利化，為經濟全球化深入發展乃至全球經濟治理持續改善，發揮積極的推動作用。倡議的發佈標誌著「一帶一路」沿線國家的國際稅收合作進入了一個新階段。

　　近些年來，經濟合作與發展組織（OECD，簡稱經合組織）各國仍然面臨

生產率低增長、需求低迷、工資停滯以及許多國家不平等程度上升或過高的惡性循環。自金融危機以來的10年間，經合組織越來越關注國內和國與國之間經濟增長、收入和財富持續不平等問題，並鼓勵從狹隘的經濟增長轉向更加重視其包容性。

　　經合組織經濟體繼續把增長和包容性作為近兩年來稅制改革的核心。以增長為導向的稅制改革通過減少企業稅和降低個人所得稅負擔來優化投資環境。這種發展在很大程度上是積極的，因為企業和勞動所得稅在經驗上都被認為是最不利的增長因素，而且隨著時間的推移，這些努力正逐漸轉向較不經濟的扭曲稅收，包括增值稅、消費稅、財產稅和與環境有關的稅收。旨在促進包容性的改革側重於降低中低收入者和家庭的個人所得稅。致力於加強進步和再分配的稅收改革，將在解決當今高收入和財富不平等問題，以及彌合收入增長和收入沒有增長的人之間的鴻溝上發揮關鍵作用。

專欄 3

OECD/二十國集團的BEPS行動計畫

　　2015年10月，二十國集團各國領導人在安塔利亞簽署了BEPS的最後一攬子計畫。BEPS的最後一攬子計畫包括關於最低標準、最佳實踐、共同方法和關鍵政策領域的新指導的建議。

　　• 在打擊有害稅收行為（第5項行動計畫 ）、防止協定濫用（第6項行動計畫）、國別報告（第13項行動計畫）和改善糾紛解決機制（第14項行動計畫）方面達成了最低標準。 預計所有參與國都將執行這些最低標準，同時其實施將受到其他國家的評議。

　　• 對此感興趣的國家已經就通過利息支付限制稅基侵蝕（第4項行動

計畫）和抵消混合錯配安排的作用（第2項行動計畫）達成了一個有利於促進國際實踐融合的一致方法。制定有效受控外國公司規則（第3項行動計畫）和強制披露規則（第12項行動計畫）為一些尋求加強國內立法的國家提供了最好的實踐經驗。

• 經合組織示範稅收公約中的常設機構的定義已經改變為防止人為規避常設機構身份（第7項行動計畫）。 在轉讓定價方面，對於劃定實際交易、風險和無形資產的處理等方面做了重要的說明。 對其他幾個問題提供了更多指導，以確保轉讓定價結果與價值創造相一致（第8～10項行動計畫）。

• 常設機構定義的變化、轉讓定價的說明以及受控外國公司（CFC）規則的指導預計將基本上解釋清楚數字經濟加劇的BEPS風險。我們還考慮了其他幾種方案，但在現階段不推薦使用，因為已經給出了其他建議並且現在增值稅在市場經濟國家有效地推行將促進其增值稅的徵收（第1項行動計畫）。

• OECD已經制定了一個多邊方案來協助修改雙邊稅收協定（第15項行動計畫）。 對現有條約進行的修改將涉及禁止濫用條約的最低標準以及最新的常設機構定義。

在2016年2月的二十國集團財長會議上，OECD通過了BEPS行動計畫全球實施的包容性框架，同時重申了對及時實施BEPS行動計畫的承諾，並將繼續監測和解決與BEPS行動計畫相關的問題，以實現一致的全球做法。

資料來源：www.oecd.org/tax/beps.

許多OECD國家都在落實該BEPS行動計畫成果，擴大稅基防範國際避稅。許多國家在2016年的立法改革都受到了BEPS行動計畫的成果的推動。參與BEPS行動計畫包容性框架（它平等地將近100個地區聯合在一起）的國家，承諾執行OECD/二十國集團的BEPS行動計畫系列建議的措施，其中包括四個

最低標準：打擊有害稅收行為（第5項行動計畫）、防止協定濫用（第6項行動計畫）、國別報告（第13項行動計畫）和改善糾紛解決機制（第14項行動計畫）。 所有四個最低標準都要經過同行評審，以確保其及時和準確地實施。

英國在2016年對其智慧財產權優惠制度進行了調整。根據2016年的變化，同行評審過程已經在比利時、匈牙利、愛爾蘭、荷蘭、葡萄牙、下瓦爾登州（瑞士）和英國結束了對智慧財產權的評議。 同行評審過程仍在進行中。 此外，為支持這些事態發展，歐盟營業稅行為守則小組採取了修改後的關聯辦法，並正在監督歐盟成員國。

在國別報告方面我們也取得了重大進展。國別報告為跨國企業提供了一個範本，用於每年報告高層轉讓定價相關資訊以及它們開展業務的每個稅務管轄區域。 考慮到國內法律和行政框架以及就資訊交流、保密和適當使用國別報告的協議達成的一致意見，同行評審過程將在包容性框架的監督下進行。 在2016年，約有50個國家通過了國別報告或頒佈了相關立法草案。

BEPS行動計畫第14項行動計畫建議採取一系列政策措施，以提高各國根據相互協商程序（MAP）解決條約相關爭議的能力。 概述了解決爭議的同行審查和監督程序的主要檔已於2016年10月公佈。同行審查將基於兩階段的方法進行，允許納稅人就特定領域提供資訊，包括獲取相互協商程序的方式、透明度，相互協商程序可用性指導和相互協商程序協定的及時執行。 而新締結的稅收協定，例如比利時和日本之間的稅收協定，已經試圖納入BEPS行動計畫關於解決爭端的建議。多邊工具是旨在將BEPS行動計畫關於第6項和第14項行動計畫的建議轉換成2 000多項現存稅收協定的主要政策措施。

多邊工具將通過執行最低標準來打擊條約濫用，改善糾紛解決機制，同時靈活地適應具體的稅收協定政策。這將使各國能夠靈活有效地更新雙邊稅收協定，也體現了條約適應變化政策目標方式的根本性變化。2017年6月7日，來自76個國家和地區的部長和高級官員簽署或正式表示打算簽署多邊工具。

荷蘭和瑞典引入利息抵免限制。這些措施於2017年1月生效。英國在2016年財政預算案中亦宣佈，從2017年4月1日起限制企業利息開支的稅項扣除。

混合錯配可能涉及相同費用的雙重扣除或沒有任何對於應稅收入的費用扣除。 在英國，混合錯配規則指混合型金融工具和混合實體的錯配。 這些規定的範圍最近通過新的措施得到擴大，這些措施涉及產生稅收錯配的常設機構的避稅安排。南非還引入新的混合錯配規則，消除混合債務工具產生的錯配。

　　日本於2016年12月公佈其受控外國公司規則發生重大變動。 這一改革意味著確認避稅風險的方法將不再依賴於形式基礎，如外國子公司的有效稅率，而是根據相關子公司的具體活動和收入類型； 被動收入將根據受控外國公司規則納稅，而通過實際經濟活動產生的收入不論外國子公司的有效稅率如何，均可免除稅收。

　　與此同時，歐盟層面通過了反避稅指令，歐盟委員會也提出了新的企業稅改革方案。歐洲理事會於2016年7月通過了第一個反避稅指令（ATAD），要求歐盟成員國實施一些BEPS建議，並採取一些其他措施。2016年10月，第二個反避稅指令將防範混合錯配的規則擴展到涉及非成員國的情況。此外，歐盟委員會還提出了兩個階段的建議，即建立一個通用的綜合企業稅基，這是一套計算歐盟企業應稅利潤的單一規則，以及一個關於雙重徵稅爭議解決的指令，它將加強歐盟強制性約束性爭端解決機制。

　　最後，一些國家採取了更多的單邊措施來解決國際避稅問題。 澳洲繼英國於2015年實施分配利得稅後，也宣佈實施分配利得稅並將於2017年7月生效。澳洲利潤轉移稅（DPT）是一項新的獨立稅，旨在解決大型公司註冊地在澳洲或在澳洲有應納稅存在的問題。 以不符合經濟實質要求的相關實體之間的交易為基礎賺取的利潤將被徵收40%的稅。 因此，DPT作為一種威懾力量，旨在增加企業所得稅收入並防止避稅。

　　經合組織的《國際增值稅/商品和服務稅指南》（VAT/ GST Guidelines）在2015年11月得到了超過100個司法管轄區的認可，並於2016年9月由經合組織理事會加入經合組織的推薦。與之前版本的報告相同，本次報告最受關注的指南內容是關於外國供應商提供的企業對消費者服務和無形資產（包括數位供應）的有效徵收增值稅的建議規則和機制。指南建議將對增值稅應稅物品徵稅

的權利分配到消費者擁有其經常居住地的國家，以及提供這些服務和無形資產的外國供應商登記的國家，並減少消費者擁有其經常居住地的國家所交的增值稅。指南還建議執行簡化註冊和納稅遵從制度，以促進外國供應商的納稅遵從。

2016年，經合組織的《國際增值稅/商品和服務稅指南》的實施仍在繼續。紐西蘭為商品和服務稅的徵收提供了一個於2016年10月1日生效的新的管理制度，這個管理制度是針對外國供應商提供的遠端服務。澳洲也制定了一個將於2017年7月生效的類似的機制，擬對外國供應商的數碼產品徵收商品和服務稅（GST），這兩項改革都是為了實施指南推薦的機制。此外，一些非經合組織的司法管轄區，包括印度、俄羅斯和臺灣在內，它們要麼已經實施，要麼宣佈即將根據指南匹配其對跨境服務和無形資產的稅收規定。

歐盟委員會還提出了一些措施，作為其數位市場戰略以及在增值稅方面的行動計畫的一部分，以支持線上業務的增長，尤其是初創企業和中小企業。新規定允許在網上銷售商品的公司通過一個數位線上網站（「一站式商店」），通過它們自己的稅收管理和它們自己的語言來處理它們在歐盟的所有增值稅義務。根據經合組織的《國際增值稅/商品和服務稅指南》，這些規則已經存在，可以服務於網上銷售者。為了支持初創企業和微型企業，建議引入每年1萬歐元的增值稅門檻，在此基礎上，將網路公司的跨境銷售視為國內銷售，並將增值稅支付給它們自己的稅務部門。這與其他的計畫密切相關，比如相同的發票和記錄保存規則。這是為了在單一歐洲市場進行交易，盡可能就像這些公司在國內交易一樣。提議取消從歐盟以外進口小型貨物的增值稅免稅，以解決歐盟企業不公平競爭和扭曲的風險。此外，還提議修改現有的增值稅規則，使成員國能夠將與印刷等價物相同的增值稅稅率適用於電子書和線上報紙等電子出版物。這些新規定預計將對線上銷售商品和服務的公司產生重大影響，因為它們將能從更公平的規則、更低的合規成本和減少的行政負擔中獲益。預計成員國和公民將從每年額外70億歐元增值稅收入和歐盟更具競爭力的市場中獲益。

澳洲已經將10%的商品和服務稅擴大到適用低價商品進口，保證了價值達

到或低於1 000澳元的進口商品（目前免征消費稅）和國內銷售的商品之間公平競爭。如果提議的改革實施，那麼外國供應商，包括「電子分銷平臺」（每年向與澳洲有關的消費者提供超過75萬澳元的應稅貨物），將被要求在澳洲登記。然後，它們將被要求對其在澳洲的銷售繳納增值稅。

經合組織在2017年12月18日發佈了《經濟合作與發展組織稅收協定範本》的最新版本。此版本加入了經濟合作與發展組織和二十國集團為BEPS行動計畫所做的重大變動，反映了各國在落實BEPS行動計畫成果以及談判和執行稅收協定方面累積的經驗。

經合組織領導以稅基侵蝕和利潤轉移專案為主導的國際稅收協調的各項結論和政策建議得到了包括中國在內的二十國集團的背書，代表了全球公司所得稅制度重建的新方向。從2008年至今二十國集團峰會在推動建立包括金融和財政在內的新的國際秩序方面做出了較大貢獻，積極推動了全球的國際稅收協調和合作。目前，包括經合組織在內的大部分國家繼續按照經合組織/二十國集團BEPS行動計畫商定的最低標準和建議的承諾，對產生利潤和創造價值的經濟活動應當進行徵稅，保護企業稅基免受國際避稅侵蝕，打擊國際避稅活動和非法資金流動，建立了以提高透明度和全面資訊交換為主要特徵的國際公認的稅收標準，並建立了評估各經濟體稅收政策的全球論壇和包容性框架（The Inclusive Framework）。此外，金融帳戶資訊自動交換和《多邊稅收徵管互助公約》的執行，幫助發展中國家和低收入國家提高稅收徵管能力，也是二十國集團主張的國際稅收合作的內容。二十國集團在2015年安塔利亞峰會上批准了BEPS行動計畫成果報告，沒有增加新的國際稅收合作內容。2016年杭州峰會要求的「加強政策協調，實行增長友好型的稅收政策，促進世界經濟增長」，成為國際稅收合作第六項內容。國際稅收合作呈現不斷深化趨勢。另外，二十國集團峰會鼓勵各國和國際組織協助發展中國家提高稅務能力，並承認由國際貨幣基金組織、經合組織、聯合國和世界銀行設立的稅收合作新平臺，支持為發展中國家籌資的聯合國的阿迪斯阿貝巴稅收計畫原則。

為支持跨境貿易與投資，推動經濟全球化的發展，二十國集團支援國際稅

收合作，構建公平、高效的國際稅收環境，以減少稅收體系之間的衝突並推動實現強勁、可持續和平衡的經濟增長。二十國集團要求OECD與國際貨幣基金組織就促進創新驅動的包容性增長、提高稅收確定性的稅收政策起草報告，實現國際稅收政策的協調和合作。中國已經建立了一個致力於國際稅收政策設計與研究的國際稅收政策研究中心「中國和OECD多邊稅收中心」，意在從被動的國際稅收秩序的接受者向制定者轉變。

專欄 4

二十國集團年度峰會國際稅收合作的議題要點

2008年，美國

國家和地區之間應當加強金融監管方面的合作，並加強稅收情報交換；OECD等組織應該繼續推進稅收情報交換工作。稅收不透明和稅收情報交換稀缺的問題需要得到有力解決。

2009年，英國

加強金融體系風險管理，加大金融資訊透明度。對國際稅收情報交換進度進行評估。對不合作的司法管轄區，包括避稅天堂採取行動。

2009年，俄羅斯

承諾在處理避稅天堂、洗錢、腐敗、恐怖分子融資和審慎標準方面保持勢頭。歡迎全球論壇在透明度和資訊交換方面的擴展，包括發展中國家的參與，歡迎該協議提供一個有效的同行評審程序。該論壇的工作重點將是提高稅收透明度和擴大資訊交換，以便各國能夠充分執行其稅收法律以保護其稅基。

2010年，加拿大

強調在金融體系改革的同時，維護納稅人的權益。正在針對避稅天堂、打擊洗錢和恐怖主義融資以及遵守審慎標準的全面、一致和透明的評估，對不合作的司法管轄區採取行動。

2010年，韓國

對各國稅收情報交換情況進行評估，更新非合作地區名單，防範全球金融體系風險。

2011年，法國

打擊避稅地和非合作的管轄區。

2012年，墨西哥

應該致力於提高稅收透明度和全面交換資訊，敦促所有國家完全遵守標準並執行所確定的建議。

2013年，俄羅斯

解決稅基侵蝕和利潤轉移，以及避稅問題，促進稅收透明和資訊的自動交換。

2014年，澳洲

保證國際稅收體系的公平性，保護稅基。對產生利潤和創造價值的經濟活動應當進行徵稅。

2015年，土耳其

促進全球再平衡。促進透明化。抵制各種形式的保護主義，鼓勵一系列關於防範稅基侵蝕與利潤轉移專案的措施，尤其關注跨境稅收制度的資訊交換。

2016年，中國

利用財政政策和貨幣政策支持經濟活動、保障物價穩定。繼續支持國際稅收合作以實現全球國際稅收體系的公平和現代化，包括推動在BEPS行動計畫、稅收資訊交換、發展中國家稅務能力建設等各方面的合作。

2017年，德國

繼續致力於提高全球各國稅收體系的透明度、公平性和可靠性，進一步關注數位技術對稅收的影響。二十國集團在加強宏觀政策協調、改革國際金融機構、完善國際金融監管、打擊避稅等方面取得了積極成果，為穩定金融市場、促進經濟復甦做出了重要貢獻。

資料來源：作者根據公開資料整理而得。

2.5　結論與建議

國際稅收協調和合作是經濟全球化，實現資本、人員等生產要素跨境自由流動實現最佳配置的必要條件，為人民幣國際化服務。鑒於目前我國的現實，第一，要貫徹落實中國政府提出的「一帶一路」倡議，有針對性地開展與「一帶一路」沿線國家的稅務合作，服務國家對外開放戰略；第二，要加強鄰國外交，做好與周邊國家的稅收合作與交流；第三，要深化與金磚國家的稅務合作，落實二十國集團稅制改革成果；第四，在國際稅收協調和合作的過程中，不允許借打擊國際逃避稅之名，行保護國內產業等之實，為跨境投資和國際經濟合作設置障礙；第五，順應發展趨勢，在參與國際稅收規則制定中主動轉變角色，在國際稅收協調中發出中國聲音、提出中國方案，維護國家稅收權益，為構建公平和現代化的國際稅收體系做出貢獻；第六，幫助發展中國家提高稅收徵管能力，促進包容性發展；第七，加大對發展中國家的稅收培訓與技術援助力度，支援稅收合作平臺；第八，通過國際稅收培訓項目開展對外援助，支持周邊國家、金磚國家及「一帶一路」沿線國家等提高稅收徵管能力，並共同向其他發展中國家給予援助；第九，從加強全球經濟治理的戰略高度構建中國國際稅收新體系，適應經濟全球化和我國在國際地位中的變化，在國際稅收體系改革與升級中做出應有的貢獻。

2.6 國際稅收競爭導致全球公司所得稅法定稅率持續下降[1]

　　美國稅務研究基金會（Tax Foundation）的學者整理了全球202個經濟體2017年公司所得稅法定稅率的基本資訊。報告顯示國際稅收競爭導致全球公司所得稅法定稅率出現了明顯的收斂趨勢。

　　202個經濟體全球公司所得稅法定稅率的非加權平均值為22.96%。如果按照國內生產總值加權，202個經濟體的公司所得稅法定稅率的平均值為29.41%。

　　擁有最高法定公司所得稅法定稅率的前20個經濟體不平均地分佈在每一個洲，其中7個位於非洲，2個位於歐洲，2個位於亞洲，3個位於大洋洲，6個位於美洲。

　　在公司所得稅法定稅率最高的前20個經濟體的名單中有幾個都是美國的屬地，即波多黎各、關島、北馬里安納群島和美屬維爾京群島，分別排在第二位、第十位、第十四位和第十六位。如果加在一起的話，美國就占到了全球擁有最高公司所得稅法定稅率的前20個國家或地區的1/4了。美國在202個經濟體中擁有第四高的公司所得稅法定稅率。美國38.91%的公司所得稅法定稅率（由35%的聯邦公司所得稅法定稅率和每個州徵收的公司所得稅法定稅率的平均值組成），僅排在阿拉伯聯合大公國（55%）、科摩羅（50%）和波多黎各（39%）之後。

　　在前20個經濟體中大型的經濟體就是印度（34.61%）和法國（34.43%）。這兩個經濟體幾乎都排在前20位的底部，印度排在第18位，法國排在第20位。

　　在排行榜的另外一端，即公司所得稅法定稅率最低的20個經濟體中，那些

1　張文春：全球稅率收斂趨勢日益明顯，http://ex.cssn.cn/jjx/jjx_gzf/201712/t20171209_3775255.shtml.

擁有非零公司所得稅法定稅率的經濟體都是那些公司所得稅法定稅率低於15%的經濟體。其中公司所得稅法定稅率最高的是賽普勒斯、愛爾蘭和列支敦士登（都是12.5%），最低的是烏茲別克斯坦（7.5%）。有10個經濟體的公司所得稅法定稅率都是10%，其中6個是歐洲小經濟體（安道爾、波黑、保加利亞、直布羅陀、科索沃和馬其頓），只有2個發達經濟體處於公司所得稅法定稅率最低的20個經濟體名單中，即愛爾蘭和匈牙利。愛爾蘭以2003年引入的12.5%強的公司所得稅法定稅率聞名於世。匈牙利在宣佈將本國的公司所得稅法定稅率從19%降到9%後在2017年第一次進入了公司所得稅法定稅率最低的20個經濟體名單中。

在接受調查的202個經濟體中，14個經濟體目前沒有徵收一般公司所得稅。這些經濟體中的多數是那些小型的島嶼經濟體。像開曼群島和百慕大那樣的經濟體許多是以不徵收公司稅而聞名的。巴林沒有一般公司所得稅，但對特定的石油公司徵收公司所得稅。這14個不徵收一般公司所得稅的經濟體包括安圭拉、巴哈馬、巴林、百慕達、開曼群島、根西、馬恩島、澤西、馬爾地夫、帛琉、諾魯、特克斯和凱科斯群島、瓦努阿圖、英屬維京群島。

全球各個地區之間的公司所得稅法定稅率有非常顯著的差異。非洲是所有地區中公司所得稅法定稅率的非加權平均值最高的地區，為28.73%，而歐洲是所有地區中公司所得稅法定稅率的非加權平均值最低的地區，為18.35%。

如果按照國內生產總值加權，北美洲的公司所得稅法定稅率的平均值是最高的，為37.1%。其中的一個原因是，儘管該地區內有許多低稅率的轄區，但美國的國內生產總值占到該地區的國內生產總值的大約82%，加上美國的公司所得稅法定稅率比較高。因此對該地區的平均值有著顯著的影響。歐洲的公司所得稅法定稅率的非加權平均值最低，為25.58%。

一般來說，那些規模大和工業化程度高的國家總是比那些規模小或發展水準低的國家擁有更高的公司所得稅法定稅率。這些稅率通常高於全球平均值。由全球七個最富的國家組成的七國集團的公司所得稅法定稅率的平均值為29.57%，加權後的平均值為33.48%。經合組織成員的公司所得稅法定稅率的非

加權平均值為24.18%，按照國內生產總值加權後為31.12%。金磚國家的公司所得稅法定稅率的非加權平均值為28.32%，加權後的公司所得稅法定稅率的平均值為27.34%。

　　非常少的國家或地區徵收的公司所得稅法定稅率高於35%。在2017年202個經濟體的公司所得稅法定稅率的分佈中，92個經濟體的公司所得稅法定稅率在20%到30%之間，30個經濟體的公司所得稅法定稅率在30%到35%之間。美國是僅有的5個公司所得稅法定稅率超過35%的經濟體。75個經濟體的公司所得稅法定稅率低於20%，167個經濟體的公司所得稅法定稅率低於30%。

　　在過去的37年間，公司所得稅法定稅率在全球範圍內持續下降。在1980年，全球公司所得稅法定稅率的非加權平均值為38.68%。到2017年，公司所得稅法定稅率的平均值為22.96%，在37年間降低了41%。

　　公司所得稅法定稅率的加權平均值一直比同期內的簡單平均值要高。美國是使得公司所得稅法定稅率加權平均值這麼高的主要因素，因為美國這些年都擁有相對高的公司所得稅法定稅率，且占全球國內生產總值的比例較高。全球公司所得稅法定稅率的加權平均值從1980年的46.64%降到了2017年的29.41%，在這37年間下降了37%。

　　與別的國家不同，美國在過去的幾十年間都保持了相對穩定的公司所得稅法定稅率。僅有的一次重大變動是1986年的稅制改革將聯邦46%的公司所得稅法定稅率降到了40%，而在1988年又進一步降到了34%，在1993年再次提高到了35%，並一直保持到現在。

　　隨著時間的推移，越來越多的國家轉為對本國公司徵收30%以下的稅。公司所得稅法定稅率的這種不斷變化的分佈也是非常不一致的。最大的轉變發生在2000—2010年，在2010年77%的國家或地區徵收的公司所得稅法定稅率低於30%，在2000年只有42%的國家或地區的公司所得稅法定稅率低於30%。

　　1980—2017年，全球各個地區公司所得稅法定稅率的平均值都出現了淨下降。下降幅度最大的是歐洲，1980年平均值為40.5%，2017年為18.35%，降幅達到了約55%。南美洲的降幅最小，從1980年的39.66%下降到了2017年的

28.73%，只下降了約28%。

　　非洲、大洋洲和南美洲在同期內公司所得稅法定稅率的平均值都提高，但在整個時期內所有地區的平均值都下降。在公司所得稅法定稅率平均值提高的每一種情況下，絕對值的變動相對都比較小，在幾十年間不到一個百分點。

　　在國際稅收競爭持續且日益激烈的情況下，一旦一個主要的工業化經濟體削減本國稅率，其他國家似乎就被迫做同樣的事情。全球公司所得稅法定稅率的持續下降表明了一個發達經濟體減稅的外溢效應和虹吸效應，也誘發了關於「競爭到底」的討論，闡明了國家稅收競爭和國際稅收合作之間的關係。區域經濟一體化的稅收協調會導致貿易集團或者經濟聯盟內的減稅過程，具有貿易創造和貿易轉向效應。

專題3

政策協調中的法律風險

3.1　法治發展和對域外影響力擴充產生的風險

　　中國經貿發展與世界深入融合，法治發展和域外法律交流亦不斷深化。一方面，中國對於法治建設特別是法治國家的建設，提出了明確的目標和路徑。另一方面，中國不斷拓展、深化「一帶一路」倡議，在投資、貿易、金融、人才輸出諸方面與沿線國家和地區的聯通日益緊密，域外影響力急劇增強。受經濟、政治和文化等的影響，中國法治發展的外溢效應增強，呈現出法律全球化的特點。為了應對這種全球化，中國正以大國擔當的積極姿態參與全球化的政策協調。在此過程中，貿易和投資法律體系難免受到一定程度的衝擊，面臨日益複雜多樣的法律風險。

　　第一，貿易和投資的多元化正日益凸顯。中國投資者的眼光愈加長遠，中國的貿易對象逐步多樣化、全球化、複雜化。各國特別是「一帶一路」國家的法治水準參差不齊，法律體系不夠健全，執法程序多有瑕疵，相關政策與法律還經常因外部經濟、政治環境的變化而不斷調整，投資環境尚存在諸多不確定性因素。據統計，1990—2014年，捷克、波蘭、俄羅斯、烏克蘭、印度、哈薩克等10個「一帶一路」國家被訴的案件數量均超過10起，在所有國際投資仲裁

的被訴方中位居前列。其中，由於一些國家經濟基礎薄弱、政治體系脆弱、國內矛盾和衝突嚴重以及國際環境的複雜影響，外國投資面臨著很高的國別風險。因此，中國投資者可能面臨多樣化的政治風險，包括政府審查（反腐敗審查、環保審查、反壟斷審查等）、本土化要求、群體性勞動糾紛、稅務爭議等。

第二，貿易摩擦的複雜性增加。隨著中國出口產品結構的不斷升級，發生對華貿易保護主義的領域正從貨物貿易向服務貿易和投資領域擴展，發生貿易爭端的內容正從關稅壁壘的削減向非關稅壁壘的拆除轉移，貿易摩擦的爭執點也從單個產品逐漸擴散到整個產業，由低附加值產品向高附加值產品擴展，最後直抵貿易政策和制度層面。當前全球經濟帶有諸多不確定性，更使中國面臨貿易保護主義的嚴峻挑戰。近年來，中國已成為受貿易保護主義有害影響的「重災國」，如美國「特別301調查」、歐盟貿易新戰略、區域貿易集團化等，實則是貿易保護主義的「倒戈」政策。

第三，政治經濟環境的不確定性、不穩定性加劇。東道國的政治環境改變極易導致投資政策導向發生變化。有研究顯示，「一帶一路」國家的政治風險經常來源於投資合同簽署後東道國政治和社會經濟環境的改變。例如，因政府更迭及中央與地方政府之間政治鬥爭而單方面停止基建專案，或因政府決策反復多變，撤銷舊政府與投資者簽訂的投資合同。同時，由於法治水準參差不齊，一些國家政府執法的物件選擇以及程序有一定的隨意性與歧視性，有時會基於政治利益與國家安全的需要，有選擇性地對某些外國投資者進行執法。由於執法標準經常前後矛盾，中國企業面臨高度多變的投資和貿易環境。

因此中國將不可避免地面臨更多的和更複雜的非市場風險和利益衝突，國家和政府層面也將面臨由此而來的各種挑戰和壓力。特別是「一帶一路」倡議給沿線國家帶來重大貿易機遇的同時，其投資風險的平均等級也較高。作為領跑區域性乃至全球性貿易的中國，既要宣導經濟上的聯通，也要實現法治規範上的互通。

金融監管改革和金融領域法治建設是人民幣國際化的重要組成部分，涉及多個部門，以及機構、資源、業務、市場等要素的重整，不僅需要在新的格局

和定位上規劃，而且需要自上而下理順新的頂層設計和安排，還需要不同市場主體積極適應新的監管格局。從法治發展和域外法律交流的角度來推進人民幣國際化的重要特徵，即加強監管協調和監管責任的設定，消除機構間「交叉區域」「真空區域」的套利機會；強化金融監管的專業性、統一性、穿透性，做好對「交叉地帶」潛在風險的化解；強化央行宏觀審慎管理和系統性風險防範職責，在構建貨幣政策與宏觀審慎管理雙支柱的金融調控框架基礎上實現對現行法律規制體系的進一步落實，進而促使並實現組織上的監管職能強化，更加注重統一規劃、監管協調、監管覆蓋、風險處置。在法治建設和規制完善的大環境下，促進我國監管體制的深刻變革，為經濟高品質發展和改革的深入發展創造更好的制度環境和金融環境。

現行實踐是中國政府的經濟管理職能由多部門行使，經濟政策分工也日益複雜，參與經濟政策制定和實施的政府部門從數量上和業務管理覆蓋面上重合點和層次越來越多。經濟政策、貿易、投資和外資管理等各種問題相互交疊、相互影響，很難完全清晰地界定並合理歸納到特定或指定的政府管理部門，這必然導致相關的政府機構出現職能重疊、交叉或缺失的問題，還會導致政府部門之間的權力之爭或責任推諉等現象。因此，客觀上就需要在政府部門之間進行協調。中國對外貿易呈現巨大增長的同時，中國經濟政策的外溢性更強、影響力更大，某個部門、某個領域的經濟問題可能「牽一髮而動全身」，處理不當的話，也會成為影響整體中國對外貿易乃至世界貿易的大問題。

因此，也需要彙聚不同部門的資訊、充分發揮集體智慧，從中國經濟乃至世界經濟的整體加以考慮和分析。盡可能地做出明智的經濟決策，實現最優的政策協調，包括貨幣政策、財政政策、貿易政策、創新政策在內，提出全面、綜合、系統的解決方案。因此，必須立足於中國投資和貿易領域具體法律風險來探討中國應當如何進行推進和完善政策協調、方法和制度，興利除弊，完善崛起大國的制度重器。

3.2 投資和貿易領域具體法律風險

3.2.1 立法

　　中國已由單向引資大國向雙向投資大國轉變，海外投資利益拓展需要對中國海外投資法律體系進行升級與重塑，提供有效法律指引是重要先決條件和重要保障。近年來中國政府採取了一系列措施為本國企業創造良好的對外投資環境，先後出臺了一些行政法規、部門規章，極大地簡化了審批和備案程序，體現了支援性政策導向。比如，商務部和發改委制定的規範已解決對外投資促進與保護中最迫切的操作問題，建立起統一的對外投資促進機構框架，調整了對外投資審批管理機制。

　　但是我們也看到，涉外法律規範見於財政部、國家稅務總局、國家發展改革委、商務部有關外匯、國有資產等內容。對外投資促進與保護措施尚不能做到完全的制度化，仍具有較強的政策性。尚未建立專門的對外投資促進保護立法，中國對外投資促進與保護缺乏統一規劃。所以說，政策協調的迫切性，來源於投資貿易問題的複雜性，也來源於中國經濟政策分工的局面。

　　在立法模式上，應該由國務院規劃和制定統一的適應新時期發展需要的規制，在更高的法律效力層面統合目前在行的試點法制，確立指導貿易和投資規範公平運行的法律框架。與貿易和投資屬性及服務於我國多層次市場的目的相適應，要確保貿易和投資規制的標準化程度和對人民幣國際化下流動性的充分考量，並充分利用資訊披露和監管制度更好地保護投資者。同時，必須考慮到貿易和投資規制是複合多項法律制度優勢和特點而成的創新性制度安排，在產權保護、投資人權利保障、資產管理、信用提升、投資產品發行和權益償付等方面都需要適用物權規制、合同管理、證券規制和公司治理等的相關規定，形成節約立法資源並有利於規範市場行為的有效法律適用和模式。必須提出的是，與貿易和投資相關尤其是與人民幣國際化相關的規制沒有必要包羅萬象，而應主要解決不同於其他貿易和投資規制的法律調整問題，因此應重點規範適合和針對人民幣國際化的標準和範圍，風險隔離的要件、形式及相應法律後

果，包括管制機構、外匯管理機構、信用增級機構等在內的參與方的市場審慎義務和責任，適用資訊披露要求，投資者的分類管理和相應的保護措施，以及在目前分業監管下跨市場運作的協同監管等。

中國要改變對外投資法零亂、不配套的問題，解決法制建設中存在的問題。完善相關法律規則，充分吸收借鑒國際投資領域全球法治的先進理念。加強立法支援中國企業做大做強，向自由貿易區國家擴大投資，真正得到自由貿易區帶來的投資利益。這需要全國人大、國務院、司法部門等各方協調合作。

3.2.2　司法管理

中國企業與世界大範圍互動，涉及多元法律文化和政治經濟背景，難免產生糾紛、爭端，這些糾紛也日益體現出複雜和多樣的特點。隨著「一帶一路」區域內各國家和地區經濟、社會、文化關聯的增強，潛在法律爭端也在增加。「一帶一路」沿線國家大多屬於新興經濟體和發展中國家，法律制度不統一，法律原則和理念之間有不少差異。而且項目涉及領域寬廣，不僅涉及投資、貿易，而且涉及企業與企業、企業與政府、政府與政府之間的關係。因此糾紛解決面臨新的問題，比如語言障礙、法律傳統的差異、法律工作者對涉案區域的不熟悉等。如果沒有有效靈活的爭議解決機制，中國涉外投資和貿易無法維持其發展潛力。

全球產業佈局在不斷調整，新的產業鏈、價值鏈、供應鏈日益形成，而貿易和投資規則未能跟上新形勢，機制封閉化、規則碎片化現象十分突出。回顧近年投資糾紛解決實踐，中國與其他國家簽訂的雙邊投資保護協定發揮著重要作用。中國政府持續推進並同有關國家簽訂投資保護協定，以保護中國對外投資免受因東道國發生戰爭、沒收、匯款限制等風險造成的損失，促進互利投資合作。然而，中國投資者在海外市場通過雙邊投資保護協定中的仲裁條款進行維權，並非一帆風順。比如，近幾年間中國企業多次被仲裁庭以無管轄權為由駁回中國企業的訴求。其中一個重要原因是中國與他國簽訂的雙邊投資協定中的特定條款難免存在模糊或缺漏之處，而仲裁庭又對此類條款作了狹義的約文

解釋，導致仲裁庭行使管轄權缺乏必要的條件。可見，目前雙邊或者多邊的貿易投資規則未能涵蓋眾多可能性，未能充分考慮到具有國別差異的貿易爭端的特點，特別是在金融、環境和勞工等領域，對競爭政策、透明度和反腐敗的安排不夠，導致出現糾紛時預判不足，帶來很大的司法不確定性。

中國簽署雙多邊投資協定時，應當理性審視「一帶一路」國家在歷史傳統、政治體制、法律體系以及執法程序等方面的多樣性與複雜性，深入調研沿線國家的主要投資風險，把握不同的爭端解決機制的特點，為可能發生的投資糾紛預先確立合理的維權策略與路徑，為海外投資利益保障提供更可靠、更便捷、更高效的法律解決方案。

3.2.3　透明度和精細化差別：投資法律通用型安排的細化

中國經濟政策協調就是要針對以上立法與司法管理方面的風險，儘量克服專業局限性、資訊不充分等的制約，處理貿易投資問題本身的複雜性和極強的外溢性。那麼，如何建立和實施高效的經濟政策協調機制和制度呢？

第一，投資法律制度完善的過程中，需要考慮新形勢下中國海外投資存在的一些特殊問題，如國企產權不明、內部管理混亂，導致國有資產流失，民營企業自身制度建設、企業社會責任意識不強，甚至資本非法外流等問題。具體而言，對對外投資的中國企業的監管，應盡力消除惡性競爭、商業賄賂，對企業提出高要求，鼓勵其下功夫提高核心競爭力，履行境外投資企業社會責任。稅收方面著力強化投資後監管，完善海外企業財務管理制度，完善和補充反避稅條款，防止對外投資企業逃稅避稅，建立對外投資企業資訊披露制度，對通過離岸金融中心的監管需加強國際合作。中國外匯管理法制方面已經極大地實現了簡政放權，放寬境內企業境外放款外匯管理。目前針對企業用匯難、資金不足問題，還可以進一步擴大融資範圍，允許企業境外融資。

第二，實現對外投資的保護立法體系化。為了避免不同部門規則的分散和矛盾，減少新舊規則帶來的不確定性，對外投資促進保護立法應該逐步走向體系化。以一部對外投資保護法為綱，將發改委、商務部、外匯局等經濟政策管

理部門制定的政策匯總起來。主要內容應當細緻全面，包括投資管理制度、對外投資保險制度、對外投資企業稅收法制和信貸支援制度、外匯管理法制等方面。換言之，分散的法律制度應當制度化、體系化。可以由全國人大或常委會考慮制定境外投資促進法，建立專門的涉外投資立法規範，將已經成熟的對外投資促進與保護的各項制度法典化，通過制定綜合性的海外直接投資法，避免各部門立法不銜接，為中國對外投資確立穩定的法制環境。

　　第三，政策協調過程中考慮全球化與包容性。一方面，以中國為主導的投資貿易協定的結構安排日趨成熟，普遍涉及貨物貿易、智慧財產權貿易、投資、農業、電信領域。如今，在金融、環境、勞工、競爭政策、透明度和反腐敗方面也應當增加相應安排。中國作為經濟全球化的積極宣導者，應針對當前國際投資糾紛多樣化的特點，在對外廣泛締結雙邊投資條約積累經驗的基礎上，積極推動亞太自貿區、區域全面經濟夥伴關係等地區經貿一體化安排，更大程度上推廣貿易和投資自由化，並打造涵蓋廣泛、統一的多邊投資實體化規範體系，體現對環境保護、勞工權益及良治等「非貿易價值取向」的強調和新一代國際經貿規則的發展趨勢。通過雙邊或者多邊的投資貿易協定，將涉及勞工、環境、金融議題以及透明度和反腐敗規則的相關爭端納入其爭端解決機制統一規制。使中國海外投資者能夠更加便利、直接地援引有關協定解決爭議，更加安全自信地參與海外投資，開展國際經貿合作。另一方面，「一帶一路」建設開啟了中國對外開放的升級版，開創了區域融合的新模式，在司法國際化層面為中國法院和仲裁機構提供了更加廣闊的發展空間，提出統籌維護司法主權與海外利益的要求。中國法院和仲裁機構應當著眼國際投資法的立法趨同化、選法自治化、爭端仲裁化的發展趨勢，從雙向投資利益保障的大局出發，增強參與國際投資爭端域外解決的信心與能力。比如涉外商事、海事審判應充分利用資訊化建設優勢，打造便利、快捷、透明，司法資訊發佈及時、彰顯人文關懷的現代化司法環境，為中外當事人提供更加及時、全面的司法救濟。

　　一個國家經濟貿易快速增長的時期，往往也是貿易摩擦的高發期。中國對外貿易的法治實踐可以發展出更加精細化的調控手段來應對日益複雜多元的經

貿關係。推動建立以規則為基礎的、開放透明的、非歧視的國際貿易新秩序，有利於中國建立具有包容性的全球治理體系新格局。

3.3　法治意識覺醒和商業道德水準不同產生的風險

3.3.1　法治傳統

　　中國經濟政策協調要實現包容性，需要理解和尊重交易夥伴國家的法治傳統，只有這樣才能實現全球貿易法治層面的溝通。現如今，以歐美國家為主導的國際投資秩序側重於投資者保護，有著長期歷史傳統。從歷史視角來看，歐美發達國家作為投資國，有保護本國資本輸出的需要。為此，歐美國家與東道國簽訂投資保護協定，要求對投資者實施公平、公正待遇。投資者保護成為投資協定的主要目標之一，投資者保護的法制傳統逐漸固定下來。比如，反映在爭端解決方面：國際投資爭端解決中心（ICSID）、國內法院和世界貿易組織框架下投資者可以針對東道國的投資和貿易規制措施，起訴東道國政府。近年來，隨著東道國民主化進程的發展，以及可持續發展等議題愈發受到重視，投資者保護與國家規制間產生新的利益衝突，可見投資者保護的法治傳統在不斷演化發展。

　　相比之下，中國對投資者的保護意識產生較晚。歷史上的中國作為東道國，以引進外資為發展戰略，缺乏投資者保護的法治傳統。如今中國正在成為資本輸出大國，對對外投資者的全面保護也提上議程。中國需要認識到法治傳統的不同，合理地預估投資者的法律風險，樹立起保護投資者的法治意識，了解當地的環境、健康、安全以及勞工標準等資訊，合理預判並恰當地處理法律風險，實現和諧共處與雙贏。

3.3.2 隸屬法系不同

隸屬法系淵源也影響對投資者權利的保護程度。從歷史發展來看，大陸法系和英美法系的淵源在一定程度上影響了投資者權利意識。首先，對於投資者財產權的重視程度不同。大陸法系和英美法系的不同可以體現在其對於私人財產權和國家權力考慮的優先順序上。普通法系源於其發展的歷史，更著重於保護私人財產權，致力於保護投資者對交易產生確定性，從而對投資方起到積極效果。而19世紀的大陸法系法典則通過國家控制司法的主導權甚至排斥司法來鞏固國家權力，較少關注投資者權利。因此不同法系下國家對司法體系控制的程度對投資者會帶來不同影響。其次，注重商業效率的司法理念有差異。普通法善於對不能預見的變化條件進行個案回應，法官被賦予了極大的自由裁量權，可以通過案件裁決對各種交易規則進行有效確認，彌補立法中的效率不足，這種靈活的法律體系對於促進投資而言更有效率。可見在同樣問題上，不同法系的認識不同，司法傳統不同。中國在協調與「一帶一路」沿線國家的貿易往來時，面臨或固有的或歷史的、現實的、制度的法律制度差異。要解決中國對外貿易擴張乃至中國法治對外擴張的問題，必先了解和解決諸多法律背後的歷史、法系傳統差異和影響。從這一立場出發，中國的貿易摩擦解決之道應較多關注比較法研究、法社會學等綜合研究成果。

3.4 新興經濟體面臨的挑戰和調控引發的風險

3.4.1 國際公法秩序

隨著新興經濟體崛起，中國經濟政策協調中越來越需要關注這些相關國家，實現與相關國家貿易和投資政策的互動。「一帶一路」沿線國家、中東歐國家，是吸引外資最多的新興市場。中國需要在理解和尊重這些國家的法治傳統多元化的基礎上，廣泛地進行貿易談判和協商，實現積極的經濟政策互動。

貿易談判與協商始終建立在公平、公正的國際公法秩序之上。中國也率先垂範，始終做國際公法的積極維護者，遵守並宣導國際社會世界貿易組織法律規則，例如有關關稅減讓、公私夥伴關係和政府採購的規定，以及世界貿易組織的《貿易便利化協定》等。在新形勢下，在國際司法合作領域中，還進一步應對跨國有組織犯罪威脅，特別是海上犯罪。目前國際合作可以採取的方式包括引渡、司法協助、共同調查巡邏、調查能力建設、刑事司法程序轉移、執法合作等。這將有助於實現良好的海外貿易司法環境和投資的穩健增長。

對於與「一帶一路」倡議有關的談判來說，機會與挑戰並存。在中國的引領下，能夠制定比現行條約和安排更高的市場准入標準，優於現行條約和協定下的貿易、投資和智慧財產權保護方法，能夠更好地代表和保護第三世界國家的利益，例如政府採購、反壟斷、能源、環境和基礎設施，這些是第三世界國家利益的關鍵。由於存在投資國與東道國之間的利益衝突，此前通過經合組織及其他平臺建立國際投資領域的普遍性多邊規則以失敗告終。大規模的外國投資，特別是在戰略、高科技和自然資源部門的投資，常常會引起第三世界國家對經濟主權可能遭受侵蝕的擔憂。如果能夠取得進展，不僅能夠強化中國在「一帶一路」倡議中的地位，而且會改善現行國際法實踐，彌補世界貿易組織框架下的不足。

3.4.2 國際經濟法體系

國際經濟法體系下，中國在全球經貿治理中從被動應對的規則執行者逐步成長為主動參與的規則引領者。實現中國引領下的全球化再平衡，需要面臨全球貿易保護主義的挑戰。受到地域政治因素影響，貿易保護主義有抬頭之勢。隨著中國全面參與經貿治理，如何應對貿易保護主義，成為政策協調中的重要內容。

第一，堅持維護國際貿易權益。發展中國家「兩反一保」措施逐漸增多，部分國家「兩反一保」規則不斷演化，有些國家的經濟刺激計畫帶有貿易保護主義等內容。美國對華反補貼調查中，中國國有企業的公共機構身份就是突出

表現。圍繞這一問題，世界貿易組織專家組和上訴機構的認定標準從「政府控制」轉變為「政府權力」，政府持股國有企業、政府任命國有企業董事只是「控制的形式特徵」，調查機關必須審查政府是否確實對有關實體及其行為行使了「有意義的控制」。由此國有企業公共機構身份的新標準有了清晰的依據，是中方挑戰美國對華反補貼的成果，是中國為維護貿易權利進行不懈鬥爭的鮮明例子。因此中國應繼續加強對其他 世界貿易組織成員相關措施的研究力度，及時利用本國的「兩反一保」措施和世界貿易組織相關規則反擊其他國家違反自由貿易規則的行為，以切實有效地維護中國自身的合法貿易權益。

第二，推進國際金融合作和金融穩定性。「一帶一路」倡議下的資金融通涉及金融合作及貨幣穩定。從組建亞洲基礎設施投資銀行和金磚國家新開發銀行，到加強風險應對、風險預警、金融危機管理的雙邊或多邊合作，中國聲音愈發受到認可和關注。目前，二十國集團峰會為中國提供了提升金融話語權的機遇，同時在國際貨幣基金組織改革進程的推動下，中國在國際貨幣金融規制體系中的話語權也有所提升。當投資者逐漸進入國際金融和投資市場時，東道國傾向於對外資進行管控，以及保障國內市場和本國的利益，這不利於國際融資和貿易自由化。對此，中國既要抓住機會擴大金融合作，助力跨境融資，同時也要防止既存的國際投資規範對於投資者過分保護而忽視了國家主權。中國增強金融穩定和國際合作將為貿易發展奠定長遠基礎。

第三，參與國際貿易談判和規則制定。世界貿易規則談判正迎來一輪熱潮，英國脫歐，《跨太平洋夥伴關係協定》談判擱淺，正是世界貿易投資規則構建的新形勢。中國審時度勢能夠引領多邊談判，積極拓展區域和多邊談判規則。在有關這些貿易規則的談判中，中國的改革思路和發展方向是出發點，目的是與國內政策和經濟發展戰略取得協調性與一致性。同時，中國吸收符合國際貿易投資發展的合理規則和因素，適當提高貿易協定的標準，便能發揮上升趨勢的帶動作用。中國的貿易規範蘊含高標準和新規則，會成為推動中國經濟建設和深化國際合作的重要助力，對國際經貿格局產生深遠影響。

3.5　結論與建議

　　中國經濟發展與世界深入融合，法治發展和域外法律交流亦不斷深化。中國不斷拓展、深化「一帶一路」倡議的過程中，在投資、貿易、金融、人才輸出諸方面與沿線國家和地區的聯通日益緊密，域外影響力急劇增強。受經濟、政治和文化等影響，中國法治發展的外溢效應增大，呈現出法律全球化的特點。為了應對全球化，中國應以大國擔當的積極姿態參與全球化的政策協調，完成從規則的執行者和跟隨者到國際性規則的制定者和引領者的角色轉換。

　　目前新全球化貿易和投資的多元化正日益凸顯。中國海外投資和監管的眼光愈加長遠，中國的貿易對象逐步多樣化、全球化、複雜化。各國特別是「一帶一路」國家的法治水準參差不齊，法律體系不夠健全，執法程序多有瑕疵，相關政策與法律還經常因外部經濟、政治環境的變化而不斷調整，投資環境尚存在諸多不確定性因素。同時，貿易摩擦的複雜性增加。隨著中國出口產品結構的不斷升級，對華採取貿易保護主義的領域正從貨物貿易向服務貿易和投資領域擴展，貿易爭端的內容正從關稅壁壘的削減向非關稅壁壘的拆除轉移，貿易摩擦的爭執點也從單個產品逐漸擴散到整個產業，由低附加值產品向高附加值產品擴展，最後直抵貿易政策和制度層面。中國海外投資落地環境以及東道國政治、經濟環境和政策的不確定性、不穩定性加劇。同時，由於法治水準參差不齊，一些國家政府執法的物件選擇以及程序有一定的隨意性與歧視性。有時會基於政治利益與國家安全的需要，有選擇性地對某些外國投資者進行執法。由於執法標準經常前後矛盾，中國企業面臨高度多變的投資和貿易環境。

　　在投資和貿易領域，從立法角度，中國向雙向投資大國角色的轉變以及海外投資利益的拓展需要對中國海外投資法律體系進行升級與重塑，而提供有效法律指引是重要先決條件和重要保障。但目前對外投資促進與保護措施尚不能做到完全的制度化，仍具有較強的政策性。由於中國尚未建立專門的對外投資促進保護立法，對外投資促進與保護缺乏統一規劃。中國要改變對外投資法零亂、不配套的問題，解決法制建設中存在的問題。完善相關法律規則，充分吸

收借鑒國際投資領域全球法治的先進理念。

　　從爭端解決和司法管理的角度，中國企業與世界大範圍互動產生的糾紛、爭端日益體現出複雜和多樣性的特點，潛在法律爭端也在增多。「一帶一路」沿線國家大多屬於新興經濟體和發展中國家，法律制度不統一，法律原則和理念之間有不少差異。而且項目涉及領域寬廣，不僅涉及投資、貿易，而且涉及企業與企業、企業與政府、政府與政府之間的關係。因此糾紛解決面臨新的問題，比如語言障礙、法律傳統的差異、法律工作者對涉案區域的不熟悉等。沒有靈活和有效的爭議解決機制，中國涉外投資和貿易無法維持其發展潛力。目前雙邊或者多邊的貿易投資規則未能涵蓋眾多可能性，未能充分考慮到具有國別差異的貿易爭端特點，特別是在金融、環境和勞工等領域，對競爭政策、透明度和反腐敗的安排不夠，導致出現糾紛時預判不足，帶來很大的司法不確定性。中國簽署雙邊和多邊投資協定時，應當理性審視「一帶一路」沿線國家在歷史傳統、政治體制、法律體系以及執法程序等方面的多樣性與複雜性，深入調研沿線國家的主要投資風險，把握不同的爭端解決機制的特點，為可能發生的投資糾紛預先確立合理的維權策略與路徑，為海外投資利益保障提供更可靠、更便捷、更高效的法律解決方案。

　　中國必須推動人民幣國際化背景下的投資法律通用型安排的細化。投資法律制度完善的過程中，需要考慮新形勢下中國海外投資存在的一些特殊問題，實現對外投資保護立法的體系化。為了避免不同部門規則的分散和矛盾，減少新舊規則帶來的不確定性，對外投資促進保護立法應該逐步走向體系化。同時，政策協調過程中應考慮全球化與包容性。中國作為經濟全球化的積極宣導者，應針對當前國際投資糾紛多樣化的特點，在對外廣泛締結雙邊投資條約，積累經驗的基礎上，積極推動亞太自貿區、區域全面經濟夥伴關係等地區經貿一體化安排，更大程度上推廣貿易和投資自由化，並打造涵蓋廣泛、統一規範的多邊投資實體化規範體系，體現對環境保護、勞工權益及良治等「非貿易價值取向」的強調和新一代國際經貿規則的發展趨勢。「一帶一路」建設開啟了中國對外開放的升級版，開創了區域融合的新模式，在司法國際化層面為中國

法院和仲裁機構提供了更加廣闊的發展空間，提出統籌維護司法主權與海外利益的要求。

　　一個國家經濟貿易快速增長的時期，往往也是貿易摩擦的高發期。中國對外貿易的法治實踐也可以發展出更加精細化的調控手段來應對日益複雜多元的經貿關係。推動建立以規則為基礎的、開放透明的、非歧視的國際貿易新秩序，中國也將由此推動建立具有包容性的全球治理體系新格局。

専題4

人民幣國際化要求加強國際清算支付政策協調

4.1　國際支付清算基礎設施概況

　　國際支付清算基礎設施是國際金融市場基礎設施的組成部分之一，負責商品市場、金融市場相關交易產生的資金支付和清算。其主要由支付服務主體、支付工具、業務規則和程序三部分組成。支付服務主體是指向金融仲介提供跨行支付服務的機構，包括跨境支付機構以及一些資訊傳遞機構。支付工具是資金匯劃的載體。業務規則和程序是支付服務的提供者使用支付工具處理資金轉帳所共同遵循的規範。

　　20世紀90年代以來，伴隨著廣大發展中國家告別封閉的發展戰略，逐步走上開放之路，真正意義上的經濟全球化時代開啟了。在這個大背景下，國際貿易、金融投資總量不斷擴大，資本流動速率快速提高。以國際證券投資為例，證券投資資產總額一路飆升，從2010年的13 571億美元增長至2014年的25 145億美元（如圖專4—1所示）。

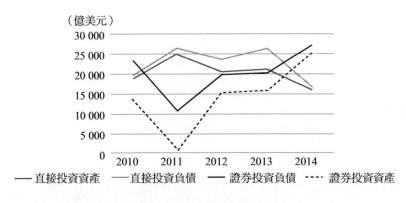

（億美元）

圖專4—1　世界國際收支情況

資料來源：歷年國際統計年鑒。

　　在跨國證券投資交易總額日益增長、產品日益複雜的情況下，如何高效、低成本地為國際投資者提供便捷、高效的服務，熨平交割、支付結算環節的風險，對作為一項系統重要性基礎設施的支付結算體系提出了更高的要求。現以歐洲為例，講述歐洲一體化背景下清算支付體系的演化。

　　20世紀90年代中期，歐盟國家正在加快貨幣一體化進程，而這種轉變迫切需要高效安全的支付清算服務來支撐歐洲單一貨幣行使貨幣職能。當時，大多數成員國已經擁有自己的即時支付結算系統，但僅用於結算本國貨幣，各國之間並不整合。由於一體化時間緊迫，1995年3月歐洲貨幣研究所理事會（EMI）決定所有現有的歐盟國家中央銀行都應該準備在1999年之前與TARGET（泛歐自動化即時結算快速傳輸系統，Trans-European Automated Real-time Gross Settlement Express Transfer system）連接。該系統於1999年歐元區啟動後開始運作。

　　雖然1999年啟動的第一代TARGET達到了支持單一貨幣政策執行、減少系統性風險、幫助銀行從國家和跨境層面管理流動性等目標，但是面臨的挑戰也越來越大：TARGET的分散式結構需要增加大量技術元件從而增加了維護和運行成本；在歐盟擴大的情況下，新成員國與該系統連接會大幅度增加目標組成部分的數量。這些挑戰都要求對系統進行重新設計，因此歐洲央行管理委員會

於2002年10月24日決定了新一代TARGET系統（TARGET 2）的原則和結構，並於2007年11月推出了該系統。表專4—1列出了2006—2015年該系統處理的業務量。

表專4—1　2006—2015年TARGET 2系統處理的業務量統計

年份	年交易總量 （筆）	年交易總額 （十億歐元）	平均單筆交易額 （百萬歐元）	日均交易量 （筆）	日均交易總額 （十億歐元）	交易總額 變化幅度（%）
2006	83 179 993	533 541	6.41	326 196	2 092	9%
2007	93 375 701	616 731	6.60	366 179	2 419	16%
2008	94 711 380	682 780	7.21	369 966	2 667	11%
2009	88 516 518	551 172	6.23	345 768	2 153	−19%
2010	88 591 926	593 194	6.70	343 380	2 299	8%
2011	89 565 697	612 936	6.84	348 505	2 385	3%
2012	90 671 378	634 132	6.99	354 185	2 477	3%
2013	92 590 134	493 442	5.33	363 099	1 935	−22%
2014	90 337 036	492 432	5.45	354 263	1 931	0%
2015	94 480 928	488 867	5.17	369 066	1 910	−1%
平均	90 602 069	569 923	6.29	354 061	2 227	—

資料來源：ECB.

TARGET 2系統大大提高了跨境貨幣清算支付的效率，降低了運維成本，但是仍然未能滿足跨市場證券交易的支付清算需求。證券交易涉及券款兩方面而且更加複雜，為了進一步整合這個方面的基礎設施，以大幅度提高金融市場效率，TARGET 2-Securities （T2S）系統應運而生。T2S是一個證券結算平臺，它在所有歐洲證券市場提供中央銀行資金和證券交付結算服務。T2S於2008年啟動並於2015年6月22日投入運營。T2S通過提供單一的市場基礎設施解決方案，已經消除了之前的障礙並消除了國內和跨境結算之間的差異。

對比歐元的支付清算和以歐元計價的證券產品的支付清算的演化進程，中國在國際貿易、投融資等多方面參與度越來越高，不可避免地要進行大額跨幣

種支付結算、人民幣計價金融產品的交易所支付清算。

目前廣泛使用的人民幣跨境清算結算模式主要包括三種：代理行模式、境外清算行模式、非居民人民幣帳戶模式。其中，代理行和清算行是目前使用較多的兩種模式。代理行模式常見於我國與周邊國家的邊貿結算，以及我國與東盟國家和金磚國家的一般貿易結算支付。清算行模式適用於兩地經濟往來密切、貿易量大且風險可控的情況。目前海外清算行發展勢頭良好，成立的數量和覆蓋的地域都在不斷擴展中。截至2016年年底，中國五大行已在境外設立人民幣清算行22家，服務範圍輻射港澳臺、東南亞、東北亞、歐洲、大洋洲和南北美洲。中國銀行在香港、澳門、臺灣、德國等11個國家和地區擔任人民幣清算行；中國工商銀行在新加坡、盧森堡等7個國家擔任人民幣清算行。2003年12月，第一家清算行由中國銀行香港分行擔任，其主要職責是為香港銀行開立人民幣清算帳戶、接受香港銀行的人民幣存款等。2013年2月8日，中國工商銀行新加坡分行成為首家在中國以外的人民幣清算行，標誌著人民幣的跨境使用邁出了堅實的一步。特別地，2014年在倫敦、2016年在美國兩個全球重要金融中心設立清算行更標誌著人民幣跨境支付有了巨大的進步。

2015年四季度CIPS[1]（一期）上線後，上述三種傳統模式雖然仍然基於市場需求繼續發揮作用，但參與者逐漸轉向加入更為方便安全的CIPS。CIPS致力於解決傳統跨境結算模式中成本高、結算量受限等問題，自上線以來處理的業務量穩步增長，未來將會迎來巨大的發展（見表專4—2）。

1　人民幣跨境支付系統(Cross-border Interbank Payment System，簡稱CIPS)是指為境內外金融機構人民幣跨境和離岸業務提供資金清算、結算服務的金融基礎設施，現階段專門服務於人民幣的跨境結算。

表專4—2　CIPS上線後處理業務數量統計表

時間	交易總量（萬筆）	環比增長（%）	交易總金額（億元）	環比增長（%）	日均交易量（萬筆）	日均交易總金額（億元）	平均單筆交易金額（百萬元）
2015年四季度	8.67	—	4 808.98	—	0.14	77.56	5.54
2016年一季度	9.55	10	4 135.67	−14	0.16	67.8	4.24
2016年二季度	10.92	14	4 701.95	14	0.18	75.84	4.21
2016年三季度	19.06	75	17 003.35	262	0.29	261.59	9.02
2016年四季度	24.08	26	17 800	5	0.39	286.72	7.35
2017年一季度	25.98	8	24 900	40	0.43	407.40	9.47
2017年二季度	29.60	14	29 200	17	0.48	470.68	9.81
2017年三季度	36.20	22	39 900	37	0.55	604.12	10.98
2017年四季度	34.12	−6	51 600	29	0.57	860.56	15.10

資料來源：中國人民銀行。

4.2　國際支付清算工具與中央銀行協調機制

4.2.1　國際支付清算工具

支付工具是資金匯劃的載體，一般來說，支付工具包括現金和非現金支付工具兩類，其中非現金支付工具包括票據、貸記轉帳、銀行卡、直接借記。由於支付基礎設施所承載的貨幣均以非現金形式存在，因而我們主要介紹非現金支付工具。

貸記支付（credit payment）方式是付款方主動將資金匯劃至收款方，技術上縮短了核驗收付款人身份的時間，比借記支付減少了支付請求，因而支付效率得以提高，處理成本得以降低（如圖專4—2所示）。

借記支付（debit payment）方式是收款方主動發起要求付款方付款的指令，分三個階段，支付請求、確認和資金劃轉，票據支付是典型的借記支付工具（如圖專4—3所示）。

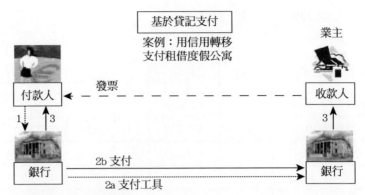

圖專4—2　貸記支付流程

1：發起支付（基於發票信息，例如收款人名字、到期金額、收款人銀行帳號和銀行身分）；
2.a：支付工具（支付數據）從支付方的銀行向收款方的銀行轉移；
2b：基金從付款方的帳戶到收款方帳戶；
3：支付信息（例如以帳單的形式）。

資料來源：ECB.

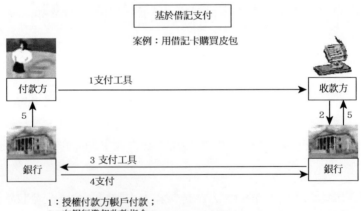

圖專4—3　借記支付流程

1：授權付款方帳戶付款；
2：向銀行發起收款指令；
3：支付數據從收款方銀行向付款方銀行轉移；
4：基金從付款方帳戶轉向收款方帳戶；
5：支付信息（例如以帳單的形式）。

資料來源：ECB.

在過去的40年中，支付工具最長久的轉變趨勢便是從現金支付工具轉為非現金支付工具，同時電子支付和自動支付也在與日俱增。網上銀行和網路購物也在大幅增加，這使得支付可以不受地點和時間的限制。隨著科技的迅猛發展，新的支付方式層出不窮，它們利用互聯網、移動網路以及其他資訊通信技術，滿足消費者高效的電子發起和支付的需求，其中以互聯網支付最為典型。互聯網支付是一種網上交易形式，主要表現形式為網銀、協力廠商支付、移動支付作為互聯網支付。

從我國來看，隨著對海外優質商品的需求持續旺盛，消費者不僅通過電商來購買商品，還通過旅遊等多種方式享受海外優質商品。這種對海外產品的消費也促進了跨境支付業務蓬勃發展。在良好的政策發展環境的支持下，國內支付機構通過與國際知名電商平臺、航空公司、酒店、軟體服務商等商戶合作，積極拓展跨境支付業務。截至2017年年底，持有外管局下發的跨境支付牌照的協力廠商支付機構總共有30家，其跨境支付業務主要限制在貨物貿易領域。

2014年，國內支付機構跨境互聯網支付交易數量達到6 789.74萬筆，金額達到10 558.15億元，比上年分別增長295.71%和118.2%。其中，單位客戶辦理跨境互聯網支付業務1 020.37萬筆，金額10 408.61億元，同比分別增長334.94%和2 036.85%；個人客戶辦理跨境互聯網支付業務5 769.38萬筆，金額149.54億元，同比分別增長289.5%和下降96.56%。但是在該年，亞洲地區跨境互聯網支付交易金額占比僅為1.53%。由於上述原因，我國跨境支付快速發展帶動了整個亞洲地區跨境支付金額占比上升，截至2016年亞洲地區跨境互聯網支付交易金額占比高達45.41%。

雖然我國跨境互聯網支付快速發展，與傳統方式形成了良好的互補關係，為跨境支付提供了多種選擇，方便了居民享受國外商品，也方便了中小企業進行跨國貿易，但是跨境互聯網支付的主要管道並不掌握在我國企業手中。根據外匯局統計，在我國跨境電子商務外幣支付業務中，PayPal占比達70%，國內銀行與國際卡組織合作的占比20%，境內協力廠商支付機構合作的占比僅為

10%。

大量跨境電子商務企業在PayPal上形成的存款都要通過個人分拆結匯等方式回流境內，這就造成了資訊流、物流和資金流的錯開，不利於跨境資金結算的管理。隨著支付寶、財付通等國內協力廠商支付機構走出國門、加強與國外信用卡機構、銀行以及購物平臺和商家的合作，資金流就能夠掌握在我國企業手中，更便於物流、資金流和資訊流三者相互參照、利於監管。

4.2.2　中央銀行協調機制

中央銀行協調機制就是中央銀行之間運用工具操縱中間目標達成最終目標。最終目標通常是貨幣和金融穩定。中央銀行的中間目標則變化多樣，第一，更好的聯合決策；第二，對政策問題的明確解答；第三，發展強有力和有效的網路聯繫；第四，全球高效的理念和資訊傳播；第五，提供國際信貸以及為影響資產價格作出共同努力。中央銀行協調的工具包括：第一，巴塞爾銀行監管委員會舉行的各種各樣的央行和監管者會議；第二，與國際事務有關的研究和政策分析；第三，與國際銀行借貸、跨境證券市場和衍生品有關的資料和資訊；第四，國際清算銀行為各國中央銀行提供的服務。

雖然中央銀行協調機制的定義難以描述，但其發展歷程可較為清晰地分為以下四個階段：

在金本位時期，中央銀行的協調機制非常有限。黃金的可兌換性作為最終的約束，能夠使得不平衡自動進行調整。除非在像1890年巴林銀行危機和1907年金融危機這樣嚴重的銀行業危機下，才會產生雙邊合作。在這兩次危機中，首要目標都是提供緊急流動性借貸以維持黃金可兌換。

兩次世界大戰期間，金本位崩塌，但想要維持金本位的國際力量擴大了中央銀行的合作範圍。這是因為維持金本位的行動執行起來比較複雜，從而促使處於系統核心的中央銀行承擔諮詢功能，而且全球復甦背景下錯綜複雜的經濟、政治關係進一步導致了嚴重的國際協調問題。在這個背景下，國際清算銀行成立，標誌著中央銀行歷史上第一次多邊合作。

1945年後，布列敦森林體系建立。各國中央銀行都致力於增加資本流動，各異的貨幣政策對中央銀行協作以維持布列敦森林體系提出了更多的要求。正是這種要求促成了後來一直持續發揮作用的中央銀行之間制度化的合作機制。這些合作很多都發生在國際清算銀行，加強了其作為中央銀行合作論壇的角色，尤其是1952年成立的貨幣政策研究中心（CEMLA）。

　　20世紀70年代，隨著布列敦森林體系崩塌、浮動匯率時代的到來，只有局部地區比如歐洲正利用國際清算銀行作為一個協調的平臺，致力於形成一致的區域性貨幣體系。但總體來看，央行減少了對外匯市場的干預，以美聯儲為核心的貨幣互換網路開始走向衰落。直到21世紀初，貨幣互換才重新回到央行貨幣合作的舞臺，但其功能已經逐漸由維持匯率穩定轉向提供短期流動性支援，以防範金融危機，比如2001年「9·11」事件爆發後，為恢復金融市場投資者的信心，美聯儲迅速與歐洲央行、英格蘭銀行及加拿大央行簽署了期限均為30天的臨時性貨幣互換協議，這標誌著貨幣互換作為一種跨國金融工具的復興。此後，國際貨幣市場上逐漸形成了多個相互重疊的貨幣互換網路，其中以美聯儲為核心的美元互換網路、歐洲貨幣互換網路和《清邁倡議》框架下的東亞貨幣互換網路的規模最大。

　　2008年全球金融危機在客觀上給全球央行的協調合作帶來了新機遇和更高要求。中央銀行在更大範圍內採取了協調性的行動，比如2008年雷曼兄弟倒閉後，各國都為金融機構提供充足的流動性且各國之間都簽訂了貨幣互換協定，無限量地擴展這種互換代表了中央銀行合作的轉折。此外，正如二十國集團、金融穩定理事會以及國際清算銀行的全球經濟會議會員的擴張和地位加強所展示出的那樣，中央銀行的合作正在加強。

　　如前所述，中央銀行協調機制的工具多種多樣，我們在此就金融危機後較為頻繁使用的貨幣互換舉例說明。

　　貨幣互換是一種協定，在協定開始時，中央銀行1按照當時的市場匯率將特定數量的貨幣A出售給中央銀行2以換取貨幣B。中央銀行1同意在指定的未來日期以相同匯率回購其貨幣。中央銀行1可以將互換所得的貨幣B貸給當地的

銀行或公司使用。在約定的互換資金返還的日期，兩國央行互換貨幣並由啟動互換的中央銀行1向中央銀行2支付利息。

貨幣互換不僅在金融危機中能夠起到穩定市場的作用，而且是應對當前國際貨幣體系缺陷，致力於改進國際貨幣體系的一種方法。

2007年金融危機後，美聯儲陸續與其他國家央行簽署了14個雙邊美元互換協定，為部分國家緩解流動性危機提供了有力支援，歐盟也同瑞士、丹麥等簽署了貨幣互換協定（見表專4—3）。

表專4—3　金融危機以來美聯儲簽訂的互換協議

簽訂時間	互換對象	規模（億美元）	有效期
2007年12月12日	歐洲中央銀行 瑞士國家銀行	200 40	28天為一個投標期，協議期限6個月
2008年3月11日	歐洲中央銀行 瑞士國家銀行	擴容至300 擴容至60	
2008年5月2日	歐洲中央銀行 瑞士國家銀行	擴容至500 擴容至120	期限延展至2009年1月30日
2008年7月30日	歐洲中央銀行	擴容至550	與歐洲中央銀行和瑞士國家銀行都增加84天投標期
2008年9月18日	歐洲中央銀行 瑞士國家銀行 日本銀行 英格蘭銀行 加拿大銀行	擴容至1 100 擴容至270 新簽600 新簽400 新簽100	1個月、3個月的投標期
2008年9月24日	澳洲儲備銀行 丹麥國家銀行 瑞典中央銀行 挪威中央銀行	新簽100 新簽50 新簽100 新簽50	1個月、3個月的投標期
2008年9月26日	歐洲中央銀行 瑞士國家銀行	擴容至1 200 擴容至300	

續前表

簽訂時間	互換對象	規模（億美元）	有效期
2008年9月28日	歐洲中央銀行 瑞士國家銀行 加拿大銀行 英格蘭銀行 日本銀行 丹麥國家銀行 挪威中央銀行 澳洲儲備銀行 瑞典中央銀行	擴容至2 400 擴容至600 擴容至300 擴容至800 擴容至1 200 擴容至150 擴容至150 擴容至300 擴容至300	
2008年10月13日	歐洲中央銀行 瑞士國家銀行 英格蘭銀行 日本銀行	根據需要擴大規模 根據需要擴大規模 根據需要擴大規模 根據需要擴大規模	期限延展至2009年4月30日
2008年10月28日	紐西蘭儲備銀行	新簽150	
2008年10月29日	巴西中央銀行 墨西哥中央銀行 韓國中央銀行 新加坡貨幣管理局	新簽300 新簽300 新簽300 新簽300	期限至2009年4月30日
2009年2月3日 2009年6月25日	上述14家中央銀行	總額達到6 400	分兩次將互換期限分別延至2009年10月30日和2010年1月31日
2010年5月9日	歐洲中央銀行 瑞士國家銀行 英格蘭銀行 日本銀行 加拿大銀行	未明確規定額度，根據需要進行互換	期限設定為3年
2010年10月31日	歐洲中央銀行 瑞士國家銀行 英格蘭銀行 日本銀行 加拿大銀行	未明確規定額度，根據需要進行互換	長期化

資料來源：Federal Reserve, Central Bank Liquidity Swaps, http://www.Federalreserve.gov/monetarypolicy/bst_liquidityswaps.htm.; Goldberg, Linda S., Craig Kennedy and Jason Miu, "Central Bank Dollar Swap Lines and Overseas Dollar Funding Cost", FRBNY Policy Review, May 2011.

中國在金融危機後與多個國家和地區簽署了貨幣互換協定（見表專4—4）。截至2017年11月底，中國人民銀行已經與39家境外央行或貨幣當局建立了雙邊本幣互換安排。以韓國為例，在2008年全球金融危機的衝擊下，初期韓國央行採取常規性地拋出外匯買入韓元的方式來緩解和抑制韓元的貶值，但是由於外匯儲備有限，韓國金融市場的恐慌情緒進一步蔓延，韓元貶值的壓力進一步加大，形成了貶值—救市—外匯儲備下降—市場恐慌情緒加劇—貶值的惡性循環。在這種情況下，韓國央行與中國等三個國家的央行簽署了貨幣互換協議，能夠在保持外匯儲備的情況下進行救市從而維護匯率穩定，有效緩解了韓國金融市場的恐慌情緒。

表專4—4　　2009年以來中國人民銀行簽訂的互換協議

簽訂時間	互換對象	互換幣種	規模（億元人民幣）	有效期
2017年11月27日	香港	人民幣/港元	4 000	3年
2017年7月27日	瑞士	人民幣/瑞士法郎	1 500	3年
2017年7月18日	阿根廷	人民幣/阿根廷比索	700	3年
2017年7月6日	蒙古國	人民幣/蒙古圖格里克	150	3年
2017年5月19日	紐西蘭	人民幣/紐西蘭元	250	3年
2016年12月21日	冰島	人民幣/冰島克朗	35	3年
2016年12月6日	埃及	人民幣/埃及鎊	180	3年
2016年9月27日	歐洲中央銀行	人民幣/歐元	3 500	3年
2016年9月12日	匈牙利	人民幣/匈牙利福林	100	3年
2016年6月17日	塞爾維亞	人民幣/塞爾維亞第納爾	15	3年
2016年5月11日	摩洛哥	人民幣/摩洛哥迪拉姆	100	3年
2016年3月7日	新加坡	人民幣/新加坡元	3 000	3年
2015年12月14日	阿拉伯聯合大公國	人民幣/阿拉伯聯合大公國迪拉姆	350	3年
2015年10月20日	英國	人民幣/英鎊	3 500	3年
2015年9月26日	土耳其	人民幣/土耳其里拉	120	3年
2015年9月3日	塔吉克斯坦	人民幣/索摩尼	30	3年
2015年5月25日	智利	人民幣/智利比索	220	3年

續前表

簽訂時間	互換對象	互換幣種	規模（億元人民幣）	有效期
2015年5月15日	烏克蘭	人民幣/格里夫那	150	3年
2015年5月10日	白俄羅斯	人民幣/白俄羅斯盧布	70	3年
2015年4月17日	馬來西亞	人民幣/馬來西亞林吉特	1 800	3年
2015年4月10日	亞美尼亞	人民幣/德拉姆	10	3年
2015年3月30日	澳洲	人民幣/澳元	2 000	3年
2015年3月26日	南非	人民幣/南非蘭特	300	3年
2015年3月18日	蘇利南	人民幣/蘇利南元	10	3年
2014年12月22日	泰國	人民幣/泰銖	700	3年
2014年12月14日	哈薩克	人民幣/哈薩克堅戈	70	3年
2014年11月23日	巴基斯坦	人民幣/巴基斯坦盧比	100	3年
2014年11月22日	香港	人民幣/港元	4 000	3年
2014年11月8日	加拿大	人民幣/加拿大元	2 000	3年
2014年11月3日	卡達	人民幣/里亞爾	350	3年
2014年10月13日	俄羅斯	人民幣/俄羅斯盧布	1 500	3年
2014年10月11日	韓國	人民幣/韓元	3 600	3年
2014年9月16日	斯里蘭卡	人民幣/斯里蘭卡盧比	100	3年
2014年8月21日	蒙古國	人民幣/蒙古圖格里克	150	3年
2014年7月29日	阿根廷	人民幣/阿根廷比索	700	3年
2014年7月21日	瑞士	人民幣/瑞士法郎	1 500	3年
2014年5月30日	韓國	人民幣/韓元	0.024	3年
2014年4月25日	紐西蘭	人民幣/紐西蘭元	250	3年
2013年10月10日	歐洲央行	人民幣/歐元	3 500	3年
2013年10月1日	印尼	人民幣/印尼盾	1 000	3年
2013年9月12日	阿爾巴尼亞	人民幣/列克	20	3年
2013年9月11日	冰島	人民幣/冰島克朗	35	3年
2013年9月9日	匈牙利	人民幣/匈牙利福林	100	3年
2013年6月22日	英國	人民幣/英鎊	2 000	3年
2013年3月26日	巴西	人民幣/巴西雷亞爾	1 900	3年
2013年3月7日	新加坡	人民幣/新加坡元	3 000	3年
2012年6月26日	烏克蘭	人民幣/格裡夫那	150	3年
2012年3月22日	澳洲	人民幣/澳元	2 000	3年

簽訂時間	互換對象	互換幣種	規模（億元人民幣）	有效期
2012年3月20日	蒙古國	人民幣/蒙古圖格里克	100	3年
2012年2月21日	土耳其	人民幣/土耳其里拉	100	3年
2012年2月8日	馬來西亞	人民幣/林吉特	1 800	3年
2012年1月17日	阿拉伯聯合大公國	人民幣/阿拉伯聯合大公國迪拉姆	350	3年
2011年12月23日	巴基斯坦	人民幣/巴基斯坦盧比	100	3年
2011年12月22日	泰國	人民幣/泰銖	700	3年
2011年11月22日	香港	人民幣/港元	4 000	3年
2011年10月26日	韓國	人民幣/韓元	3 600	3年
2011年6月13日	哈薩克	人民幣/哈薩克堅戈	70	3年
2011年4月19日	烏茲別克	人民幣/烏茲別克蘇姆	7	3年
2011年4月18日	紐西蘭	人民幣/紐西蘭元	250	3年
2010年7月23日	新加坡	人民幣/新加坡元	1 500	3年
2010年6月9日	冰島	人民幣/冰島克朗	35	3年
2009年4月2日	阿根廷	人民幣/阿根廷比索	700	3年
2009年3月23日	印尼	人民幣/印尼盾	1 000	3年
2009年3月11日	白俄羅斯	人民幣/白俄羅斯盧布	200	3年

資料來源：中國人民銀行。

　　而且這些互換協議的簽署有助於為貿易和投資提供支援，以及促進人民幣的國際使用。由於中國對人民幣結算額有一定的限制，在達到限制後，這些互換便可以用來獲得人民幣。2010年10月，香港金管局同中國央行簽訂了200億人民幣的互換協議，這方便了香港的公司同大陸進行人民幣結算貿易。在2014年，中國同韓國簽訂了4億韓元的互換協議，從而能夠將獲得的韓元貸給中國的商業銀行，而這些商業銀行又可以為進口韓國商品的付款提供貿易融資。又如阿根廷，中國通過貨幣互換為阿根廷提供貸款。阿根廷由於之前的信貸違約，很難在國際市場上借到美元，從而無法進口一系列貨物，但是由於和中國進行貨幣互換，阿根廷可將互換得到的人民幣轉換成美元，從而進口貨物。

隨著互換協議的廣泛使用，其功能已經不僅僅局限於金融危機後的救助作用，而漸漸演變成一種更加常規的操作，致力於在國際貨幣體系改革中發揮金融安全網的作用。2007年以來的危機表明，當前國際貨幣體系所面臨的困境主要是由主權國家貨幣（美元）充當主要國際儲備貨幣所導致的一系列問題。美元充當國際儲備貨幣所帶來的問題的一個解決方法便是增加歐元和人民幣的國際供給，而貨幣互換正好提供了一種擴充管道，有助於優化國際貨幣體系、為國際貨幣體系改革構造一張安全網。

4.3　借他山之石，中國可從四個方面做起

根據SWIFT公佈的2018年1月份國際貨幣支付統計資料，美元、歐元列前兩位，分別占比40.83%、37.94%，而中國僅占比1.00%（見圖專4—4）。支撐美元如此大規模的資金流動量的支付清算體系有兩個，分別是聯邦資金轉帳系統（Federal Reserve Wire Network Fund Service，簡稱Fedwire）和清算所銀行同業支付清算系統（Clearing House Interbank Payment System，簡稱CHIPS）。Fedwire主要服務於境內各銀行業金融機構之間的清算和隔夜拆借、公司之間的大額資金交易、美國政府與國際組織之間的記帳債券轉移等；而CHIPS主要處理跨境大額美元支付業務，包括外匯結算、跨境銀行間美元交易等。歐元區最主要、最有影響力的大額支付系統是泛歐自動化即時結算快速傳輸系統。

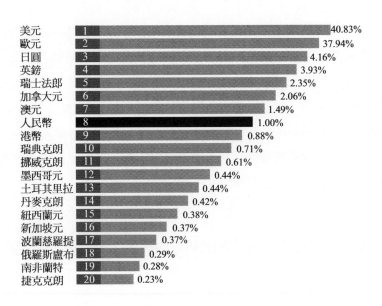

美元	1	40.83%
歐元	2	37.94%
日圓	3	4.16%
英鎊	4	3.93%
瑞士法郎	5	2.35%
加拿大元	6	2.06%
澳元	7	1.49%
人民幣	8	1.00%
港幣	9	0.88%
瑞典克朗	10	0.71%
挪威克朗	11	0.61%
墨西哥元	12	0.44%
土耳其里拉	13	0.44%
丹麥克朗	14	0.42%
紐西蘭元	15	0.38%
新加坡元	16	0.37%
波蘭慈羅提	17	0.37%
俄羅斯盧布	18	0.29%
南非蘭特	19	0.28%
捷克克朗	20	0.23%

圖專4—4　國際貨幣支付市場份額（2018年1月）

資料來源：SWIFT Watch.

　　這兩大系統之所以能夠取得如此巨大的成功，主要是因為它們在服務時間、清算模式、風險管控以及全方位服務四個方面做得非常好，中國在跨境支付功能設計中也應多多借鑒。

　　第一，全球覆蓋式的清算服務時間。為了方便為全球提供清算服務，系統運營服務時間安排一般比正常工作時間長，能夠覆蓋到其他的國家或地區的業務時間。美國的Fedwire每日開始營業的時間是工作日前一天（T－1日）下午9點（東部時間），持續到第二天（T日）的下午6點半（東部時間），一個工作週期的運行服務時間一共是21.5個小時。CHIPS的執行時間是從自然日前一天下午9點（東部時間）到第二天的下午5點（東部時間）為一個工作週期，共計20個小時，比Fedwire提前1.5個小時結束營業。而歐洲的TARGET 2的一個運營週期為21個小時，從格林尼治時間凌晨1點，一直營業到晚上22點。

　　第二，高效的清算模式。美歐清算支付主要採取混合支付模式和給予信用透支額度的方式來提高清算的時效。CIHPS通過採用混合支付模式和信用限

額的方式來提高流動性，即一方面採用雙邊或多邊撮合清算的方法，另一方面利用成員的信用限額來提高結算效率。TARGET 2雖然採用即時全額支付的模式，達到規避清算信用風險和提高清算時效的目的，但是歐元區各中央銀行會根據實際情況，採取信用透支限額方法自行對本行清算帳戶進行管理，來提高清算效率。正是由於高效的支付清算模式，CHIPS和TARGET 2才能夠滿足巨大的業務處理需求：CHIPS達到94%的直通處理率，日均交易總額約1.6萬億美元；TARGET 2的日均交易總額則為2.2萬億歐元。

　　第三，完善的風險管控機制。美歐跨境支付系統主要從事前、事中、事後三個階段來管控風險，保證投資者的利益、保障系統的安全運行。圖專4—5列出了TARGET 2系統應急預案。

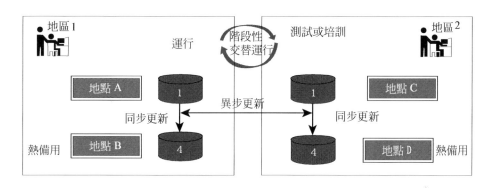

圖專4—5　　TARGET 2系統應急預案

資料來源：ECB.

　　第四，多系統相連，提供全方位服務。國際主要貨幣的跨境支付系統都接入外匯、證券市場，具有良好的相容性，為投資者提供多樣化的服務，例如CHIPS建有外匯直接轉換的功能，TARGET 2更是在提供央行貨幣結算功能的同時加入了證券結算的功能。

　　在跨境支付系統經營管理方面，CHIPS和TARGET也有許多經驗，主要包括運營機構的定位、准入機制以及監管方面。

　　系統運營機構「公眾利益」的法律定位。TARGET 2是歐洲中央銀行擁有

並負責經營的歐元即時全額清算系統（RTGS）。這樣的做法方便央行對清算系統實行監控和宏觀調控，同時避免了系統運營機構損害公眾利益。CHIPS與其他跨境支付清算系統不同，美國清算所銀行同業支付公司（Clearing House Interbank Payment Co.，簡稱CHIPS公司）和美聯儲從法律的地位上看，並沒有隸屬和聯營的關係，但是，它通過不以營利為目的、公開和透明的公司治理方式確保公眾利益的法律定位。

系統參與機構准入機制。國際主要貨幣的跨境支付系統雖然都向境外開放，允許更廣闊的國際銀行業金融機構成為直接參與者，但是對申請者的資格設有一套嚴格的標準。CHIPS採用金字塔形的代理結算方式，只有處理大量跨境支付業務的國際大銀行才能直接接入CHIPS成為直接參與清算行，而其他小銀行或金融機構只能委託這些直接接入的大銀行作為代理清算行，進行資金清算結算。根據美國《陶德—法蘭克法案》等監管法律的規定，要求對系統直接參與清算行進行年度審核，以確保清算的有效性。歐洲中央銀行為TARGET 2也設立了准入規則，成為系統的直接參與者必須統一使用SWIFT報文格式，並且日均業務數量和總額需達到當地央行的最低標準，而間接參與者可通過在直接參與銀行開設主帳戶（Home Account）操作關於歐元的支付清算業務。

與SWIFT合作並進行監管。目前全球各國的跨境支付資訊傳遞，基本依賴SWIFT完成。SWIFT統一採用MT報文格式，並廣泛運用於全球的支付市場，標準化、統一化的報文格式，便於其他國家和地區的系統統一接入，以及各種支付資訊的自由轉換。CHIPS對SWIFT的報文設置了轉換對照表，方便交易資訊的直通式處理，而TARGET 2是直接採用MT報文。依據《歐美融資跟蹤專案協議》，從2010年8月起，SWIFT清算組織需要向美國財政部提交支付業務處理資訊，在一定程度上威脅到其他SWIFT管道使用者的交易資訊安全，反映出掌握跨境支付資訊傳遞管道控制權對維護金融安全的重要性。由此可見，基於SWIFT的壟斷地位，為保證跨境支付資訊傳遞的通暢，建立合作關係是必要的，同時，要注重保護跨境支付資訊的獨立性和安全性。

良好的監管環境。國際上成熟的跨境支付系統的適用規則一般具有全面

性、可更新性，接軌國際標準，依據專門的支付清算法規運行。2012年，《陶德—法蘭克法案》規定CHIPS為系統性重要金融市場工具，這從法律的高度奠定了CHIPS的地位及其重要性。覆蓋CHIPS的規則較為全面，法律占大多數，也存在行政規章、部門檔和自律規則等多層次規則。

專題5

2017年人民幣國際化十大
里程碑事件[1]

一、「債券通」啟動中國市場開放新管道，滿足人民幣資產投資需求

繼股票市場的互聯互通之後，2017年中國債券市場開放也迎來了新的突破。2017年7月3日，「債券通」的「北向通」通道正式開通。2017年全年，境外機構共增持人民幣債券3 477億元，持有總量首次超過萬億元，年末存量達到1.15萬億元，創歷史新高。境外機構在中國境內債券市場整體中的占比也由2016年年末的1.26%提高至1.99%。2017年以來，彭博—巴克萊和花旗先後推出納入中國債券的全球債券指數，國際市場對人民幣資產需求顯著增加。隨著中國金融轉型的持續推進，債券市場的開放正在成為中國金融市場開放和人民幣國際化的重要推動力。

二、中間價報價機制引入「逆週期因子」，人民幣匯率既強勢又穩定

2017年，人民幣匯率形成機制改革再進一步，「收盤匯率＋一籃子貨幣匯率變化＋逆週期因子」的匯率形成機制有序運行。在中國經濟企穩、美元走弱、中美利差擴大以及中間價機制引入「逆週期因子」等因素的助力之下，人

1　陳周陽，姜楠。2017年人民幣國際化報告。中國金融資訊網，2018。

民幣兌美元匯率創下9年來最大年度漲幅，結束過去3年連跌走勢。同時，2017年CFETS人民幣匯率指數略漲0.02%，全年總體在92～95的區間內窄幅波動，體現出了較強的穩定性。未來人民幣匯率雙向波動將成為常態，監管部門對於人民幣兌美元雙邊匯率升貶值容忍度的提升，將確保人民幣兌一籃子貨幣匯率保持平穩波動。人民幣匯率在總體偏強的基礎上，雙向波動或將明顯增強，這也給人民幣國際化道路創造了良好的環境。

三、跨境資本流動走過轉折之年，外匯管理政策回歸中性

過去三四年，在內外部環境共同影響下，中國跨境資本流動從長期淨流入轉向一段時間的淨流出。隨著跨境資本流動，宏觀審慎管理的作用明顯增強，2017年是中國跨境資本流動從淨流出走向基本平衡的轉折之年。全年外匯儲備累計增加1 294.32億美元，實現三年以來首次年度增長。與此同時，監管部門先後放寬了一系列具有「臨時性」和「階段性」的跨境宏觀審慎管理措施，包括將打擊投機購匯行為的外匯風險準備金率從20%降為零，並不再對境外人民幣參加行和清算行在境內的離岸人民幣存款收取存款準備金，以及通過放鬆「窗口指導」等方式進行微調，適度放鬆跨境資本流動管理，保障合法合規業務的有序開展。

四、中國金融業迎來對外開放新格局，釋放路線圖和時間表信號

2017年，除了資本市場開放的步伐加快之外，金融業進一步擴大對外開放的信號持續釋放。在川普訪華之際，中國宣佈大幅放寬外資進入金融業的投資比例限制，首次向世界公佈了金融業擴大對外開放的路線圖和時間表。「中國開放的大門不會關閉，只會越開越大。」2018年是改革開放40周年，放眼未來，隨著中國在全球的地位和經濟重要性的提升，金融業擴大對外開放既是新時代中國對外開放總體格局的重要構成內容，也是金融業自身發展的內在要求，被賦予了更深層次的意義。金融開放依託於「一帶一路」建設等機遇，對人民幣國際化、促進金融市場充分競爭、提高金融市場效率、提升中國國際競爭力意義巨大。

五、離岸人民幣業務觸底反彈，提供多元化人民幣風險管理工具

2017年，隨著人民幣基本面向好，境外持有人民幣的信心得到逐步提升，帶動離岸人民幣存款規模企穩回升。截至2017年12月末，香港地區人民幣存款規模為5 591億元，較上年年末上升2.3%，較年初低谷時增長10.2%。2017年全年臺灣地區人民幣存款累計增加108.37億元，同比增幅3.48%。截至2017年9月末，新加坡人民幣存款總額為1 390億元，較上年年末增加10.32%。人民幣已經成為全球外匯市場交易最活躍的貨幣之一，倫敦是最大的離岸人民幣外匯交易中心。同時，香港交易所推出人民幣期權、人民幣黃金期貨、中國財政部5年期國債期貨合約試點等產品，進一步向風險管理、跨境資金配置、人民幣資產管理、產品創新等方向轉變。2017年，香港人民幣合格境外機構投資者（RQFII）額度擴大至5 000億元人民幣。中國人民銀行與香港金融管理局續簽了4 000億元人民幣/4 700億港元雙邊本幣互換協議。

六、國際貨幣基金組織首發官方外匯儲備人民幣持有量，人民幣躋身儲備貨幣之列

自納入國際貨幣基金組織特別提款權貨幣籃子後，人民幣在國際上的知名度和認可度得到了極大提升，此後人民幣在全球央行外匯儲備配置中的占比以相對較快的速度增加。2017年3月，國際貨幣基金組織首次公佈人民幣外匯儲備。截至2017年第三季度，人民幣外匯儲備規模增至1.08萬億美元，比2016年年末增加171.6億美元，在整體已分配外匯儲備中占比1.12%。同時，2017年以來，繼歐洲央行宣佈增加等值5億歐元的人民幣外匯儲備後，德國央行和法國央行也決定將人民幣資產納入外匯儲備。目前，全球60多個國家和地區將人民幣納入外匯儲備，顯示了人民幣在全球金融體系中的地位日益重要，人民幣國際儲備功能實現了階段性跨越。

七、中國在全球推動綠色金融主流化，向世界提供優質人民幣資產

2016年以來，中國通過在不同層面、多平臺上開展國際多邊和雙邊合作，在全球綠色金融領域的影響力日益提升，中資發行人在國際綠色債券市場上的影響力也在進一步提高。自2016年中國綠色債券市場啟動以來，截至2017年

年末，中國境內和境外累計發行綠色債券184支，發行總量達到4 799億元，約占同期全球綠色債券發行規模的27%。其中，境內發行167支，發行總量超過4 000億元，達到4 097億元。綠色金融和人民幣國際化都是重要的國家戰略，這兩個國家戰略同樣體現的是改革創新和對外開放的結合。隨著對外開放的不斷發展，人民幣綠色資產為全球提供更有價值的投資標的。當前，中國通過在國際綠色金融領域展現出來的影響力，也逐步提升了在全球經濟金融治理中的話語權，這對於推動人民幣國際化同樣具有重要意義。中國大力發展綠色金融符合大趨勢，有利於提高人民幣在國際市場上的接受程度。

八、重點建設CIPS和網聯平臺，人民幣支付網路全球佈局

在過去的一年裡，人民幣跨境支付系統（CIPS）和網聯平臺等重點專案建設不斷推進。而以支付寶、微信支付等為代表的國內協力廠商支付領軍者在全球範圍內拓展業務和用戶。截至2017年12月29日，CIPS直接參與者有31家，間接參與者有677家，參與者已經覆蓋了87個國家和地區。與此同時，金融科技正在推動人民幣業務的「最後一公里」連通。支付寶目前擁有約4.5億全球用戶，微信擁有9.8億全球用戶。歐洲、北美洲、東亞和東南亞26個市場逾12萬家實體店接受支付寶，而微信支付已可以在15個國家和地區提供12種貨幣的支付服務。借助協力廠商支付平臺，人民幣支付正日益擴大到中國境外的電子商務領域、教育等其他服務性出口行業。隨著中國協力廠商支付的快速發展，網聯平臺也應運而生。目前，在世界範圍內尚未出現過專門為協力廠商支付機構服務的清算平臺，而這樣一種線上支付監管體系也屬首創。相信以支付寶、微信支付為代表的移動支付為手段，以網聯平臺為保證的結算體系，能使人民幣支付清算系統更加完善和便捷。我們可以期待金融科技在促進人民幣使用方面發揮重大作用。

九、「石油人民幣」基礎設施進一步完善，增強大宗商品定價話語權

在單一美元體系下，石油貿易國經濟金融安全穩定受到挑戰，美元波動衝擊經濟穩定，因此構建多元化的石油計價結算體系已成為大勢所趨。2017年8月，委內瑞拉在美國對其實施新制裁後宣佈棄用美元，改用人民幣等貨幣組成

的一籃子貨幣，並在雙邊的石油貿易中採用人民幣計價。2017年10月，中國外匯交易中心推出人民幣對盧布交易同步交收業務，標誌著中國與俄羅斯的「石油人民幣」雙邊基礎設施進一步完善。2017年以來，上海期貨交易所已開展五次原油期貨上市前的全市場生產系統演練。人民幣計價原油期貨在制度、規則和技術方面已經不存在障礙，上市已經步入最後的衝刺階段。擴大對國際原油等大宗商品交易定價的影響力，是人民幣國際化必然爭取的目標之一。「石油人民幣」不僅將成為中國期貨市場全面對外開放的起點，也將承擔爭取大宗商品定價權及推動人民幣國際化的重任。

十、銀行間外匯市場區域交易貨幣對擴大，助力人民幣全球使用

為提高金融服務「一帶一路」建設能力，幫助市場主體規避匯率風險，促進人民幣在雙邊貿易和投資中的使用，2017年8月和9月，中國外匯交易中心先後推出人民幣對蒙古圖格里克和柬埔寨瑞爾的銀行間外匯市場區域交易，加上此前已經推出的人民幣對泰銖和哈薩克堅戈銀行間區域交易，目前人民幣區域交易貨幣對擴大至4對。區域貨幣對交易分別在雲南、新疆、內蒙古、廣西落地，代表「一帶一路」機制的完善，能夠打破外幣兌換的中間環節，有助於節約匯兌成本，對推進中國與相應國家貿易投資本幣結算便利化，提升金融服務實體經濟水準具有重要作用和意義，也為邊境金融業服務東盟、支援區域經濟發展開闢了一條創新道路。區域貨幣對交易有助於人民幣輸出，進一步推進人民幣國際化。

附錄

人民幣國際化大事記

時間	事件	內容	意義和影響
2017年1月20日	外管局調整銀行結售匯統計報表	豐富外匯市場衍生產品業務統計指標，增加遠期差額交割和掉期交易存量統計等	提高銀行和外匯局的統計操作效率，也為未來進一步發展和監管外匯市場提供基礎支援
2017年1月23日	全口徑跨境融資宏觀審慎管理	企業跨境融資槓桿率由1倍提高到2倍，非銀行法人金融機構跨境融資槓桿率維持1倍，銀行類法人金融機構和外國銀行境內分行跨境融資槓桿率維持0.8倍	擴大資本市場雙向開放程度，便利境內機構充分利用境外低成本資金，降低實體經濟融資成本
2017年1月26日	外匯管理改革完善真實合規性審核	擴大境內外匯貸款結匯範圍，允許具有貨物貿易出口背景的境內外匯貸款辦理結匯，境內機構應以貨物貿易出口收匯資金償還，原則上不允許購匯償還	強調外匯交易服務貿易，遏制針對匯率和利差的投機性交易
2017年2月20日	首支以中國資產為標的的衍生品在歐洲上線交易	中歐國際交易所（中歐所）滬深300指數ETF期貨合約上線交易	豐富了中歐所產品線，使其成為涵蓋證券現貨及衍生品的離岸人民幣及中國相關金融工具交易平臺

續前表

時間	事件	內容	意義和影響
2017年2月27日	外匯交易系統新增日圓、澳元拆借並支援負利率交易	中國外匯交易中心推出日圓、澳元拆藉以及負利率交易功能	增加外幣拆借品種，進一步滿足市場需要，完善中國外匯市場功能
2017年2月27日	首家美國資產管理公司獲得RQFII額度	美國貝萊德基金顧問公司（BlackRock Fund Advisors）首次獲批110億元RQFII投資額度	推動北美離岸人民幣市場發展
2017年3月1日	彭博推出兩項包含中國債券的全新固定收益指數	彭博推出全球綜合＋中國指數和新興市場本地貨幣政府債券＋中國指數	為全球投資者提供分析中國債券市場的新途徑，便利基金經理將中國債券納入其投資組合，擴大人民幣國際債券規模
2017年3月16日	首單「一帶一路」沿線國家企業熊貓債發行	俄鋁在上交所發行熊貓債10億元，票面利率為5.5%	拓寬沿線國家的融資管道，豐富人民幣資本項下流出管道
2017年3月20日	外幣債質押式回購交易服務推出	全國銀行間同業拆借中心本幣交易系統將提供外幣債質押式回購交易服務，實現質押外幣債借人民幣的功能	進一步豐富銀行間市場業務品種，提升外幣債券（含SDR債）的流動性
2017年3月31日	國際貨幣基金組織首次公佈全球人民幣外匯儲備持有情況	截至2016年第四季度，人民幣外匯儲備達845.1億美元，占參與官方外匯儲備貨幣構成報告成員外儲資產的1.07%	反映了人民幣國際化的巨大成就，有利於提高各國在外匯儲備配置中對人民幣的接受程度

時間	事件	內容	意義和影響
2017年3月31日	全面深化中國（上海）自由貿易試驗區改革開放方案發佈	有序推進資本項目可兌換試點，最大限度縮減自貿試驗區外商投資負面清單。進一步深化金融開放創新，加快構建面向國際的金融市場體系，建設人民幣全球服務體系，有序推進資本項目可兌換試點	對照國際最高標準、最好水準的自由貿易區，全面深化自貿試驗區改革開放，加快構建開放型經濟新體制，為人民幣國際化夯實制度和經濟基礎
2017年4月10日	全球首支對離岸投資者開放的在岸利率產品在港交所上市	香港交易所推出的5年期中國財政部國債期貨（HTF）合約正式交易，這是首支在離岸市場交易的內地國債期貨，也是全球首支對離岸投資者開放的在岸利率產品	為境外投資者提供對沖人民幣資產利率波動的有效工具，也是推動境外資本流入中國境內債市的重要步驟
2017年4月11日	非洲首支離岸人民幣債券發行	中國銀行在境外成功完成30億美元等值債券發行定價，募集資金將主要用於「一帶一路」相關信貸項目。此次發行包括美元、歐元、澳元和人民幣4個幣種，共計6個債券品種，發行主體包括澳門、杜拜、約翰尼斯堡、雪梨分行和盧森堡子行。債券將在香港聯合交易所掛牌上市	以債券形式將離岸人民幣用於非洲國家的建設項目，構建起人民幣國際循環機制，顯示出國際投資者對人民幣資產有信心
2017年4月28日	柬埔寨人民幣業務全面流通	經柬埔寨國家央行許可、海關報關、專業公司押運、香港清點與入帳等多重手續，中國銀行金邊分行首次將1 070萬元人民幣現鈔從暹粒存入中銀香港帳戶	打通人民幣現鈔進出柬埔寨通道，有利於促進中柬貿易和旅遊業發展，助推人民幣在周邊國家的使用

續前表

時間	事件	內容	意義和影響
2017年5月8日	全國外匯市場自律機制發佈《中國外匯市場準則》	適用於經我國監管部門批准從事外匯交易業務的機構和個人，包括具有銀行間外匯市場業務、結售匯業務、外幣買賣業務等資格的經營機構及其內部從業人員	進一步規範境內外匯市場參與者的市場行為，有助於完善人民幣匯率形成機制，提升中國外匯市場的國際影響力
2017年5月10日	阿拉伯聯合大公國人民幣業務清算行在杜拜正式開業	中國農業銀行杜拜分行暨阿拉伯聯合大公國人民幣業務清算行在杜拜正式開業，將主要提供人民幣清算、國際結算、貿易融資、外匯交易等銀行服務	促進中國和阿拉伯聯合大公國的貿易與投資往來，完善人民幣離岸市場和清算體系的全球佈局
2017年5月17日	彭博推出全新人民幣債券平臺	彭博人民幣債券平臺特別設計了中國貨幣經紀商專屬頁面，此頁面包含中國全部五家貨幣經紀公司提供的即時交易資料	有助於提升市場透明度，方便海外機構投資者了解中國債券市場，提供更好的交易和對沖機會
2017年5月19日	中國人民銀行與紐西蘭儲備銀行續簽雙邊本幣互換協議	中國人民銀行與紐西蘭儲備銀行續簽了中新雙邊本幣互換協定，規模保持250億元人民幣/50億紐西蘭元，互換協議有效期3年，經雙方同意可以展期	便利雙邊貿易和投資，促進兩國經濟發展
2017年5月26日	中間價報價模型增加「逆週期因子」	中國外匯交易中心發佈公告，以中國工商銀行為牽頭行的外匯市場自律機制匯率工作組建議在中間價報價模型中增加逆週期因子	適度對沖市場情緒的順週期波動，緩解外匯市場可能存在的「羊群效應」，進一步完善人民幣匯率形成機制

續前表

時間	事件	內容	意義和影響
2017年6月13日	歐洲央行首次投資中國貨幣	歐洲央行表示，已將價值5億歐元（合5.6億美元）的外匯儲備從美元轉換成了人民幣，這是該央行首次投資中國貨幣	反映出人民幣國際化得到更多官方認可，在主要國家官方儲備中開始成為不可缺少的資產
2017年6月21日	中國A股2018年6月開始納入MSCI新興市場指數和全球基準指數（ACWI）	摩根士丹利資本國際公司（MSCI）宣佈，從2018年6月開始將中國A股納入MSCI新興市場指數和全球基準指數。MSCI計畫初始納入222支大盤A股，這些A股約占MSCI新興市場指數0.73%的權重	中國A股市場的准入制度進一步與國際標準接軌，國際主流機構投資者將更多投資中國股票市場，人民幣需求將大幅增加
2017年6月22日	中國財政部在香港招標發行70億元人民幣國債	財政部在香港特別行政區面向機構投資者招標發行70億元人民幣國債。其中，5年期20億元人民幣國債，中標利率為4.1%，創2009年開始在港發售人民幣國債以來新高；3年期50億元人民幣國債，中標利率為3.99%，也高於去年12月創下的紀錄高位3.4%	支持香港離岸人民幣市場發展
2017年7月3日	「債券通」正式上線	境內外投資者通過香港與內地債券市場基礎設施機構連接，買賣兩個市場交易流通債券的機制安排——「債券通」——的「北向通」通道正式開通	可進一步提升中國債券市場的開放程度，可視為中國金融市場對外開放的又一突破性創舉，從而為人民幣國際化提供新的動力

續前表

時間	事件	內容	意義和影響
2017年7月4日	香港RQFII額度擴大	香港RQFII額度擴大至5 000億元	有助於進一步滿足香港投資者對於人民幣資產的配置需求，推動境內金融市場對外開放，密切內地與香港的經濟金融聯繫
2017年7月6日	中國人民銀行與蒙古銀行續簽了中蒙雙邊本幣互換協議	中國人民銀行與蒙古銀行續簽了中蒙雙邊本幣互換協定，規模保持為150億元人民幣/5.4萬億蒙古圖格里克。互換協議有效期3年，經雙方同意可以展期	便利雙邊貿易和投資，促進兩國經濟發展。推動人民幣在周邊國家的使用
2017年7月6日	港交所延長人民幣貨幣期貨系列產品的交易時間	日間交易開市時間將由上午9時提前至8時半，收市後交易時段收市時間由晚上11時45分延長至翌日凌晨1時	方便歐美國家的市場參與者買賣人民幣貨幣期貨，提供管理匯率風險的有效手段和平臺
2017年7月10日	港交所推出人民幣和美元雙幣定價的黃金期貨	香港交易所首對美元及人民幣計價、可實物交收的黃金期貨在香港隆重上市。包括在香港推出的人民幣和美元定價黃金期貨合約及在倫敦推出的黃金期貨合約，覆蓋全球交易時段	人民幣大宗商品定價邁出堅實的步伐，豐富了人民幣金融資產的種類，有利於提高香港在離岸人民幣市場的話語權
2017年7月18日	中國人民銀行與阿根廷央行續簽中阿（根廷）雙邊本幣互換協議	中國人民銀行與阿根廷央行續簽了中阿（根廷）雙邊本幣互換協定，協定規模為700億元人民幣/1 750億阿根廷比索，協議有效期3年，經雙方同意可以展期	促進兩國經濟和貿易發展，有利於擴大人民幣在拉美國家的使用

續前表

時間	事件	內容	意義和影響
2017年7月26日	首單通過「債券通」管道面向境內外投資者完成簿記發行的外國主權政府人民幣債券發行	匈牙利在中國銀行間債券市場發行10億元人民幣3年期熊貓債，票面年利率為4.85%	豐富「一帶一路」相關項目對人民幣融資的管道
2017年7月27日	中國人民銀行與瑞士央行續簽了中瑞雙邊本幣互換協議	規模保持為1 500億元人民幣/210億瑞士法郎。協議有效期3年，經雙方同意可以展期	為雙邊經貿往來提供流動性支持，有利於促進瑞士人民幣離岸市場的發展
2017年7月31日	中國外匯交易中心增加公佈3個時點人民幣兌歐元、日圓和英鎊的參考匯率	中國外匯交易中心在目前11：00和15：00兩個時點人民幣兌歐元、日圓和英鎊參考匯率的基礎上，在中國貨幣網增加公佈10：00、14：00和16：00三個時點人民幣兌歐元、日圓和英鎊的參考匯率	增加報價頻率，便利人民幣外匯定價與交易，為市場主體提供更多的市場匯率參考，有利於加強對人民幣匯率的市場預期引導
2017年8月11日	人民幣對蒙古圖格里克銀行間市場區域交易正式啟動	人民幣對蒙古圖格里克銀行間市場區域交易正式啟動，首日共成交約6.2億蒙古圖格里克	實現了中蒙兩國貨幣的直接兌換，有利於規避匯率風險、降低交易成本，對推進貿易投資本幣結算便利化，提升金融服務實體經濟水準具有重要作用和意義

續前表

時間	事件	內容	意義和影響
2017年8月24日	首筆人民幣對東埔寨瑞爾清算交易完成	交易雙方分別為廣西北部灣銀行和東埔寨加華銀行，交易資金已交割起息	不僅滿足了中東兩國企業高效、便捷的資金結算需求，同時為企業實施「走出去」戰略降低資金成本、規避匯率風險提供了更多機會，對推進貿易投資本幣結算便利化、提升金融服務實體經濟水準具有重要作用和意義
2017年9月7日	委內瑞拉將在國際支付機制中使用包括人民幣在內的一籃子貨幣	委內瑞拉將在國際支付機制中使用由人民幣、俄羅斯盧布、日圓、歐元和印度盧比組成的一籃子貨幣，並可與本國貨幣玻利瓦爾省進行兌換	減少美元波動帶來的結算風險，擺脫委內瑞拉在國際貿易中對美元的依賴。人民幣成為該國的貿易結算貨幣，擴大了在拉丁美洲國家的影響力
2017年9月11日	中國人民銀行取消境外人民幣業務參加行在境內代理行存放存款準備金，下調外匯風險準備金率	中國人民銀行發佈《關於調整境外人民幣業務參加行在境內代理行存放存款準備金政策的通知》，境外人民幣業務參加行在境內代理行存放存款準備金從即日起取消。另外，還下發了《關於調整外匯風險準備金的通知》，從9月11日起，外匯風險準備金率也將從20%調整為0	放鬆外匯流出的限制，對跨境人民幣資金流動進行宏觀審慎管理
2017年9月13日	人民幣對東埔寨瑞爾銀行間市場區域交易啟動	實現了中東兩國貨幣的直接兌換，品種為即期詢價交易，包括T＋0、T＋1和T＋2	有利於市場主體規避匯率風險、降低交易成本，促進人民幣與東埔寨瑞爾在雙邊貿易和投資中的使用

續前表

時間	事件	內容	意義和影響
2017年9月14日	銀行間市場單筆最大規模熊貓債券發行	中國銀行香港分行於境內銀行間債券市場成功發行2017年第一期人民幣金融債券,即熊貓債券,發行金額為90億元,認購額150億元人民幣,約為發行金額的1.67倍。本次債券期限為1年,票面年利率為4.4%	實現了境內外金融市場的互聯互通,有利於未來吸引更廣泛的境外優質發行人和多元化投資者參與境內銀行間市場,也標誌中國銀行間市場為國際發行人提供融資能力進一步提升
2017年9月15日	委內瑞拉發佈以人民幣計價的石油和燃料價格	委內瑞拉石油部發佈以人民幣計價的石油價格,人民幣計價的石油價格等於美元計價的石油價格乘以美元兌人民幣匯率	有助於委內瑞拉減少美元等波動帶來的結算風險,打破石油美元的壟斷,開啟了石油人民幣新篇章
2017年9月22日	中國外匯交易中心推出英鎊和加元拆借交易	英鎊拆借計息基準為365天,加元拆借計息基準為360天	進一步滿足市場需要,豐富外幣拆借交易幣種,提升中國外匯市場的國際影響力
2017年9月27日	CIPS參與行行號納入SWIFTRef	SWIFT宣佈將人民幣跨境支付系統(CIPS)直接和間接參與者的行號資訊納入SWIFTRef目錄	提高跨境人民幣支付的效率,增加市場參與者的直通處理能力(STP),並提升客戶體驗
2017年10月9日	中國外匯交易中心推出人民幣對盧布交易同步交收業務	經中國人民銀行批准,中國外匯交易中心依託大額支付系統推出人民幣對盧布交易同步交收業務	標誌著我國外匯市場正式建立人民幣對外幣同步交收機制,有利於降低交收風險,外匯市場基礎設施建設取得了新進展

時間	事件	內容	意義和影響
2017年10月12日	中越兩國銀行點對點完成雙幣現鈔跨境雙向調運	經國家外匯管理局、國家海關總署批准，並由中國農業銀行總行同意，農行東興市支行已獲准開辦人民幣/越南盾現鈔跨境雙向、點對點調運業務。50億元越南盾現鈔也是廣西農行系統內首筆越南盾現鈔跨境調運業務	標誌著中越貨幣現鈔實現直接跨境互換，沿邊金融綜合改革取得又一碩果
2017年11月2日	全球中央對手方協會（CCP12）發布《CCP12量化披露實務標準》	全球中央對手方協會（CCP12）在上海發佈《CCP12量化披露實務標準》這一被業內人士稱為「外灘標準」的首個中央對手清算行業國際標準	增強全球中央對手方資訊披露的規範性和透明度，對監管機構分析中央對手方風險防範水準、評判金融市場運行整體情況具有重要作用，也標誌著我國對國際金融監管規則的參與度、引領度有所提升
2017年11月9日	境外商業機構可在銀行間債市參與利率互換等交易	各類境外機構投資者可基於套期保值需求開展債券借貸、債券遠期、遠期利率協定及利率互換等交易；境外人民幣業務清算行和參加行還可在銀行間債券市場開展債券回購交易	對境外機構投資者更大程度開放銀行間債券市場，提供市場化利率風險管理工具，有利於形成合理的債券市場收益率曲線，提高人民幣債券市場的國際競爭力

續前表

時間	事件	內容	意義和影響
2017年11月10日	金融業擴大對外開放的路線圖和時間表	財政部副部長朱光耀表示，中方決定將單個或多個外國投資者直接或間接投資證券、基金管理、期貨公司的投資比例限制放寬至51%，上述措施實施3年後，投資比例不受限制；將取消對中資銀行和金融資產管理公司的外資單一持股不超過20%、合計持股不超過25%的持股比例限制，實施內外一致的銀行業股權投\資比例規則；3年後將單個或多個外國投資者投資設立經營人身保險業務的保險公司的投資比例放寬至51%，5年後投資比例不受限制	進一步擴大金融業對外開放，大幅放寬市場准入，加快形成全面開放新格局
2017年11月27日	中國人民銀行與香港金融管理局續簽雙邊本幣互換協議	互換規模為4 000億元人民幣/4 700億港元，協議有效期3年，經雙方同意可展期	有利於維護兩地和區域金融穩定，便利兩地貿易和投資，推動香港離岸人民幣市場發展
2017年11月28日	上海清算所與R5FX擬推出跨境外匯交易中央對手清算業務	上海清算所對在英國R5FX平臺上達成特定跨境外匯交易提供中央對手清算服務的業務。該業務的參與者不僅包括了中國境內機構，也包括了具有外匯交易能力的境外商業機構。初期推出的產品包括美元對港元、英鎊對美元以及歐元對美元三個貨幣對	減少參與者的結算資金占用，降低結算風險，並為參與者減少風險資本占用提供便利

續前表

時間	事件	內容	意義和影響
2017年11月30日	財政部在香港發行70億元人民幣國債	財政部在香港特別行政區順利發行70億元人民幣國債。其中，面向機構投資者招標發行65億元，包括2年期40億元、5年期20億元、10年期5億元，中標利率分別為3.90%、4.10%、4.15%；面向有關國外中央銀行和地區貨幣管理當局發行5億元，包括2年期3億元、5年期2億元，發行利率為同期限國債中標利率	增加無風險人民幣資產的供給，促進香港離岸人民幣市場發展
2017年12月4日	中國外匯交易中心在新一代外匯交易平臺推出美元對人民幣即期撮合交易	撮合交易方式是國際外匯市場主流交易方式之一，是基於雙邊授信的點擊成交和訂單匹配	有助於完善外匯市場價格發現機制，促進市場健康發展
2017年12月13日	銀監會將放寬對除民營銀行外的中資銀行和金融資產管理公司的外資持股比例限制	實施內外一致的股權投資比例規則。將持續推進銀行業對外開放，主要政策方向包括放寬外國銀行商業存在形式選擇範圍、擴大外資銀行業務經營空間及優化監管規則	推動改善銀行業投資和市場環境，支持外資更廣泛地參與我金融市場發展，提升銀行業核心競爭力和國際化水準

參考文獻

〔1〕巴曙松。對國際評級機構的評級結果進行再評價。http://finance.ce.cn/rolling/201709/23/
t20170923_26233409.shtml，2017-09-23。

〔2〕賓建成，雷迪凱。數字貨幣發行對我國金融業發展的影響及對策。湖湘論壇，2017。

〔3〕伯努瓦‧科爾，趙園。多極化下的國際貨幣政策協調。中國金融，2014（21）：16-
18。

〔4〕陳浪南，羅融，趙旭。開放型經濟下財政政策效應的實證研究。數量經濟技術經濟研
究，2016，33（02）：95-112。

〔5〕陳小亮，馬嘯。「債務─通縮」風險與貨幣政策財政政策協調。經濟研究，2016，51
（08）：28-42。

〔6〕陳雨露，涂永紅，王芳。人民幣國際化的未來。中國經濟報告，2013（1）。

〔7〕陳雨露。「一帶一路」與人民幣國際化。中國金融，2015（19）：40-42。

〔8〕中國人民大學國際貨幣研究所。人民幣國際化報告2015：「一帶一路」建設中的貨幣
戰略。北京：中國人民大學出版社，2015。

〔9〕陳雨露。人民幣儘快納入SDR將進一步推動國際貨幣體系改革。國際金融，2015
（07）：14-16。

〔10〕刁節文。國際貨幣政策協調：理論研究、實踐進展及中國的選擇。上海立信會計學院
學報，2006（04）：66-71。

〔11〕方向明。中國─中東歐基金董事長姜建清：打造「一帶一路」區域性支點。第一財經
日報，2017-02-06（A10）。

〔12〕付敏，吳若伊。德國馬克國際化及其對中國的啟示。經濟理論與經濟管理，2014
（4）：100-112。

〔13〕中國人民大學國際貨幣研究所。人民幣國際化報告2017。北京：中國人民大學出版
社，2017。

〔14〕管濤，趙玉超，高錚。未竟的改革：後布列敦森林時代的國際貨幣體系。國際金融研
究，2014（10）。

〔15〕國際商會，https://iccwbo.org/.

〔16〕何斌，孫樹棟。當代國際科技合作的經驗與啟示。科技管理研究，2008（12）。

〔17〕胡馨慧。人民幣國際化彎道超車可能路徑探究。時代金融，2017（21）。

〔18〕環球同業銀行金融電訊協會，https://www.swift.com/.

〔19〕黃憲，白德龍。中國貨幣政策對經貿關聯國貨幣政策的外溢影響研究——基於「一帶一路」相關國的證據。國際金融研究，2017（05）：15-24。

〔20〕李文泓。關於宏觀審慎監管框架下逆週期政策的探討。金融研究，2009（7）：7-24。

〔21〕梁靜。人民幣國際化「大動脈」——國際貨幣支付基礎設施構建。北京：經濟管理出版社，2017。

〔22〕羅伯特‧M. 索洛。經濟增長因素分析。北京：商務印書館，2003。

〔23〕馬翠蓮。人民幣世界影響力與日俱增。上海金融報，2016-07-29。

〔24〕馬新斌。宏觀審慎政策：危機以來的共識與分歧。金融縱橫，2017（6）：20-34。

〔25〕馬勇，陳雨露。宏觀審慎監管：目標、工具與相關制度安排。經濟理論與經濟管理，2012（3）：5-15。

〔26〕曼瑟爾‧奧爾森。集體行動的邏輯。上海：上海人民出版社，2015。

〔27〕孟揚。「一帶一路」銀行家圓桌會在京成功舉行。金融時報—中國金融新聞網，http://www.financialnews.com.cn/zt/ydyl/201705/t20170516_117550.html，2017-05-16.

〔28〕潘英麗。國際貨幣體系改革的正確方向：超主權還是多極化？第一財經日報，2013-09-09。

〔29〕清華大學國情研究院課題組。習近平經濟思想的全球治理行動框架。學術前沿，2017（1）。

〔30〕世界交易所聯合會，https://www.world-exchanges.org/home/.

〔31〕世界經濟論壇，https://cn.weforum.org/about/our-members-partners.

〔32〕孫國峰。全域最優視角下的貨幣政策國際協調。中國人民銀行工作論文，No.2016/10，2016。

〔33〕譚之博，趙岳。外商直接投資的擠入擠出效應：金融發展的影響。金融研究，2014（9）。

〔34〕陶蕊。中國國際科技合作戰略演變分析：基於對歷次國際科技合作規劃的觀察。中國軟科學增刊，2017（S1）。

〔35〕田國立。人民幣國際化為國際貨幣體系改革提供新動力。第一財經日報，2015-12-01。

〔36〕涂永紅，戴穩勝。以供給側改革夯實人民幣國際化的經濟基礎。開發性金融研究，2016，8（04）：5-21。

〔37〕涂永紅，吳雨微。人民幣國際化亟須增強金融推動力。理論視野，2017（08）：37-40。

〔38〕涂永紅。人民幣作為計價貨幣——理論與政策分析。北京：中國金融出版社，2015。

〔39〕中國人民大學國際貨幣研究所。人民幣國際化報告2016：貨幣國際化與宏觀金融風險管理。北京：中國人民大學出版社，2016。

〔40〕汪小亞。我國資本帳戶開放與利率。金融研究，2001（1）。

〔41〕王春法。技術創新政策：理論基礎與工具選擇。北京：經濟科學出版社，1998。

〔42〕王春法。主要發達國家國家創新體系的歷史演變與發展趨勢。北京：經濟科學出版社，2003。

〔43〕王瀟瀟。中美貨幣政策協調問題研究。亞太經濟，2014，（03）：38-42。

〔44〕翁東玲。國際貨幣體系變革與人民幣的國際化。經濟學家，2016（12）。

〔45〕吳軍，張弼。金融危機中國際貨幣政策協調的有效性分析。金融發展研究，2010，（05）：3-8。

〔46〕肖娛。商業週期內美國財政政策跨國影響的經驗分析。世界經濟，2013，36（10）：142-160。

〔47〕熊愛宗，黃梅波。國際貨幣多元化與國際貨幣體系穩定。國際金融研究，2010（09）：21-28。

〔48〕徐晶如。日本量化寬鬆貨幣政策對中國的溢出效應研究。中國海洋大學碩士學位論文，2014。

〔49〕亞太地區貸款市場公會，https://www.aplma.com/sc.

〔50〕姚前，湯瑩瑋。關於央行法定數字貨幣的若干思考。金融研究，2017（7）。

〔51〕姚文雄，張曉青。高科技時代的強國方略：資訊化與世界競爭格局透視。蘭州：甘肅科學技術出版社，1998。

〔52〕張紅力。建立「一帶一路」銀行間合作機制。21世紀經濟報導，2017-03-03。

〔53〕張建平，王實，倪晨陽。經濟轉型期金磚國家的機遇與挑戰。現代管理科學，2016（4）。

〔54〕張亮。開放、創新、合作，共促亞太貸款市場繁榮發展，www.china-cba.net/bencandy.php？fid=100&id=15929，2016-10-26。

〔55〕張龍翔。美國貨幣政策對中國的溢出效應與中美貨幣政策協調。武漢大學碩士學位論文，2014。

〔56〕張興旺，陳希敏。科技金融創新融合問題研究。科學管理研究，2017（2）。

〔57〕張雲，趙富森。國際技術溢出、吸收能力對高技術產業自主創新影響的研究。財經研究，2017（3）。

〔58〕張志棟，靳玉英。我國財政政策和貨幣政策相互作用的實證研究——基於政策在價格決定中的作用。金融研究，2011（06）：46-60。

〔59〕趙昌文，陳春發，唐英凱。科技金融。北京：科學出版社，2009。

〔60〕中國APEC發展理事會。關於APEC工商諮詢理事會，http://www.chinaapec.org/i/content_1.shtml.

〔61〕中國人民銀行數位貨幣研究專案組。從SWIFT駭客事件看金融網路安全。中國金融，2016（17）：43-44。

〔62〕中國人民銀行天津分行經濟政策協調研究課題組。貨幣政策、財政政策、產業政策、貿易政策、匯率政策協調配合問題研究。華北金融，2007（9）。

〔63〕朱興龍。「一帶一路」背景下我國金融國際合作實證研究。金融發展評論，2017

（06）：48-57。

〔64〕莊芳，莊佳強，朱迎。我國財政政策和貨幣政策協調配合的定量效應——基於協整向量自回歸的分析。金融研究，2014（12）：71-85。

〔65〕莊太量，許愫珊。人民幣國際化與國際貨幣體系改革。經濟理論與經濟管理，2011（09）：40-47。

〔66〕Agur and Sharma. Rules, Discretion and Macroprudential Policy. IMF Working Paper No.65, 2013.

〔67〕Ahrend. R., Catte, P., & Price, R.W. *Interactions Between Monetary and Fiscal Policy*, 2006.

〔68〕Akerlof, George A., Olivier J.Blanchard, David Romer, and Joseph E.Stiglitz, *What Have We Learned:Macroeconomic Policy After The Crisis*, MIT Press, 2014.

〔69〕Arin K.P., Koray F. Beggar thy Neighbor？ The Transmission of Fiscal Shocks from the US to Canada. *Open Economies Review*, 2009, 20（3）：425-434.

〔70〕Baron D.P.Fluctuating Exchange Rates and the Pricing of Exports.*Economic Inquiry*, 1976, 14（3）：425-438.

〔71〕Baxter M.Chapter 35 International Trade and Business Cycles. *Handbook of International Economics*, 1995, 3（05）：1801-1864.

〔72〕Benigno, G., &Benigno, P. Implementing International Monetary Cooperation Through Inflation Targeting. *Macroeconomic Dynamics*, 2008, 12（S1）：45-59.

〔73〕Benigno, G., Benigno, P.Price Stability in Open Economies. *Review of Economic Studies*, 2003（70）：743-764.

〔74〕Bianconi M., Turnovsky S.J. International Effects of Government Expenditure in Interdependent Economies. *Canadian Journal of Economics*, 1997, 30（1）：57-84.

〔75〕BIS. *Past and Future of Central Bank Cooperation:Policy Panel Discussion*. Bank for International Settlements Press & Communications, 2006：1-2.

〔76〕Borio C.Rediscovering The Macroeconomic Roots of Financial Stability Policy：Journey, Challenges and A Way Forward.BIS Working Paper No.354, 2011.

〔77〕Borio,C.and A.D. Crockett.In Search of Anchors for Financial and Monetary Stability. *Greek Economic Review*, 2000（20）：1-14.

〔78〕Brander J.A., Spencer B.J. Export Subsidies and International Market Share Rivalry. *Journal of International Economics*, 1985, 18（1）：83-100.

〔79〕CGFS. Macroprudential Instruments and Frameworks：A Stocktaking of Issues and Experiences.CGFS Papers No.38, 2010.

〔80〕Chinn,M., Frankel, J. *Will the Euro Eventually Surpass the Dollar as Leading International Currency？In G7 Current Account Imbalances and Adjustment*. University of Chicago Press, Chicago, 2007.

〔81〕Chiţu L., Eichengreen B., Mehl A. When did the Dollar Overtake Sterling as the Leading

International Currency？ Evidence from the Bond Markets. *Journal of Development Economics*, 2014, 111（6）：225-245.

〔82〕 Christiano, L., Eichenbaum, M., & Rebelo, S. When Is the Government Spending Multiplier Large？*Journal of Political Economy*, 2011,119（1）,78-121.

〔83〕 Clarida, R., Galí, J., Gertler, M. A Simple Framework for International Monetary Policy Analysis. *Journal of Monetary Economics*, 2002（49）,879-904.

〔84〕 Cohen, B.J. The Yuan Tomorrow？ Evaluating China's Currency Internationalization Strategy. *New Political Economy*, 2012, 17（3）：361-371.

〔85〕 Collie D. R. Export Subsidies and Countervailing Tariffs. *Journal of International Economics*, 1991（31）：309-324.

〔86〕 Corsetti, G., Meier, A., & Müller, G. J. Fiscal Stimulus with Spending Reversals. *Review of Economics and Statistics*, 2012, 94（4）, 878-895.

〔87〕 Corsetti, G., Pesenti, P. Welfare and Macroeconomic Interdependence. *Quarterly Journal of Economics*, 2001（116）：421-446.

〔88〕 Corsetti, G., Pesenti, P. The International Dimension of Optimal Monetary Policy. *Journal of Monetary Economics*, 2005（52）：281-305.

〔89〕 Cova P., Pisani M., Rebucci A. *Macroeconomic Effects of China's Fiscal Stimulus*. Social Science Electronic Publishing, 2016.

〔90〕 Dellas, H. Monetary Policy in Open Economies. *European Economic Review*, 2006（50）：1471-1486.

〔91〕 Devereux M. B., Engel C., Storgaard P. E. Endogenous Exchange Rate Pass-through When Nominal Prices Are Set in Advance. *Journal of International Economics*, 2007, 63（2）：263-291.

〔92〕 Devereux, M., Engel, C. Monetary Policy in the Open Economy Revisited：Price Setting and Exchange Rate Flexibility. *Review of Economic Studies*, 2003, 70（4）,765-783.

〔93〕 Duarte, M. Why Don't Macroeconomic Quantities Respond to Exchange Rate Variability？ *Journal of Monetary Economics*, 2003, 50（4）：889-913.

〔94〕 ECB. The Payment System.ECB, 2010：243-271.

〔95〕 Eichengreen B., Flandreau M. The Federal Reserve, the Bank of England, and the Rise of the Dollar as an International Currency,1914-1939. *Open Economies Review*, 2012, 23（1）：57-87.

〔96〕 Eichengreen B., Flandreau M. The Rise and Fall of the Dollar（or When Did the Dollar Replace Sterling as the Leading Reserve Currency？）. *European Review of Economic History*, 2009, 13（3）：377-411.

〔97〕 Eurosystem. TARGET2 Interconnection with T2S. ECB, 2013：1-14.

〔98〕 Frenkel J.A.,Razin A.*Fiscal Policies and the World Economy*.MIT Press,1987.

〔99〕 FSB. Implementation and Effects of the G20 Financial Regulatory Reforms：Third Annual

Report,3 July,2017. Available at：http://www.fsb.org/wp-content/uploads/P030717-2. pdf[2018-03-20].

〔100〕 Gabriele Galati and Richhild Moessne.Macroprudential Policy-A Literature Review. BIS Working Paper No.337, 2011.

〔101〕 Giovannini A.Exchange Rates and Traded Goods Prices. *Journal of International Economics*, 1988, 24（1-2）：45-68.

〔102〕 Goldberg L. S., Tille C. Vehicle Currency Use in International Trade. Federal Reserve Bank of New York, 2005：177-192.

〔103〕 Hartmann P. Currency Competition and Foreign Exchange Markets：The Dollar, the Yen, and the Euro. *General Information*, 2007, 147（4）：545-547.

〔104〕 IMF.Macroprudential Policy——An Organizing Framework, March 14, 2011. Available at：http://www.imf.org/en/Publications/Policy-Papers/Issues/2016/12/31/ Macroprudential-Policy-An-Organizing-Framework-PP454/ [2018-03-11].

〔105〕 IMF-FSB-BIS.Guidance to Assess The Systemic Importance of Financial Institutions, Instruments and Markets：Initial Considerations,October, 2009, Available at：https:// www.bis.org/publ/othp07.pdf /[2018-03-11].

〔106〕 Jaime Caruana. *Central Bank Cooperation:Reflections on the Experience of the Last Eight Decades*. Bank for International Settlements Press & Communications,2012：1-4.

〔107〕 Jaime Caruana. *Have We Passed"Peak Finance"?* Bank for International Settlements Press & Communications, 2017：3-9.

〔108〕 Jean-Claude Trichet.Central Bank Cooperation after the Global Financial Crisis.Bank of Korea International Conference, 2010.

〔109〕 Krugman P.R. The International Role of the Dollar：Theory and Prospect. *Exchange Rate Theory & Practice*, 2009（133）.

〔110〕 Krugman P.Vehicle Currencies and the Structure of International Exchange. NBER Working Papers, 1979, 12（12）：513-526.

〔111〕 Krugman, Paul.Vehicle Currencies and the Structure of International Exchange. *Journal of Money, Credit and Banking*, 1980, Vol.12

〔112〕 Landau and Jean-Pierre,"Bubbles and Macro-prudential Supervision", remarks at the joint conference on"The Future of Financial Regulation", January 28, 2009.

〔113〕 Leith, C., & Wren-Lewis, S. Interactions Between Monetary and Fiscal Policy Rules. *The Economic Journal*, 2000,110（462）, 93-108.

〔114〕 Liu & Pappa. Gains from Coordination in a Multi-sector Open Economy：Does It Pay to Be Different？ *Journal of Economic Dynamics and Control*, 2008, 32（7）：2085-2117.

〔115〕 M., Salvatore D., von Hagen, J.（Eds.）, *Handbook of Comparative Economic Policies*, vol.5：Macroeconomic Policy in Open Economies.Greenwood Press, pp.148-176.

〔116〕 M.A.Petersen and R.G.Rajan.The Effect of Credit Market Competition on Lending

Relationships. *Quarterly Journal of Economics*,1995（110）：407-443.

〔117〕Matsuyama K., Kiyotaki N., Matsui A. Toward a Theory of International Currency. *Review of Economic Studies*, 1991, 60（2）：283-307.

〔118〕McKibbin, W. Empirical Evidence on International Economic Policy Coordination. In：*Handbook of Macroeconomic Policy in Open Economies*, 1997.

〔119〕Fratianni, Mckinnon R. I. *Money in International Exchange:The Convertible Currency System*. Oxford University Press, 1979.

〔120〕Mundell R.A.Capital Mobility and Stabilization Policy Under Fixed and Flexible Exchange Rates. *Canadian Journal of Economics & Political Science,* 1963, 29（4）：475-485.

〔121〕Mundell R. A. The Nature of Policy Choices.*Effective*, 1968.

〔122〕Mundell, R.A.A Theory of Optimum Currency Areas. *American Economic Review*, 1961（51）：657-675.

〔123〕Nickel,C., & Tudyka, A. Fiscal Stimulus in Times of High Debt：reconsidering multipliers and twin deficits. *Journal of Money, Credit and Banking*, 2014, 46（7）, 1313-1344.

〔124〕Obstfeld M., Rogoff K. Exchange Rate Dynamics Redux. *Journal of Political Economy*, 1995, 103（3）：624-660.

〔125〕Obstfeld, M., Rogoff, K. Global Implications of Self-oriented National Monetary Rules. *Quarterly Journal of Economics*, 2002（117）：503-536.

〔126〕Papaioannou E., Portes R. The International Role of the Euro：A Status Report, 2008：1-70.

〔127〕Pappa, E.Do the ECB and the Fed Really Need to Cooperate？Optimal Monetary Policy in a Two-country World. *Journal of Monetary Economics*, 2004,51 （4）,753-779.

〔128〕Paul M.Romer. Endogenous Technological Change. *Journal of Political Economy*, 1990：S71-S102.

〔129〕Portes, R., Rey, H. The Emergence of the Euro as an International Currency. NBER Working Paper No.6424, 1998：307-343.

〔130〕Rey H. International Trade and Currency Exchange. *Review of Economic Studies*, 2001（68）：443-464.

〔131〕Roche M. J. Government Spending and the International Business Cycle. *Canadian Journal of Economics*, 1996, 29（4）：865-884.

〔132〕Schoenmaker, D. and Wierts, P. Macroprudential Policy：The Need for a Coherent Policy Framework. DSF Policy Paper No.13, 2011.

〔133〕Suh H.Macroprudential Policy：Its Effects and Relationship to Monetary Policy. FRBP Working Paper, 2012.

〔134〕Sutherland, A. International Monetary Policy Coordination and Financial Market Integration.European Central Bank Working Paper No.174, 2002.

〔135〕http://business.sohu.com/20070606/n250413779.shtml, 2007-06-06.

〔136〕 Sylvia Mercado-Kierkegaard.Harmonising the Regulatory Regime for Cross-Border Payment Services. *Computer Law & Security Report*, 2007（23） : 177-187.

〔137〕 Tavlas, George. The International Use of Currencies : The U.S.Dollar and the Euro. *Finance and Development*, 1998, 35（2）.

〔138〕 The Giovannini Group. Cross-Border Clearing and Settlement Arrangements in the European Union, 2001 : 4-19.

〔139〕 Triffin, R. *Gold and the Dollar Crisis:The Future of Convertibility*. Yale University Press, New Haven,1960.

〔140〕 Viral V.Acharya. A Theory of Systemic Risk and Design of Prudential Bank Regulation. *Journal of Financial Stability*, 2009（5） : 224-255.

〔141〕 Woodford, M. Simple Analytics of the Government Expenditure Multiplier. *American Economic Journal:Macroeconomics*, 2011,3（1） : 1-35.

〔142〕 Zhou R. Currency Exchange in a Random Search Model. *Review of Economic Studies*, 1997, 64（2） : 289-310.

後　記

　　《人民幣國際化報告》由中國人民大學自2012年起每年定期發佈，忠實記錄人民幣國際化歷程，深度研究各個階段的重大理論問題和政策熱點。本報告以特別編制的人民幣國際化指數（RII）為抓手，動態反映人民幣在國際範圍內的實際使用程度，剖析RII變化背後的市場、政策、制度原因，為國內外各界人士及時、全面掌握人民幣國際地位的發展變化提供科學依據。

　　《人民幣國際化報告2018》的主題為「結構變遷中的宏觀政策國際協調」，在歷史經驗借鑒和理論研究的基礎上，集中探討了人民幣國際化進入發展新階段後加強宏觀政策國際協調的必要性與緊迫性，圍繞協調內容、突破口、主要矛盾、實現機制等方面展開了深入分析。

　　報告認為：全面高效的國際協調是人民幣國際化的必然要求；要將貿易、貨幣政策作為短期協調的重點內容，將結構改革、宏觀審慎政策納入協調範疇，從而完善國際政策協調框架；要重視多層次國際組織在協調中所體現的平臺功能，積極尋求在新興國際協調平臺上發揮引領作用。報告強調：要在「一帶一路」沿線國家開展內容豐富的區域合作機制創新，為國際協調理論和實踐提供新樣本、新模式；要妥善處理中美貿易摩擦和政策分歧，這是實現無危機可持續發展和人民幣國際化的關鍵，也是當前我國進行國際政策協調需要解決的主要矛盾。

　　《人民幣國際化報告》由中國人民大學國際貨幣研究所組織撰寫，得到重陽基金會、中國人民大學的資助，還得到中國人民大學財政金融學院尤其是國際金融團隊的全力支援，以及國內外學者的通力合作。多位本校研究生、本科生參與了資料獲取、資訊處理等基礎性工作。特別感謝國際貨幣研究所學術委

員會主任委員、《人民幣國際化報告》前任主編、中國人民銀行副行長陳雨露教授對2018年報告選題、寫作、評審、修改完善等各個環節給予的學術指導。感謝中國人民銀行、國家外匯管理局、國家發展和改革委員會、中國銀行國際金融研究所、中銀香港、國新國際、中非產能合作基金、中拉產能合作基金等機構在資料獲取、市場調查以及政策資訊核對等多方面所給予的全力支持。此外，魏本華、潘宏勝、郭松、閆先東、陳衛東、韓紅梅、孫魯軍、范希文、曲鳳杰等各界專家多次出席課題組研討會議，提出中肯的修改意見與建議；國際貨幣研究所張傑、曹彤、賁聖林、向松祚所長，財政金融學院莊毓敏院長和趙錫軍副院長，也為報告的不斷完善貢獻良多。對此我們表示由衷的感謝！

本報告各章節分工如下：

導　論：王芳，涂永紅

第一章：趙雪情，李勝男，白宗宸

第二章：陳周陽，姜楠，周梓楠，刁璐

第三章：何青，徐文君，張策

第四章：錢宗鑫，王芳，儲青青

第五章：袁拉生，涂永紅，鄂志寰，賀曉博

第六章：李戎，趙然，戴穩勝，涂永紅

第七章：宋科，趙然，邵夢竹

第八章：曲鳳杰，蘆東，夏天

第九章：劉英，羅煜，蘆東，趙雪情，夏天，儲青青

第十章：涂永紅，王芳，趙雪情

專題1：袁拉生，涂永紅

專題2：張文春，劉鵬飛

專題3：胡天龍，陳嘉文，邵優

專題4：剛健華，鄧志偉

專題5：姜楠，陳周陽

附錄：姜楠，陳周陽

中國人民大學國際貨幣研究所

2018年6月

AA101010

人民幣國際化報告 2018〈下冊〉：
結構變遷中的宏觀政策國際協調

作　　者　中國人民大學國際貨幣研究所
版權策劃　李換芹

發 行 人　陳滿銘
總 經 理　梁錦興
總 編 輯　陳滿銘
副總編輯　張晏瑞
編 輯 所　萬卷樓圖書 (股) 公司
特約編輯　吳　旻
內頁編排　林樂娟
封面設計　小　草
印　　刷　百通科技 (股) 公司

出　　版　昌明文化有限公司
　　　　　桃園市龜山區中原街 32 號
電　　話　(02)23216565
發　　行　萬卷樓圖書 (股) 公司
　　　　　臺北市羅斯福路二段 41 號 6 樓之 3
電　　話　(02)23216565
傳　　真　(02)23218698
電　　郵　SERVICEWANJUAN.COM.TW
大陸經銷
廈門外圖臺灣書店有限公司
電　　郵　JKB188188.COM

ISBN 978-986-496-143-6
2019 年 7 月初版一刷
定價：新臺幣 420 元

如何購買本書：
1. 劃撥購書，請透過以下帳號
　 帳號：15624015
　 戶名：萬卷樓圖書股份有限公司
2. 轉帳購書，請透過以下帳戶
　 合作金庫銀行古亭分行
　 戶名：萬卷樓圖書股份有限公司
　 帳號：0877717092596
3. 網路購書，請透過萬卷樓網站
　 網址 WWW.WANJUAN.COM.TW
　 大量購書，請直接聯繫，將有專人
　 為您服務。(02)23216565 分機 10
如有缺頁、破損或裝訂錯誤，請寄回
更換

國家圖書館出版品預行編目資料

人民幣國際化報告 . 2018：結構變遷中的宏
觀政策國際協調 / 中國人民大學國際貨幣
研究所著 . – 初版 . – 桃園市：昌明文化出
版；臺北市：萬卷樓發行 , 2019.07
　 冊；　公分
ISBN 978-986-496-139-9(上冊：平裝). –
ISBN 978-986-496-143-6(下冊：平裝)
1. 人民幣 2. 貨幣政策 3. 中國

561.52　　　　　　　　　　108010094